职业教育汽车类专业理实一体化教材
职业教育改革创新教材

汽车发动机构造与维修

第4版

主　编　汤纯伟　姚立泽　胡　胜
副主编　夏建刚　王海峰　董佳佳
参　编　蔚佳彤　谭俊杰　开百军
　　　　温承钦

机械工业出版社

本书根据教育部职业院校汽车运用与维修专业教学指导方案、国家职业标准汽车维修工四级标准中的发动机维修典型工作任务，结合汽车专业领域职业技能等级证书标准的要求，在第 3 版的基础上修订而成。

本书主要内容包括汽车维修常用工量具及安全防护用具的认识、汽车的总体认识、曲柄连杆机构的拆装与维修、配气机构的拆装与维修、汽油发动机燃油系统的拆装与维修、柴油发动机燃油系统的拆装与维修、发动机冷却系统的拆装与维修、发动机润滑系统的拆装与维修。

本书既可作为职业院校汽车类专业教材，也可作为高职对口升学的考试用书，还可以作为在职人员培训用书。

为便于学生自学和教师的教学，本书配有免费电子课件、工作页、相关动画视频和习题答案。另外，本书还嵌入了大量二维码，用手机扫一扫便可观看相关视频与动画。凡选用本书作为授课教材的教师，均可登录www.cmpedu.com，以教师身份注册下载教学资源。咨询电话 010-88379201或加 QQ1872630618 索取资料。

图书在版编目（CIP）数据

汽车发动机构造与维修/汤纯伟，姚立泽，胡胜主编. —4版. —北京：机械工业出版社，2024.4

职业教育汽车类专业理实一体化教材　职业教育改革创新教材

ISBN 978-7-111-75478-7

Ⅰ．①汽…　Ⅱ．①汤…②姚…③胡…　Ⅲ．①汽车–发动机–构造–职业教育–教材②汽车–发动机–车辆修理–职业教育–教材　Ⅳ．①U472.43

中国国家版本馆 CIP 数据核字（2024）第 063222 号

机械工业出版社（北京市百万庄大街22号　邮政编码100037）
策划编辑：于志伟　　　　　　　责任编辑：于志伟
责任校对：韩佳欣　李　婷　　　封面设计：鞠　杨
责任印制：李　昂
河北宝昌佳彩印刷有限公司印刷
2024年6月第4版第1次印刷
184mm×260mm・12.75印张・349千字
标准书号：ISBN 978-7-111-75478-7
定价：49.00 元

电话服务　　　　　　　　　　网络服务
客服电话：010-88361066　　　机　工　官　网：www.cmpbook.com
　　　　　010-88379833　　　机　工　官　博：weibo.com/cmp1952
　　　　　010-68326294　　　金　书　网：www.golden-book.com
封底无防伪标均为盗版　　机工教育服务网：www.cmpedu.com

前　言

　　基于党的二十大报告中关于培养素质高、专业技术全面、技能熟练的大国工匠、高技能人才的要求，本书在修订过程中把工匠精神、绿色环保和安全第一等理念融入教材的每个项目和每一课之中，同时增加"知识窗"栏目。本书根据教育部职业院校汽车运用与维修专业教学指导方案、国家职业标准汽车维修工四级标准中的发动机维修典型工作任务，结合汽车专业领域职业技能等级证书标准的要求组织教材内容。第 4 版教材内容的选择更加注重知识的实用性和可操作性，巩固与提高部分增加了判断题，课后习题更加丰富全面，并适用于高职对口升学考试。第 4 版在沿袭第 3 版教材的基础上，具有以下特色：

　　1. 提供更加完善的教学配套资源。本次修订在教材中嵌入了大量二维码视频与动画，把发动机主要零部件的拆装步骤和相关工作原理更加生动、形象地展现出来，以方便教师的教学和加深学生对相关知识的理解。

　　2. 形成更加科学的知识体系。本次修订把发动机维护知识进行了详细的分解，然后相应地放到各个项目里，使知识体系变得更加紧凑与合理，有利于学生的理解与吸收。

　　3. 增加了新技术与新工艺的相关知识。本次修订对新能源汽车、电子节温器、可变配气相位等新技术、新工艺均有介绍。

　　4. 紧跟高职对口升学考试的要求。本次修订按高职对口升学考试的要求，增加了单项选择题的题量，同时每个项目增加了判断题，并对各项目其他题进行了精选和优化。

　　本书学时分配建议如下表：

项目	内容	理论课时	实训课时	项目课时
一	汽车维修常用工量具及安全防护用具的认识	10	11	21
二	汽车的总体认识	15	9	24
三	曲柄连杆机构的拆装与维修	35	13	48
四	配气机构的拆装与维修	24	11	35
五	汽油发动机燃油系统的拆装与维修	8	12	20
六	柴油发动机燃油系统的拆装与维修	5	9	14
七	发动机冷却系统的拆装与维修	4	10	14
八	发动机润滑系统的拆装与维修	6	9	15
	总学时	107	84	191

　　参加本书编写的人员有的来自教学一线、有的来自汽车维修行业，他们都具有丰富的教学及实践经验。在编写过程中，本书注意"以职业活动为导向，以能力为本位，以学生为中心"，编写

风格采用"理实一体化",具体框架为:学习目标—典型工作任务—知识准备—任务实施—巩固与提高。

本书由汤纯伟、姚立泽、胡胜担任主编,夏建刚、王海峰、董佳佳担任副主编,参加编写的还有蔚佳彤、谭俊杰、开百军、温承钦。

由于编者水平和经验有限,书中难免有错误和不妥之处,敬请广大读者批评指正。对本书有任何意见和建议,可联系 QQ1872630618。

编 者

目 录

项目一

汽车维修常用工量具及安全防护用具的认识

学习目标

1. 学会汽车维修常用工量具及安全防护用具的使用方法。
2. 培养严谨认真、精益求精的意识，争做大国工匠和高技能人才。

典型工作任务

任务一　认识汽车维修常用的手工工具并掌握其使用方法。
任务二　认识汽车维修的专用工具并掌握其使用方法。
任务三　认识汽车维修的常用量具及安全防护用具并掌握其使用方法。

知识准备

第1课　手工工具

一、螺钉旋具

螺钉旋具俗称螺丝刀，主要用于旋紧或旋松有槽螺钉，常用的螺钉旋具有一字螺钉旋具和十字螺钉旋具两种，如图 1-1 所示。一字螺钉旋具的型号表示为"刀头宽度×刀杆长度"，十字螺钉旋具的型号表示为"刀头大小×刀杆长度"。

a) 一字螺钉旋具　　　　　b) 十字螺钉旋具

图 1-1　螺钉旋具的类型

二、钳子

在汽车维修中，钳子多用来弯曲或安装小零件、螺栓以及剪断导线等，常用的钳子类型如图 1-2 所示。

a) 鲤鱼钳　　　　b) 夹紧钳　　　　c) 尖嘴钳　　　　d) 钢丝钳

图 1-2　常用的钳子类型

三、扳手

用扳手拆装六角螺母时，应以螺母两相对边的长度尺寸为依据选用相应的扳手。如图1-3所示的螺母，就应选用10mm的扳手去拧紧或拧松。扳手选小了，套不上；扳手选大了，容易让螺母圆角，如图1-4所示。

扳手种类繁多，常见的类型有活扳手、呆扳手、梅花扳手、两用扳手、套筒扳手、扭力扳手和内六角扳手等。

1. 活扳手

活扳手的开口宽度可在一定尺寸范围内进行调节，能拧紧或松开不同规格的外六角头、方头螺栓或螺母。活扳手规格以扳手长度和最大开口宽度表示，活扳手如图1-5所示。

图1-3　螺母外形尺寸规格　　　　图1-4　螺母圆角　　　　图1-5　活扳手

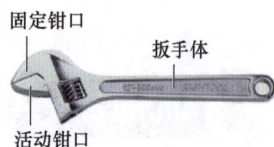

活扳手在使用时，要正确选用其规格，让固定钳口受主要作用力，如图1-6所示。扳手长度不可任意加大，以免拧紧力太大而损坏扳手、螺栓或螺母。

2. 呆扳手

呆扳手一端或两端制有固定尺寸的开口，用以拧转固定尺寸的螺栓或螺母，如图1-7所示。呆扳手的规格是以钳口开口的宽度来表示的，每把双头呆扳手只适用于两种尺寸的外六角头、方头螺栓或螺母。

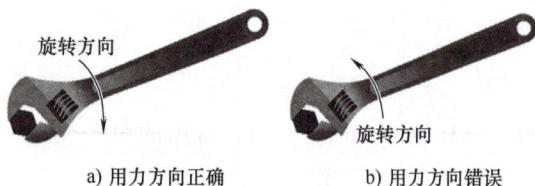

a) 用力方向正确　　　b) 用力方向错误　　　　a) 单头呆扳手　　　b) 双头呆扳手

图1-6　活扳手用力方向　　　　　　　图1-7　呆扳手

3. 梅花扳手

梅花扳手两端具有带六角孔或十二角孔的工作端，如图 1-8 所示。梅花扳手适用于工作空间狭小、不能使用普通扳手的场合。

4. 两用扳手

两用扳手的一端与单头呆扳手相同，另一端与梅花扳手相同，两端拧转相同规格的外六角头、方头螺栓或螺母，如图 1-9 所示。

5. 套筒扳手

套筒扳手由多个带六角孔或十二角孔的套筒并配有手柄、接杆等多种附件组成，如图 1-10 所示。套筒扳手特别适用于拧转地方十分狭小或凹陷很深处的外六角头、方头螺栓或螺母。

图 1-8　梅花扳手　　　　　图 1-9　两用扳手　　　　　图 1-10　套筒扳手

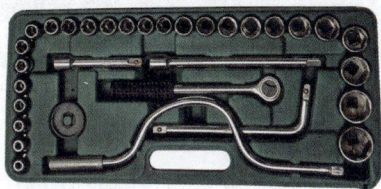

职场健康与安全：
　　在汽车维修中，尽量使用套筒扳手，因其具有快速、高效的优点。

6. 扭力扳手

扭力扳手在拧转螺栓或螺母时，能显示出所施加的拧紧力矩；或者当施加的拧紧力矩达到规定值后，会发出光或声响信号。扭力扳手有指针式、预置力式和数显式三种，如图 1-11 所示。扭力扳手适用于对拧紧力矩大小有明确规定的装配工作。

a) 指针式扭力扳手　　　　b) 预置力式扭力扳手　　　　c) 数显式扭力扳手

图 1-11　扭力扳手

7. 内六角扳手

内六角扳手是呈 L 形的六角棒状扳手，专用于拧转内六角螺钉，如图 1-12 所示，内六角扳手的型号是按照六方的对边尺寸进行规定的。

四、锤子

汽车维修中常用的锤子有铁锤、塑料锤和橡胶锤，如图 1-13 所示。塑料锤和橡胶锤常用于汽车发动机大修，如拆装气缸盖，敲击缸盖部位而不会使其变形。铁锤常用于汽车底盘的维修。

图 1-12　内六角扳手

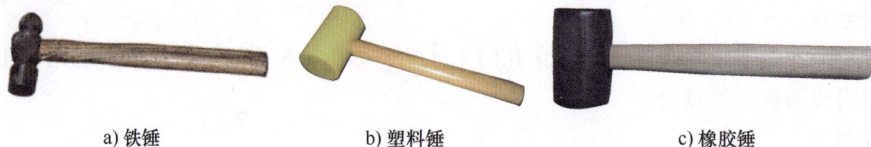

a) 铁锤　　　　　　　　　b) 塑料锤　　　　　　　　　c) 橡胶锤

图 1-13　锤子

职场健康与安全:

使用锤子时,锤头应安装牢靠,并用正面击打物体。

第 2 课　专用工具

一、绝缘工具

新能源汽车的电压一般为 200~750V,为预防触电事故的发生,使用的扭力扳手、快速扳手和螺钉旋具等工具必须装有耐压 1000V 以上的绝缘柄,如图 1-14 所示。

图 1-14　绝缘工具

二、火花塞套筒

火花塞套筒是用于手工拆装火花塞的专用工具,如图 1-15 所示。使用时,根据火花塞的装配位置和火花塞六角的尺寸,选用不同高度和径向尺寸的火花塞套筒。拆装火花塞时,应套正火花塞套筒再扳转,以免套筒滑脱。扳转火花塞套筒时,不准随意加长手柄,以免损坏套筒。

三、轮胎套筒

轮胎套筒是用于拆装汽车轮胎的专用工具,其结构如图 1-16所示。

图 1-15　火花塞套筒　　　　　　　　　　　　图 1-16　轮胎套筒

四、活塞环拆装钳

活塞环拆装钳是用于拆装活塞环的专用工具，如图 1-17 所示。使用时应将活塞环拆装钳上的卡环卡在活塞环的开口上，轻握手柄慢慢收缩使活塞环张开，以便拆装。

卡环

活塞环开口

图 1-17　活塞环拆装钳

五、活塞安装专用工具

活塞安装专用工具是在安装活塞时，用于压缩活塞环，以便活塞装入气缸内，如图 1-18 所示。

图 1-18　活塞安装专用工具

六、气门拆装钳

气门拆装钳是用于拆装气门的专用工具，如图 1-19 所示。在使用手柄式气门拆装钳拆装气门时，将气门拆装钳托架抵住气门，压环对正气门弹簧座，压下手柄即可使气门弹簧压缩，然后取出气门弹簧锁止零件，再慢慢放松手柄，便能很容易地取下气门弹簧和气门等，如图 1-19a 所示。在使用旋转手柄式气门拆装钳拆装气门时，需旋转手柄，才能取出气门弹簧锁止零件、气门弹簧和气门等零件，如图 1-19b 所示。

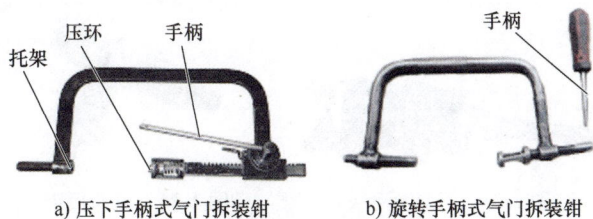

托架　　压环　　手柄　　　　　　　　　　手柄

a) 压下手柄式气门拆装钳　　　b) 旋转手柄式气门拆装钳

图 1-19　气门拆装钳

七、拉拔器

拉拔器是用于拆卸通过过盈配合安装在轴上（或孔内）零件的专用工具，常用的拉拔器有机械式和液压式两种，如图 1-20 所示。

八、机油滤清器扳手

机油滤清器扳手是用于拆装机油滤清器的专用工具，如图 1-21 所示。在拆装机油滤清器时，应根据机油滤清器不同的拆装环境选用不同形状的机油滤清器扳手。

九、黄油枪

黄油枪是用于向汽车上需要用润滑脂润滑的部位加注润滑脂（黄油）的专用工具，如图 1-22 所示。黄油枪有手动黄油枪、气动黄油枪、脚踏黄油枪和电动黄油枪等。

a) 机械式　　　　b) 液压式

图 1-20　拉拔器

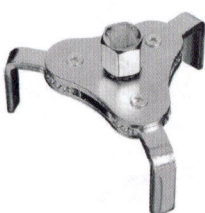

图 1-21　机油滤清器扳手

十、电动扳手和气动扳手

气动扳手也叫作风炮，是以压缩空气作为动力的扳手，如图 1-23 所示。空气压缩机输出的压缩空气进入气动扳手气缸之后，带动里面的叶轮转动而产生旋转动力。同时，叶轮再带动相连接的打击部位进行类似锤打的运动，在每一次敲击之后，把螺栓（或螺母）拧紧或者拆卸下来。气动扳手是一种高效、安全的拆装螺栓或螺母的气动工具。

电动扳手是以电源或电池作为动力的扳手，是一种拆装螺栓或螺母的电动工具，如图 1-24 所示。电动扳手主要分为冲击扳手、扭剪扳手、定拧紧力矩扳手、转角扳手、角向扳手、液压扳手、扭力扳手等。

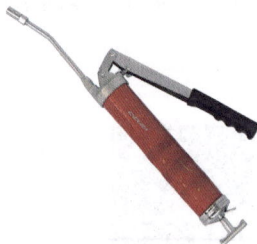

图 1-22　黄油枪　　　　图 1-23　气动扳手　　　　图 1-24　电动扳手

职场健康与安全：

在汽车维修中，尽量使用气动扳手，不要使用电动扳手，以防触电。

十一、汽车举升机

汽车举升机是指汽车维修行业用于汽车举升的汽保设备。将汽车移至举升机工位，通过人工操作可使汽车举升一定的高度，便于汽车的维修。常见的汽车举升机有两柱式举升机、四柱式举升机、剪式举升机和地沟式举升机等，如图 1-25 所示。举升机在汽车维修及养护中发挥着非常重要的作用，现在的维修厂都配备了举升机，举升机是汽车维修厂的必备设备之一。

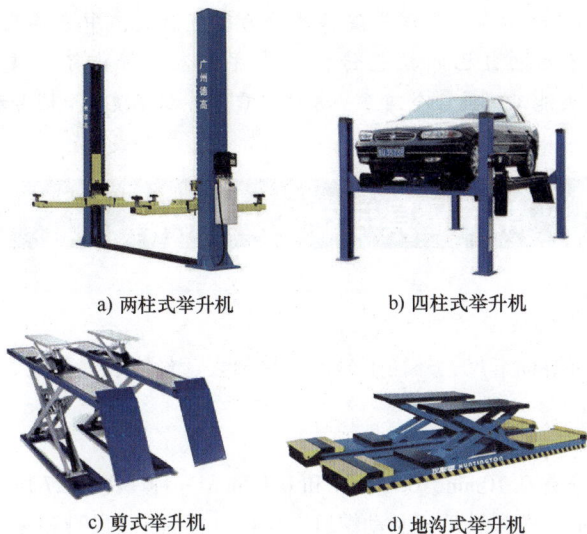

a) 两柱式举升机　　　　　　　b) 四柱式举升机

c) 剪式举升机　　　　　　　d) 地沟式举升机

图 1-25　汽车举升机

职场健康与安全：

举升机使用时，应严格按照说明要求操作，以防发生安全事故。

十二、千斤顶

千斤顶是一种最常用、最简单的起重工具，按照其工作原理可分为机械式和液压式两种，如图 1-26 所示。按照所能顶起的质量可分为 3000kg、5000kg 和 9000kg 等规格，目前广泛使用的是液压式千斤顶。千斤顶放在汽车的工具箱里面，用于在更换备用轮胎时顶起车身。由于不同车型的车体车重不同，需要不同承载力的千斤顶来配合换胎。

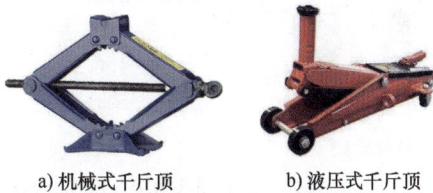

a) 机械式千斤顶　　　b) 液压式千斤顶

图 1-26　千斤顶

知识窗

"汽车医生"魏俊强

20 世纪 70 年代末，魏俊强考取了北京交通学校，进入汽车应用与维修专业学习。面对理想与现实的差距，魏俊强选择了认真与坚持。1980 年的夏天，魏俊强以优异的成绩毕业，进入了当时主要修理驻华使馆高档轿车、中央领导机关专用轿车的北京市汽车修理公司六厂。

魏俊强曾以超强的毅力战胜病魔，在修车第一线刻苦学习和钻研，练就了一身诊断和维修汽车故障的精湛技艺，赢得了客户的信任，在业内享有很高的声誉。1998年夏天，时任美国总统的克林顿来华访问。由于当时西安天气炎热，克林顿乘坐的林肯轿车的空调在西安出了故障。美国使馆紧急向魏俊强求助。魏俊强通过与美方的随行机修人员电话交流，凭借自己汽修多年的经验，找出了故障所在，并最终解决了问题。

正是凭借着认真、执着的精神，高尚的人格和精湛的修车技艺，他受到了业内人士的一致认可，北京理工大学车辆管理学院聘请他为客座教授，中专毕业的魏俊强登上了大学讲台。他毫无保留地把自己的技艺传授给青年工人，带出了一支优秀的技师团队。魏俊强曾获北京市十大能工巧匠、全国五一劳动奖章、首都楷模、全国劳动模范等荣誉称号。

第3课　常用量具与安全防护用具

一、常用量具

汽车维修常用量具有游标卡尺、外径千分尺、百分表、量缸表、塞尺、刀口形直尺、万用表、兆欧表和钳形电流表。

1. 游标卡尺

游标卡尺按分度值分有 0.10mm、0.05mm 和 0.02mm 三种。图 1-27 所示分度值为 0.02mm 的游标卡尺，它由外测量爪、内测量爪、制动螺钉、尺框（游标）、尺身和深度尺组成。

当图 1-27 所示的游标卡尺上的两个量爪合拢时，游标尺上的 50 格刚好与主标上的 49mm 对正，如图 1-28 所示。

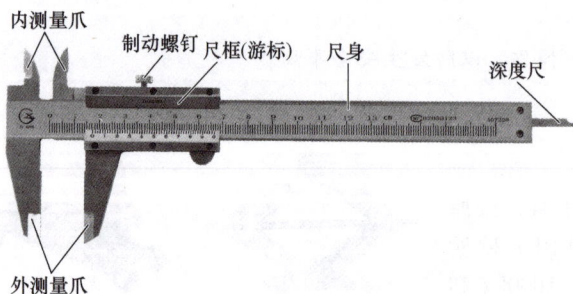

图 1-27　分度值为 0.02mm 的游标卡尺结构

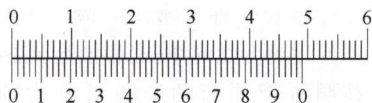

图 1-28　游标卡尺的原理图

主标上每一个小格是 1mm，则游标尺上每一个小格是 49mm/50 = 0.98mm。

因此，主标与游标尺每格之差为：$\left(1 - \dfrac{49}{50}\right)$ mm = 0.02mm。此差值为 1/50mm 游标卡尺的分度值。

若一个物体 0.02mm 厚，则会出现游标尺上的第一条刻线与主标上的第一条刻线对齐的情况。

若一个物体 0.04mm 厚，则会出现游标尺上的第二条刻线与主标上的第二条刻线对齐的情况。以此类推。

游标卡尺的读数方法如下：

1）读出游标尺零线左边与主标相邻的第一条刻线的整毫米数，为所测尺寸的整数值。

2）读出游标尺上与主标刻线对齐的那一条刻线所表示的数值，为所测尺寸的小数值。

3）把整毫米数和毫米小数加起来，即所测零件的尺寸数值。

图 1-29a 所示的游标卡尺读数为 11.36mm；图 1-29b 所示的游标卡尺读数为 15.48mm。

a)　　　　　　　　　　b)

图 1-29　游标卡尺读数练习

2. 外径千分尺

外径千分尺是一种精密量具，它的精度比游标卡尺高。外径千分尺由尺架、测砧、测微螺杆、固定套管、微分筒、棘轮和测微螺杆锁紧装置等组成，如图 1-30 所示。

外径千分尺测微螺杆的螺距是 0.5mm，微分筒上共刻有 50 条刻线，测微螺杆与微分筒连在一起。当微分筒转 50 格（1 周）时，测微螺杆也转 1 周并移动 0.5mm。因此，当微分筒转 1 格时，测微螺杆移动 0.5mm/50 = 0.01mm。所以，外径千分尺可准确到 0.01mm。由于还能再估读一位，因此可读到毫米的千分位。

外径千分尺的读数方法如下：

1）先读出微分筒边缘在固定套管上的毫米数和半毫米数。

2）再根据微分筒上的哪一格与固定套管上的基准线对齐，读出微分筒上不足半毫米的数值。

3）最后将两个读数加起来，其和为测得的实际尺寸值。

图 1-31a 所示的外径千分尺读数为 6.460mm，图 1-31b 所示的外径千分尺读数为 13.910mm。

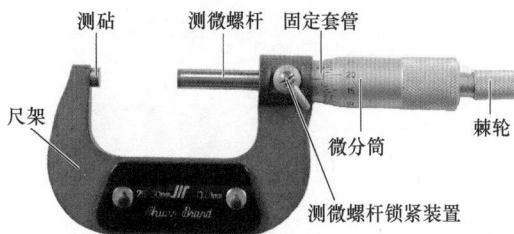

图 1-30　外径千分尺的结构

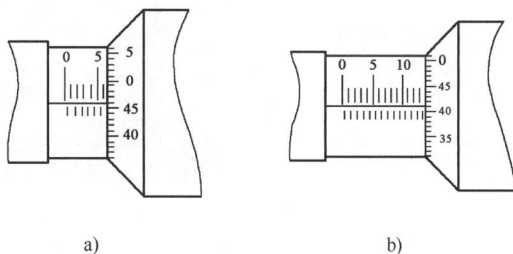

a)　　　　　　　b)

图 1-31　外径千分尺读数练习

3. 百分表

百分表分为内径百分表和外径百分表两类。图 1-32 所示为外径百分表，其主要由表盘、表圈、挡帽、转数指示盘、主指针、轴管、测头和测量杆等组成。百分表是一种精度较高的比较量具，它只能测出相对数值，不能测出绝对值。百分表主要用于检验机床精度和测量工件的尺寸、形状和位置误差等。

百分表的测量范围是指测量杆的最大移动量，一般有 0~3mm、0~5mm 和 0~10mm。

当测量杆移动 1mm 时，主指针转 1 周。由于表盘上共刻 100 格，所以主指针每转 1 格表示测量杆移动 0.01mm。

百分表测量读数是指测量杆的移动量（并不一定是测量尺寸），应为长指针和短指针（整数 mm）读数之和。

4. 量缸表

量缸表又称为内径百分表，主要用来测量孔的内径，如气缸直径、轴承孔直径等。量缸表主要由百分表、表杆、垫圈和一套不同长度的接杆等组成，如图 1-33 所示。

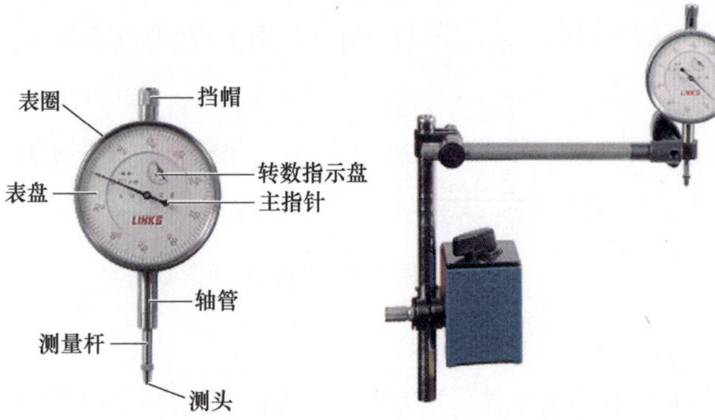

a) 百分表的结构　　　　　　　b) 百分表的安装

图 1-32　外径百分表的结构及安装

在测量过程中，必须左右摆动量缸表，以确定读数最小时的直径位置，同时还应在一定角度内转动量缸表，以确定读数最大时的直径位置。

5. 塞尺

塞尺由多片不同厚度的钢片组成，每片钢片的表面刻有其厚度的数字，如图 1-34 所示。在汽车维修中，塞尺常用来测量零件之间的配合间隙，如气门间隙、曲轴轴向间隙等，如图 1-35 所示。塞尺有时和刀口形直尺配合使用，可测量零件的平面度误差。

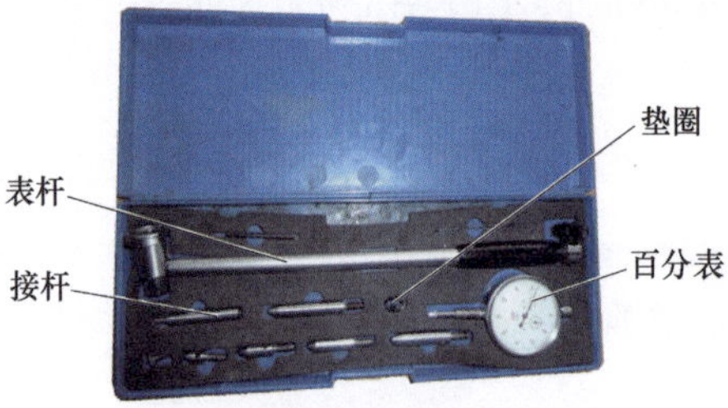

图 1-33　量缸表

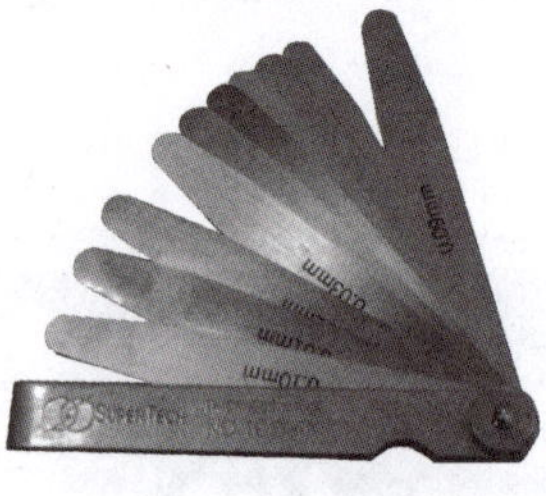

图 1-34　塞尺

6. 刀口形直尺

刀口形直尺主要用于以光隙法进行直线度测量和平面度测量，如图 1-36 所示，也可与量块一起用于检验平面精度。刀口形直尺具有结构简单、重量轻、不生锈、操作方便、测量效率高等优点，是机械加工常用的测量工具。

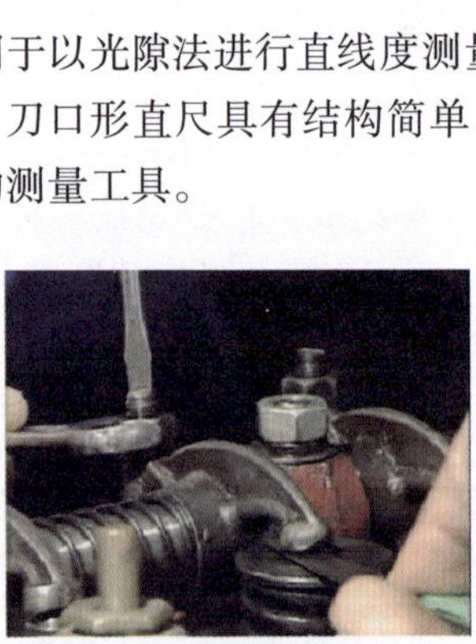

图 1-35　测量气门间隙

图 1-36　刀口形直尺测平面度

7. 万用表

万用表一般用以测量电压、电流和电阻。万用表按显示方式分为指针式万用表和数字式万用表，如图 1-37 所示。万用表是一种多功能、多量程的测量仪表，一般万用表可测量直流电流、直流电压、交流电流、交流电压、电阻和音频电平等，有的还可以测量交流电流、电容量、电感量及半导体的一些参数（如 β）等。

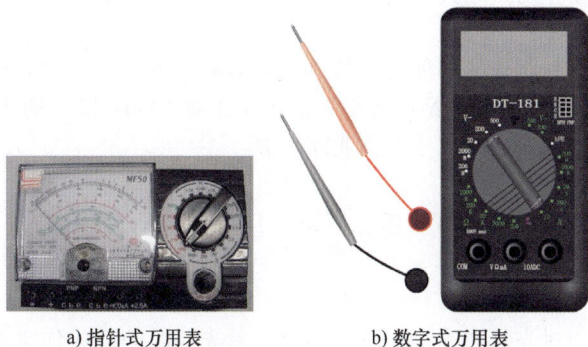

a) 指针式万用表　　　　b) 数字式万用表

图 1-37　万用表

职场健康与安全：

在对电控系统电路或元件进行检查时，除特殊指明外，必须使用高阻抗的数字万用表来测量电路中的电压、电阻或电流。另外，要用二极管试灯来测量电喷电路，以防止电流过大损坏电气元件。

8. 兆欧表

兆欧表也叫作绝缘电阻测试仪，常见的有手摇式和数字式两种，现在主要使用数字式兆欧表，如图 1-38 所示。新能源汽车维修中主要用于检测各种绝缘情况，高压电缆及零部件对车身绝缘电阻值应在规定值范围内。

9. 钳形电流表

新能源汽车维修经常需要测量导线中的电流，由于驱动系统的导线存在较大的交变电流，必须使用钳形电流表进行间接测量。钳形电流表是由电流互感器和电流表组合而成的，可以在不切断电路的情况下测量电流，如图 1-39 所示。

a) 手摇式兆欧表　　　　b) 数字式兆欧表　　　　　　a) 钳形电流表

图 1-38　兆欧表　　　　　　　　**图 1-39　钳形电流表**

测量时应按紧扳手，使钳口张开，将被测导线放入钳口中央，然后松开扳手并使钳口闭合紧密，以使读数准确。读数后，将钳口张开，将被测导线退出，将档位置于电流最高档或 OFF 档。

不可同时钳住两根导线。

二、安全防护用具

新能源汽车维修的安全防护用具有绝缘鞋、绝缘手套、护目镜、安全帽和维修工服。

1. 绝缘鞋

绝缘鞋是使用绝缘材料制作的一种安全鞋，如图1-40所示。电绝缘鞋的适用范围：耐实验电压15kV以下的电绝缘皮鞋和布面电绝缘皮鞋，适用于工频1000V以下的作业环境中；15kV以上的电绝缘胶鞋，适用于工频1000V以上的作业环境中。

2. 绝缘手套

绝缘手套是一种用橡胶制成的五指手套，如图1-41所示，主要用于新能源汽车维修工作业，具有保护手或人体的作用。

3. 护目镜

护目镜是利用改变透过光强和光谱，可以避免辐射光对眼睛造成伤害的一种眼镜，如图1-42所示。这种眼镜分为吸收式和反射式两种，吸收式用得最多。吸收式可以吸收某些波长的光线，而让其他波长光线透过，所以都呈现一定的颜色，所呈现的颜色为透过光颜色。

图1-40　绝缘鞋　　　　　　　图1-41　绝缘手套　　　　　　　图1-42　护目镜

4. 安全帽

安全帽是一种个人头部防护用品，如图1-43所示。它能有效地防止和减轻操作人员在生产作业中遭受坠落物体或自己坠落时对人体头部的伤害，如果佩戴和使用不正确会导致安全帽在受到冲击时起不到防护作用。

5. 维修工服

维修工服是维修技师所穿的衣服，如图1-44所示。它不仅能给新能源汽车维修人员提供安全保障，还能反映员工的精神风貌，体现企业的文化内涵，提升企业形象。

图1-43　安全帽　　　　　　　图1-44　维修工服

任务实施

任务一　认识汽车维修常用的手工工具并掌握其使用方法

1. 任务目的

1）认识汽车维修常用的手工工具，了解其名称并能正确使用这些工具。

2）能积极主动参与任务，能与小组成员团结协作，能执行实训室"6S"规定。

2. 任务准备

1）知识准备：完成项目一第1课手工工具的学习。

2）设备准备：发动机、手工工具、演示课件（或操作视频）。

3. 任务步骤

1）老师演示或播放视频：汽车维修常用的手工工具。

2）学生练习汽车维修常用手工工具的使用（或老师演示时同步练习），并完成《汽车发动机构造与维修工作页》相应部分内容的填写。

使用的手工工具包括螺钉旋具、钳子、扳手和锤子。

4. 任务评价

任务评价内容及标准见表1-1。

表1-1　任务评价内容及标准

序号	项目	操作内容	分值	评分标准	得分
1	准备	清点工具、清理工位	5	酌情扣分	
2	手工工具的使用	螺钉旋具	15	操作不当扣1~15分	
		钳子	20	操作不当扣1~20分	
		扳手	20	操作不当扣1~20分	
		锤子	15	操作不当扣1~15分	
3	完成时间	40min	10	超时1~5min扣1~5分 超时5min以上扣10分	
4	安全文明	无安全隐患，无不文明操作	5	未达标扣1~5分	
5	结束	工具清洁归位 工作场地清洁	5 5	漏一项扣1分，未做扣5分 清洁不彻底扣1~5分，未做扣5分	
		总分	100		

任务二　认识汽车维修的专用工具并掌握其使用方法

1. 任务目的

1）认识汽车维修的专用工具，了解其名称并能正确使用这些专用工具。

2）能积极主动参与任务，能与小组成员团结协作，能执行实训室"6S"规定。

2. 任务准备

1）知识准备：完成项目一第2课专用工具的学习。

2）设备准备：发动机、专用工具、演示课件（或操作视频）。

3. 任务步骤

1）老师演示或播放视频：汽车维修的专用工具。

2）学生练习汽车维修专用工具的使用（或老师演示时同步练习），并完成《汽车发动机构造与维修工作页》相应部分内容的填写。

使用的专用工具包括火花塞套筒、活塞环拆装钳、活塞安装专用工具、气门拆装钳、拉拔器和机油滤清器扳手。

4. 任务评价

任务评价内容及标准见表1-2。

表1-2　任务评价内容及标准

序号	项目	操作内容	分值	评分标准	得分
1	准备	清点工量具、清理工位	5	酌情扣分	
2	专用工具的使用	火花塞套筒	10	操作不当扣1~10分	
		活塞环拆装钳	10	操作不当扣1~10分	
		活塞安装专用工具	15	操作不当扣1~15分	
		气门拆装钳	15	操作不当扣1~15分	
		拉拔器	10	操作不当扣1~10分	
		机油滤清器扳手	10	操作不当扣1~10分	
3	完成时间	160min	10	超时1~5min扣1~5分 超时5min以上扣10分	
4	安全文明	无安全隐患，无不文明操作	5	未达标扣1~5分	
5	结束	工具清洁归位 工作场地清洁	5 5	漏一项扣1分，未做扣5分 清洁不彻底扣1~5分，未做扣5分	
		总分	100		

任务三　认识汽车维修的常用量具及安全防护用具并掌握其使用方法

1. 任务目的

1）认识汽车维修的常用量具及安全防护用具，了解其名称并能正确使用。

2）能积极主动参与任务，能与小组成员团结协作，能执行实训室"6S"规定。

2. 任务准备

1）知识准备：完成项目一第3课常用量具与安全防护用具的学习。

2）设备准备：发动机、常用量具与安全防护用具、演示课件（或操作视频）。

3. 任务步骤

1）老师演示或播放视频：汽车维修的常用量具与安全防护用具。

2）学生练习汽车维修常用量具与安全防护用具的使用（或老师演示时同步练习），并完成《汽车发动机构造与维修工作页》相应部分内容的填写。

使用的常用量具包括游标卡尺、外径千分尺、百分表、量缸表、塞尺、刀口形直尺和万用表，使用的安全防护用具包括绝缘鞋、绝缘手套、护目镜、安全帽和维修工服。

4. 任务评价

任务评价内容及标准见表1-3。

表 1-3　任务评价内容及标准

序号	项目	操作内容	分值	评分标准	得分
1	准备	清点量具、清理工位	5	酌情扣分	
2	常用量具的使用	游标卡尺	10	操作不当扣 1~10 分	
		外径千分尺	10	操作不当扣 1~10 分	
		百分表	10	操作不当扣 1~10 分	
		量缸表	10	操作不当扣 1~10 分	
		塞尺和刀口形直尺	5	操作不当扣 1~5 分	
		万用表	10	操作不当扣 1~10 分	
		安全防护用具	15	操作不当扣 1~15 分	
3	完成时间	240min	10	超时 1~5min 扣 1~5 分 超时 5min 以上扣 10 分	
4	安全文明	无安全隐患，无不文明操作	5	未达标扣 1~5 分	
5	结束	量具清洁归位 工作场地清洁	5 5	漏一项扣 1 分，未做扣 5 分 清洁不彻底扣 1~5 分，未做扣 5 分	
	总分		100		

巩固与提高

一、填空题

1. 螺钉旋具俗称为_____，常用的螺钉旋具有_____螺钉旋具和_____螺钉旋具两种。

2. 活扳手在使用时，让_____钳口受主要作用力。

3. 呆扳手分为_____呆扳手和_____呆扳手两种。

4. 两用扳手的一端与_____呆扳手相同，另一端与_____扳手相同。

5. 扭力扳手有_____扭力扳手、_____扭力扳手和_____扭力扳手三种。

6. 汽车维修中常用的锤子有_____、_____和橡胶锤。

7. 新能源汽车维修工具必须装有耐压 1000V 以上的_____。

8. 千斤顶按照其工作原理可分为_____千斤顶和_____千斤顶两种。

9. 百分表是一种精度较高的比较量具，它只能测出_____，不能测出_____。

10. 万用表一般以测量电压、_____和_____为主要目的。

11. 兆欧表常见的有_____兆欧表和_____兆欧表两种。

12. 新能源汽车维修的安全防护用具有绝缘鞋、_____、护目镜、安全帽和维修工服。

二、单项选择题

1. 开口宽度可在一定尺寸范围内进行调节的扳手是（　　）。

A. 内六角扳手　　　　B. 活扳手　　　　C. 扭力扳手　　　　D. 两用扳手

2. 拧转地方十分狭小或螺母凹陷很深时选用的扳手是（　　）。

A. 活扳手　　　　　　B. 呆扳手　　　　C. 梅花扳手　　　　D. 套筒扳手

3. 按规定力矩拧紧气缸盖螺栓使用的扳手是（　　）。

A. 呆扳手　　　　　　B. 扭力扳手　　　　C. 套筒扳手　　　　D. 梅花扳手

4. 拆装气门的专用工具是（　　）。

A. 扭力扳手　　　　　B. 气门拆装钳　　　C. 铜棒　　　　　　D. 榔头

5. 游标卡尺没有的分度值是（　　）。

A. 0.10mm　　　　　　B. 0.05mm　　　　　　C. 0.02mm　　　　　　D. 0.01mm

6. 以下用于测量气缸直径的量具是（　　）。

A. 量缸表　　　　　　B. 刀口形直尺　　　　　C. 塞尺　　　　　　D. 量块

三、判断题

1. 汽车维修中钳子可当作锤子使用。　　　　　　　　　　　　　　　　（　　）

2. 汽车维修中为了方便尽量使用活扳手。　　　　　　　　　　　　　　（　　）

3. 火花塞套筒也能用于拆装除火花塞外的外六角头、方头螺栓或螺母。　（　　）

4. 外径千分尺的测量精度高于游标卡尺。　　　　　　　　　　　　　　（　　）

5. 钳形电流表可以在不切断电路的情况下测量电流。　　　　　　　　　（　　）

四、简答题

1. 简述游标卡尺的读数方法。

2. 简述外径千分尺的读数方法。

3. 简述安装量缸表的步骤。

五、读出下列游标卡尺和外径千分尺的读数

汽车的总体认识

项目二

学习目标

1. 知道汽车和发动机的总体构造。
2. 能说出发动机各组成部分的作用。
3. 能描述汽油发动机和柴油发动机的工作原理。
4. 能识读汽车铭牌各部分的含义。
5. 培养民族自豪感。

典型工作任务

任务一　观察汽车的总体构造。
任务二　拆装汽车发动机。
任务三　识读汽车铭牌。

知识准备

第1课　汽车的类型及总体构造

一、汽车的类型

1. 汽车的诞生

1886 年 1 月 29 日，卡尔·本茨在德国取得汽车专利证（No. 37435），1886 年 1 月 29 日也被公认为现代汽车的诞生日。图 2-1 所示为第一辆汽车"奔驰 1 号车"。奔驰 1 号车：单缸 785mL，0.8 马力（1 马力＝0.735kW），15km/h。

知识窗

中国汽车工业的发展

中国汽车工业从无到有，由弱变强，已经成为世界汽车工业的重要组成部分。中国第一汽车制造厂于 1953 年在吉林长春奠基，1956 年 7 月 13 日，长春第一汽车制造厂 12 辆"解放"牌汽车试制成功。中国汽车工业已由原来的散乱、格局差的局面变成现在的以大集团为主的规模化、集约化的产业新格局。我国已经有自主汽车品牌，如吉利、奇瑞、比亚迪和长安等，汽车的品质也有了很大的提高。

2. 汽车的定义

汽车是由自身动力装置驱动的，一般具有四个或四个以上车轮，不依靠轨道或架线而在陆地上行驶的车辆。

3. 汽车的分类

（1）按动力源分类 汽车按动力源的不同分为燃油汽车和新能源汽车两种，如图2-2所示。燃油汽车是指以汽油或柴油作为动力来源的汽车，分为汽油汽车和柴油汽车两种。新能源汽车是指采用非常规的车用燃料作为动力来源（或使用常规的车用燃料、采用新型车载动力装置）、综合车辆的动力控制和驱动方面的先进技术，形成的技术原理先进，具有新技术、新结构的汽车。非常规的车用燃料是指除汽油和柴油之外的燃料，如天然气、液化石油气、乙醇汽油、甲醇、二甲醚等。新能源汽车包括混合动力电动汽车（HEV）、纯电动汽车（BEV）、燃料电池电动汽车（FCEV）和其他新能源汽车四大类型。

图 2-1　奔驰 1 号车

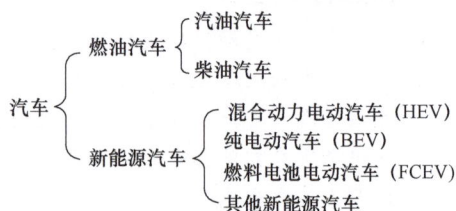

图 2-2　汽车按动力源不同分类

燃油汽车和新能源汽车可从车牌上加以识别，如图2-3所示。燃油汽车的车牌号为5位，车牌以蓝色为主。新能源汽车的车牌号为6位（"D"代表纯电动汽车，"F"代表非纯电动汽车。小型的新能源汽车车牌中的"D"或"F"一般位于车牌的第一位，大型的新能源汽车车牌中的"D"或"F"一般位于车牌的最后一位），车牌以绿色为主。

a) 燃油汽车车牌　　　　　　　b) 新能源汽车车牌

图 2-3　汽车车牌

（2）国家标准中的分类 中国汽车技术研究中心颁布的国家标准《汽车和挂车类型的术语和定义》（GB/T 3730.1—2022，以下简称《标准》）中将汽车分为乘用车和商用车辆。

1）乘用车。乘用车是指在设计和技术特性上主要用于载运乘客及其随身行李和/或临时物品的汽车，包括驾驶人座位在内最多不超过9个座位，它也可以牵引一辆车。

2）商用车辆。商用车辆是指在设计和技术特性上用于运送人员和货物的汽车，并且可以牵引挂车（乘用车不包括在内）。

（3）按用途分类 汽车按用途可分为以下七类：

1）轿车。轿车主要用来运载人员和少量的行李，轿车按发动机排量的不同又分为以下五种：微型轿车（排量<1.0L）、普通轿车（排量为1.0~1.6L）、中级轿车（排量为1.6~2.5L）、中高级轿车（排量为2.5~4.0L）和高级轿车（排量>4.0L）。图2-4所示为一辆高级轿车。

2）货车。货车的主要作用是运载货物，货车按总质量的不同又可分为以下四种：微型货车（总质量<1800kg）、轻型货车（总质量为1800~6000kg）、中型货车（总质量为6000~14000kg）和重型货车（总质量>14000kg）。图2-5所示为一辆重型货车。

图 2-4　高级轿车（CA-7600J）

图 2-5　重型货车（CQ1463TSG420）

3）客车。客车主要用来运送人员及行李物资，客车按车身长度的不同又可分为以下五种：微型客车（长度<3.5m）、轻型客车（长度为3.5~7m）、中型客车（长度为7~10m）、大型客车（长度为10~12m）和特大型客车（长度超过12m的铰接式客车和长度为10~12m的双层客车）。图2-6所示为一辆特大型客车。

图 2-6　特大型客车（JNP6250G）

4）越野车。越野车是主要行驶在路况较差或无路地区的汽车，通常采用全轮驱动，并配用越野轮胎。越野车按总质量的不同又可分为以下四种：轻型越野汽车（总质量≤5000kg）、中型越野汽车（5000kg<总质量≤13000kg）、重型越野汽车（13000kg<总质量≤24000kg）和超重型越野汽车（总质量>24000kg）。图2-7所示为一辆超重型越野汽车。

图 2-7　超重型越野汽车（SX2300）

5）牵引汽车。牵引汽车是专门或主要用来牵引挂车或其他车辆的汽车。牵引汽车又可分为两种：半挂牵引汽车和全挂牵引汽车。图2-8所示为一辆全挂牵引汽车。

6）自卸汽车。自卸汽车可以利用自身的液压装置将其货箱倾斜。自卸汽车按总质量的不同又可分为以下四种：轻型自卸汽车（总质量≤6000kg）、中型自卸汽车（6000kg<总质量≤14000kg）、重型自卸汽车（总质量>14000kg）和矿山自卸汽车。图2-9所示为一辆矿山自卸汽车。

图 2-8　全挂牵引汽车

图 2-9　矿山自卸汽车（YT3621）

7）专用汽车。专用汽车是为完成特定的运输任务或作业而设计的汽车，图2-10所示为几种常见的专用汽车。

a) 消防车

b) 运钞车

c) 救护车

d) 油罐车

图 2-10　常见的专用汽车

知识窗

新能源汽车

　　能源和环境是当前世界发展的两大主题。随着社会经济的飞速发展，资源短缺、环境污染与经济可持续发展的矛盾日益突出。汽车工业作为能源消耗和环境污染的重要源面临严峻的挑战，节能减排和环境保护成为汽车发展的重要方向，以电动汽车为主的新能源汽车将逐步代替传统燃油汽车走向历史舞台。我国新能源汽车产业始于 21 世纪初，从"十五"时期就开始通过"863 计划"，启动了电动汽车研究项目，形成了"三纵"（混合动力电动汽车、纯电动汽车、燃料电池电动汽车三条技术路线）和"三横"（电动汽车发展所需要的三个方面的关键技术，包括电池、电机和电控技术）的研发格局。"三纵三横"的技术布局，为我国新能源汽车产业化打下了坚实的技术基础，从整体上取得了进展。

4. 国产汽车型号的编号规则

（1）汽车产品型号的组成　汽车型号应能表明汽车的厂牌、类型和主要特征参数等。国家汽车型号均应由汉语拼音字母和阿拉伯数字组成，汽车型号包括以下三部分：

　　首部——由两个或三个汉语拼音字母组成，是企业名称代号。

　　中部——由四位阿拉伯数字组成，第一位数字是车辆类别代号，第二、三位是各类汽车的主参数代号，第四位数字是产品序号。

　　尾部——为专用汽车分类代号和企业自定代号，不一定都有。

　　汽车产品型号的组成，如图 2-11 所示。

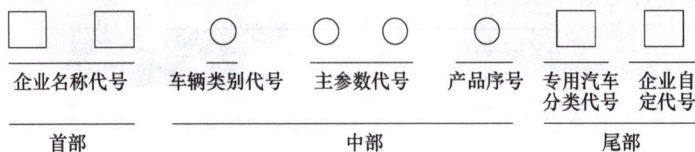

| 企业名称代号 | 车辆类别代号 | 主参数代号 | 产品序号 | 专用汽车分类代号 | 企业自定代号 |

首部　　　　　　　　中部　　　　　　　　尾部

图 2-11　汽车产品型号的组成

　　1）企业名称代号。企业名称代号用代表企业名称的两个或三个汉语拼音字母表示。例如：CA

代表中国第一汽车集团有限公司、BJ 代表北京汽车集团有限公司、EQ 代表东风汽车集团有限公司、NJ 代表南京汽车集团有限公司、SH 代表上海汽车集团股份有限公司、TJ 代表天津汽车工业（集团）有限公司、CKZ 代表重庆重客实业发展有限公司（原重庆市客车总厂）。

2）车辆类别代号。汽车产品型号左起第一位阿拉伯数字为车辆类别代号，表明车辆分属种类，见表2-1。

表 2-1　车辆类别代号及其含义

车辆类别代号	1	2	3	4
含义	载货汽车	越野汽车	自卸汽车	牵引汽车
车辆类别代号	5	6	7	9
含义	专用汽车	客车	轿车	半挂车及专用挂车

3）主参数代号。汽车产品型号中间两位阿拉伯数字表示各类汽车的主要特征参数，称为主参数代号，见表2-2。

表 2-2　车辆主参数代号含义

车辆类别	主参数代号含义	备注
载货汽车	表示汽车总质量（t）数值	汽车总质量大于100t时，允许用3位数字
越野汽车		
自卸汽车		
牵引汽车		
专用汽车		
客车	表示汽车总长度（×0.1m）数值	汽车总长度大于10m时，数字×1m
轿车	表示发动机工作容积（×0.1L）数值	
半挂车及专用挂车	表示汽车总质量（t）数值	

4）产品序号。用一位阿拉伯数字表示汽车的产品生产改进顺序号，如"0"表示第一代产品，"2"表示第三代产品。

5）专用汽车分类代号。用汉语拼音字母反映汽车结构和用途特征，如 X——厢式汽车、G——罐式汽车、Z——专用自卸汽车、T——特种结构汽车、J——起重举升汽车、C——舱棚式汽车。

6）企业自定代号。在同一种汽车结构略有变化而需要区别时，如汽油、柴油发动机，长、短轴距，单、双排座驾驶室，平、凸头驾驶室，左、右置转向盘等，需要企业自定代号加以区别。

（2）汽车型号实例

1）EQ1091：表示东风汽车集团有限公司生产的总质量为9t的第二代货车。

2）TJ6481：表示天津汽车工业（集团）有限公司生产的第二代轻型客车，车辆长度为4.8m。

3）CA-7600J：表示中国第一汽车集团有限公司生产的高级轿车，发动机的排量为6.0L，第一代产品。

二、汽车的总体构造

1. 燃油汽车的构造

燃油汽车的构造主要由发动机、底盘、车身和电气设备四大部分组成，如图2-12所示。

（1）**发动机**　发动机是将某一种形式的能量转换为机械能的机器，其作用是将液体或气体的化学能通过燃烧后转化为热能，再把热能通过膨胀转化为机械能并对外输出动力。燃油汽车的动力来自发动机。

（2）**底盘**　底盘是汽车的"骨骼"，是汽车的基体。燃油汽车底盘的作用是支承和安装汽车发动机及其各部件、总成，形成汽车的整体造型，并接收发动机的动力，使汽车产生运动，保证汽车正常行驶。燃油汽车底盘由传动系统、行驶系统、转向系统和制动系统四部分组成，如图2-13所示。

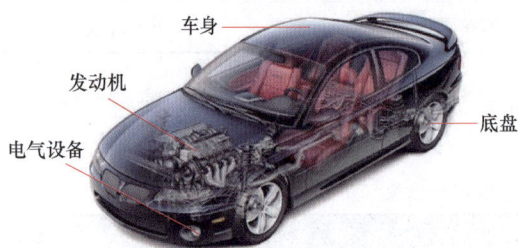

图2-12　燃油汽车的构造

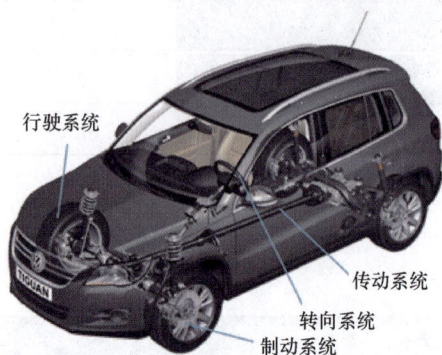

图2-13　燃油汽车底盘的组成

（3）**车身**　汽车车身的主要作用是保护驾驶人以及构成良好的空气力学环境。好的车身不仅能带来更佳的性能，也能体现出车主的个性。汽车车身结构从形式上说，主要分为承载式和非承载式两种。

（4）**电气设备**　电气设备包括蓄电池、交流发电机与电压调节器、起动机、点火系统、照明与信号系统、电器仪表与显示系统、车身电器装置和空调系统等。

2. 新能源汽车的构造

新能源汽车的构造（以纯电动汽车为例），如图2-14所示。与燃油汽车相比，新能源汽车主要是用电机替代了燃油汽车的发动机。

（1）**电机**　电机是新能源汽车的动力装置，其作用是将电能转换为机械能驱动汽车行驶，也可以作为发电机将机械能转换为电能，并储存在动力蓄电池内。新能源汽车中的混合动力电动汽车也有发动机，该发动机的作用是带动发电机发电和（或）减速器工作。

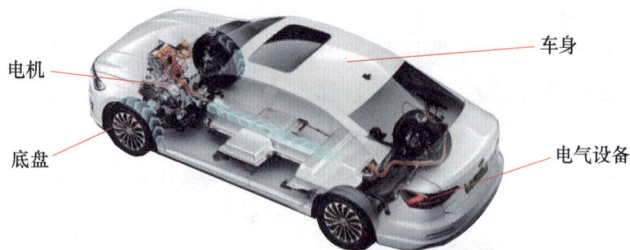

图2-14　纯电动汽车的构造

（2）**底盘**　新能源汽车的底盘和燃油汽车的底盘基本一样，也是由传动系统、行驶系统、转向系统和制动系统组成的。

（3）**电气设备**　纯电动汽车低压供电部分电压有12V或24V两种，纯电动汽车高压供电部分电压一般为200~750V。

（4）**车身**　纯电动汽车的车身和燃油汽车的车身类似，由动力舱、前围、地板、侧围、顶盖、后围以及翼子板七大部分组成。

第2课　汽车发动机总体构造和工作原理

一、汽车发动机的安装位置

发动机在汽车上常见的布置方式有以下三种：

1. 发动机前置

发动机安装在汽车的前部，这种布置形式应用比较广泛，如图2-15所示。

2. 发动机后置

发动机安装在汽车的尾部，这种布置形式主要应用于大型客车，一些乘用车也有应用，如图2-16所示。

图 2-15　发动机前置汽车　　　　图 2-16　发动机后置汽车

3. 发动机中置

发动机安装在汽车的中部，这种布置形式主要应用于高级跑车和赛车，发动机在驾驶座椅后面，如图2-17所示。

二、发动机的分类

1. 按照使用燃料分类

发动机按照所使用燃料的不同可以分为汽油发动机、柴油发动机和其他代用燃料发动机，如图2-18所示。使用汽油为燃料的内燃机称为汽油发动机，使用柴油为燃料的内燃机称为柴油发动机；另外，还有以液化石油气或天然气为燃料的其他代用燃料发动机。

a) 汽油发动机　　　　b) 柴油发动机

图 2-17　发动机中置汽车　　　图 2-18　发动机按照使用燃料分类

2. 按照点火方式分类

发动机按照点火方式的不同可以分为点燃式发动机和压燃式发动机两种，如图2-19所示。点燃式发动机是利用高压电火花点燃气缸内的可燃混合气来完成做功的，如汽油发动机；压燃式发动机是利用高温、高压使气缸内的可燃混合气自行着火燃烧来完成做功的，如柴油发动机。

3. 按照行程分类

发动机按照其完成一个工作循环所需的行程数可分为四冲程发动机和二冲程发动机，如图2-20所示。把曲轴转两圈，活塞在气缸内上下往复运动四个行程，完成一个工作循环的发动机称为四冲程发动机；而把曲轴转一圈，活塞在气缸内上下往复运动两个行程，完成一个工作循环的发动机称为二冲程发动机。汽车发动机广泛使用四冲程发动机。

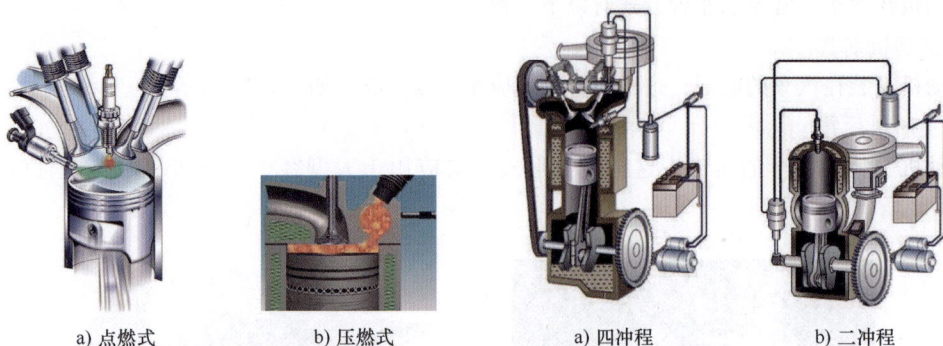

a) 点燃式   b) 压燃式

图 2-19   发动机按照点火方式分类

a) 四冲程   b) 二冲程

图 2-20   发动机按照行程分类

4. 按照冷却方式分类

发动机按照冷却方式不同可以分为水冷发动机和风冷发动机，如图2-21所示。水冷发动机是利用在气缸体和气缸盖冷却水套中进行循环的冷却液作为冷却介质进行冷却的，而风冷发动机是利用流动于气缸体与气缸盖外表面散热片之间的空气作为冷却介质进行冷却的。水冷发动机冷却均匀，工作可靠，冷却效果好，被广泛地应用于车用发动机上。

5. 按照气缸数目分类

发动机按照气缸数目不同可以分为单缸发动机和多缸发动机，如图2-22所示。仅有一个气缸的发动机称为单缸发动机；有两个或两个以上气缸的发动机称为多缸发动机，如双缸、三缸、四缸、五缸、六缸、八缸、十二缸等都是多缸发动机。车用发动机多采用四缸、六缸或八缸发动机。

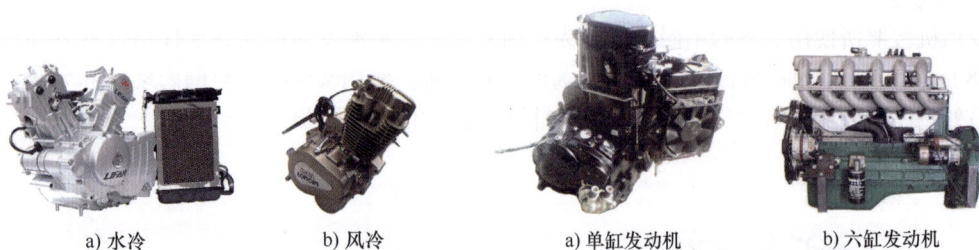

a) 水冷   b) 风冷

图 2-21   发动机按照冷却方式分类

a) 单缸发动机   b) 六缸发动机

图 2-22   发动机按照气缸数目分类

6. 按照气缸排列方式分类

发动机按照气缸排列方式不同可分为直列式发动机、V形发动机、对置式（卧式）发动机和W形发动机，如图2-23所示。将V形发动机的每侧气缸再进行小角度的错开（如帕萨特W8的小角度为15°），就成了W形发动机，或者说W形发动机的气缸排列形式是由两个小V形组成一个大V形。

7. 按照进气系统是否采用增压方式分类

发动机按照进气系统是否采用增压方式可以分为自然吸气（非增压）式发动机和强制进气（增压式）式发动机，如图2-24所示。汽油发动机常采用自然吸气式，柴油发动机为了提高功率有采用增压式的。

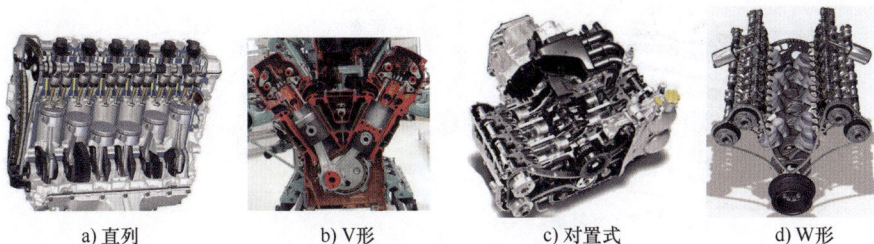

a) 直列　　　　　　　　b) V形　　　　　　　　c) 对置式　　　　　　　d) W形

图 2-23　发动机按照气缸排列方式分类

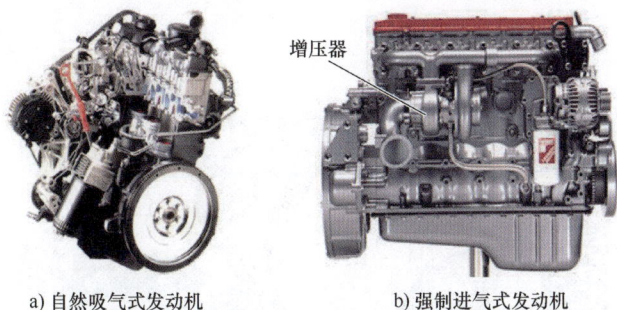

增压器

a) 自然吸气式发动机　　　　　　　　　　b) 强制进气式发动机

图 2-24　发动机按照进气系统是否采用增压方式分类

知识窗

发动机的发展历史

　　1794 年，英国的斯垂特首次提出燃料与空气混合成可燃混合气的原理；1801 年，法国的勒本制成了第一台活塞发动机；1858 年，法国的里诺发明了煤气发动机；1866 年，德国的奥托制造出了第一台四冲程内燃机，具有划时代的历史意义；1883 年，戴姆勒开发出了第一台卧式汽油机，从此汽油机诞生了。在历史的长河中，经过近 100 年的努力，小型内燃机才终于在技术上取得突破，已经可以实用化，为汽车的诞生奠定了坚实的基础。从汽车发动机的发展史上来看，历经不同国家数代人的艰苦奋战，锲而不舍，才一点点攻克了"发动机"这座科技大山。

三、发动机的总体构造

　　发动机是燃油汽车的心脏，发动机的基本结构都是相似的。汽油发动机通常由"两大机构、五大系统"组成，柴油发动机通常由"两大机构、四大系统"组成。

1. 曲柄连杆机构

　　曲柄连杆机构是发动机实现工作循环、完成能量转换的主要运动零件。它由机体组、活塞连杆组和曲轴飞轮组等组成，如图 2-25 所示。在做功行程中，活塞承受燃气压力在气缸内进行直线运动，通过连杆转换成曲轴的旋转运动，并通过曲轴对外输出动力，而在进气、压缩和排气行程中，飞轮释放能量又把曲轴的旋转运动转化成活塞的直线运动。

2. 配气机构

　　配气机构的作用是根据发动机的工作顺序和工作过程，适时地打开和关闭气门，使可燃混合气或新鲜空气进入气缸，并使废气从气缸内排出，如图 2-26 所示。

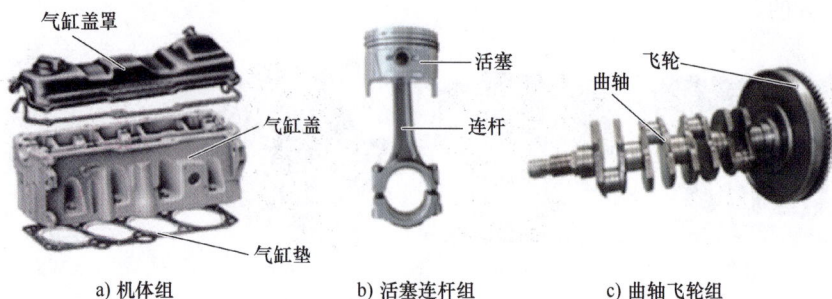

a) 机体组   b) 活塞连杆组   c) 曲轴飞轮组

图 2-25 曲柄连杆机构的组成

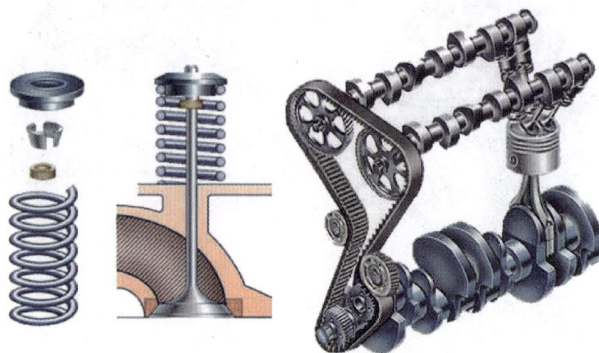

图 2-26 配气机构

3. 燃油供给系统

汽油发动机燃油供给系统的作用是根据发动机的要求，配制出一定数量和浓度的可燃混合气供入气缸，并将燃烧后的废气从气缸内排出到大气中；柴油发动机燃油供给系统的作用是把柴油和空气分别供入气缸，在燃烧室内形成可燃混合气并燃烧，最后将燃烧后的废气排出。发动机燃油供给系统，如图 2-27 所示。

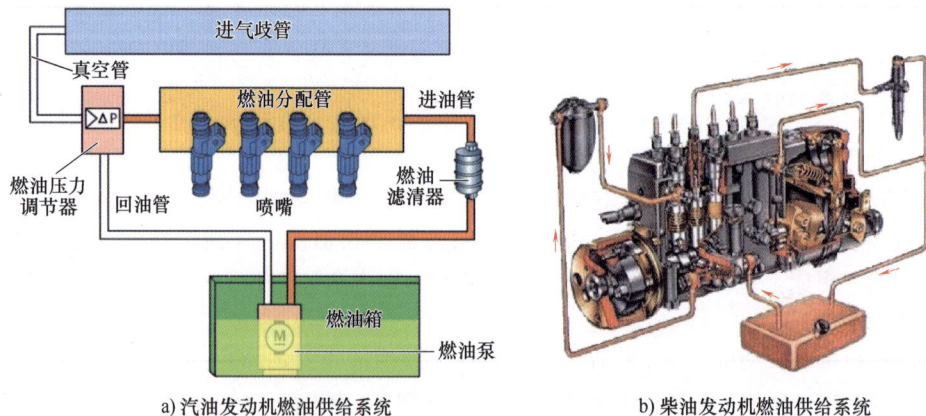

a)汽油发动机燃油供给系统   b)柴油发动机燃油供给系统

图 2-27 发动机燃油供给系统

4. 润滑系统

润滑系统的作用是向进行相对运动的零件表面输送定量的清洁润滑油，以实现液体摩擦，减小摩擦阻力，减轻机件的磨损，并对零件表面进行清洗和冷却，如图 2-28 所示。

5. 冷却系统

冷却系统的作用是将受热零件吸收的部分热量及时散发出去，以保证发动机在最适宜的温度状态下工作。冷却系统有水冷式和风冷式两种，水冷发动机的冷却系统，如图 2-29 所示。

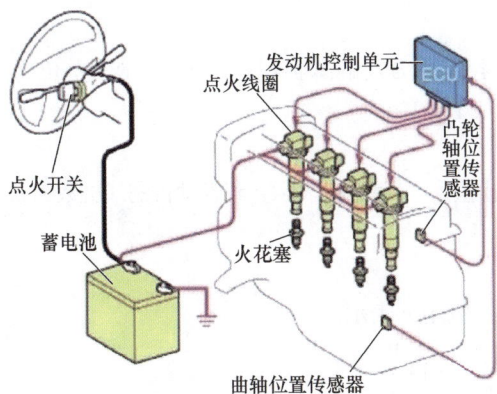

图 2-28　润滑系统

a）水冷式　　b）风冷式

图 2-29　冷却系统

6. 点火系统（柴油发动机无）

在汽油发动机中，气缸内的可燃混合气是靠电火花点燃的，为此在汽油发动机的气缸盖上装有火花塞，并将火花塞头部伸入燃烧室内。能够按时在火花塞电极间产生电火花的全部设备称为点火系统。点火系统的作用是根据发动机的工作需要，及时地点燃气缸内的可燃混合气。大多数轿车采用单缸独立点火系统，它由蓄电池、点火开关、发动机控制单元（ECU）、点火线圈、火花塞和各种传感器等组成，如图 2-30 所示。

7. 起动系统

要使发动机由静止状态过渡到工作状态，必须先用外力转动发动机的曲轴，使活塞进行往复运动，气缸内的可燃混合气燃烧膨胀做功，推动活塞向下运动使曲轴旋转。这样，发动机才能自行运转，工作循环才能自动进行。因此，曲轴在外力作用下开始转动到发动机开始自动怠速运转的全过程，称为发动机的起动。完成起动过程所需的装置，称为发动机的起动系统，如图 2-31 所示。

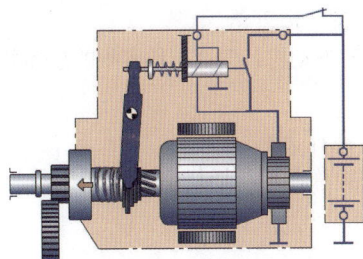

点火开关
点火线圈
发动机控制单元
ECU
凸轮轴位置传感器
蓄电池
火花塞
曲轴位置传感器

图 2-30　单缸独立点火系统

图 2-31　起动系统

四、发动机基本术语

发动机每一次将热能转变为机械能，都必须经过进气、压缩、做功和排气四个连续的过程，每进行一次这样的过程就称为一个工作循环。为了说明发动机的工作原理，下面介绍发动机基本术语，如图 2-32 所示。

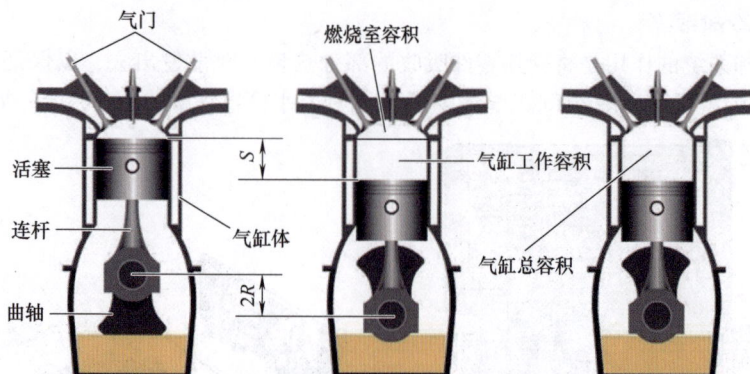

图 2-32 发动机基本术语示意图

1. 上止点

活塞顶离曲轴回转中心最远处，通常为活塞的最高位置，称为上止点。

2. 下止点

活塞顶离曲轴回转中心最近处，通常为活塞的最低位置，称为下止点。

3. 活塞行程

活塞运行在上、下止点之间的距离称为活塞行程，一般用 S 表示。对应一个活塞行程，曲轴旋转 $180°$。

4. 曲柄半径

曲轴回转中心到曲柄销中心之间的距离称为曲柄半径，一般用 R 表示。通常活塞行程为曲柄半径的两倍，即 $S=2R$。

5. 气缸工作容积

活塞从一个止点运动到另一个止点所扫过的容积，称为气缸工作容积或气缸排量，用 V_h 表示，单位为 L。

6. 燃烧室容积

活塞位于上止点时，其顶部与气缸盖之间的容积称为燃烧室容积，用 V_c 表示，单位为 L。

7. 气缸总容积

活塞位于下止点时，其顶部与气缸盖之间的容积称为气缸总容积，用 V_a 表示，单位为 L。气缸总容积就是气缸工作容积和燃烧室容积之和，即 $V_a=V_c+V_h$。

8. 发动机排量

多缸发动机各气缸工作容积的总和称为发动机排量，一般用 V_L 表示。若发动机的气缸数为 i，则

$$V_L = V_h i$$

9. 压缩比

气缸总容积与燃烧室容积之比称为压缩比，一般用 ε 表示。

$$\varepsilon = \frac{V_a}{V_c} = \frac{V_h + V_c}{V_c} = 1 + \frac{V_h}{V_c}$$

通常，汽油发动机的压缩比为 $6\sim10$，柴油发动机的压缩比较高，一般为 $15\sim22$。

五、发动机基本工作原理

1. 四冲程汽油发动机的工作原理

四冲程汽油发动机的工作循环是按进气、压缩、做功和排气的顺序不断循环反复的。图 2-33 所示为单缸四冲程汽油发动机的工作原理示意图。

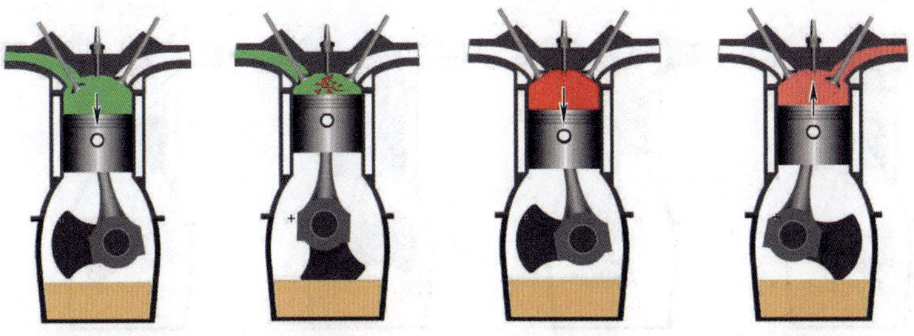

a) 进气行程　　b) 压缩行程　　c) 做功行程　　d) 排气行程

图 2-33　单缸四冲程汽油发动机的工作原理示意图

（1）**进气行程**　活塞从上止点向下止点运动，这时排气门关闭，进气门打开，曲轴旋转半圈。可燃混合气（缸外喷射）或纯空气（缸内喷射）通过进气门被大气压（或增压器）压入气缸。进气终了时气缸内的气体压力为 0.075~0.09MPa，气体温度达到 370~400K。

实际汽油发动机的进气门是在活塞到达上止点之前打开，并且延迟到下止点之后关闭，以便进入更多的可燃混合气或纯空气。

（2）**压缩行程**　活塞从下止点向上止点运动，这时进气门和排气门均关闭，曲轴旋转半圈。当活塞要到达上止点时火花塞提前点火，以便汽油在压缩行程上止点时燃得最旺，爆发力最强。点火提前角的大小与汽油发动机的转速和气缸内温度等有关。可燃混合气压力可达 0.6~1.2MPa，温度可达 600~700K。

汽油发动机压缩比太高，容易引起爆燃。爆燃是指火花塞点火后，在火焰还没有到达之前，其余可燃混合气未被引燃就自行燃烧的现象。简单地说，爆燃就是汽油在燃烧过程中出现了两个或两个以上的着火点，是一种不正常的燃烧现象。爆燃易造成机件过载烧损、性能指标下降、发动机磨损加剧和排气冒黑烟等。轻微爆燃是允许的，但强烈爆燃对发动机是很有害的。

（3）**做功行程**　汽油燃烧的高温高压气体膨胀，推动活塞从上止点向下止点运动，此时进气门和排气门仍然保持关闭，曲轴旋转半圈。实现了化学能（汽油）→热能（燃烧）→机械能（曲轴旋转）的能量转换。最高压力可达 3~5MPa，最高温度可达 2200~2800K。

（4）**排气行程**　活塞从下止点向上止点运动，这时排气门打开，进气门关闭，曲轴旋转半圈。排气行程终止时，压力为 0.105~0.115MPa，温度为 900~1200K。

实际汽油发动机的排气行程也是排气门提前打开，延迟关闭，以便排出更多的废气。

可见，四冲程汽油发动机经过进气、压缩、做功、排气四个行程完成一个工作循环，这期间活塞在上、下止点间往复运动了四个行程，相应地曲轴旋转了两圈。

2. 四冲程柴油发动机的工作原理

四冲程柴油发动机和四冲程汽油发动机的工作过程相同，每一个工作循环同样包括进气、压缩、做功和排气四个行程。但由于柴油发动机使用的燃料是柴油，柴油与汽油有较大的区别，柴油黏度大、不易蒸发、自燃温度低，所以可燃混合气的形成、着火方式、燃烧过程以及气体温度压力的变化都和汽油发动机不同。下面主要分析一下柴油发动机和汽油发动机在工作过程中的不同点。图 2-34 所示为单缸四冲程柴油发动机工作原理图。

（1）**进气行程**　活塞从上止点向下止点运动，这时排气门关闭，进气门打开，曲轴旋转半圈。四冲程柴油发动机在进气行程中压入气缸的是纯空气，不是可燃混合气，进气门仍然是早开晚闭。进气终了时气体压力为 0.0785~0.0932MPa，气体温度为 300~370K。

（2）**压缩行程**　活塞从下止点向上止点运动，这时进气门和排气门均关闭，曲轴旋转半圈。四冲程柴油发动机压缩行程压缩的也是纯空气，当活塞要到达上止点时喷油器提前喷射高压柴油，柴油和空气在气缸内形成可燃混合气并着火燃烧。压缩终了时，气体压力为 3.5~4.5MPa，气体温度为 750~1000K。

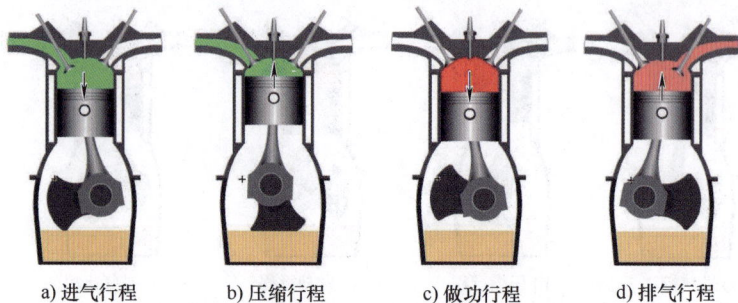

a) 进气行程   b) 压缩行程   c) 做功行程   d) 排气行程

图 2-34 单缸四冲程柴油发动机工作原理示意图

（3）做功行程 柴油燃烧的高温高压气体膨胀，推动活塞从上止点向下止点运动，此时进气门和排气门仍然保持关闭，曲轴旋转半圈。做功行程实现了化学能（柴油）→热能（燃烧）→机械能（曲轴旋转）的能量转换。最高压力可高达 6~9MPa，最高温度也可高达 2000~2500K。

（4）排气行程 活塞从下止点向上止点运动，这时排气门打开，进气门关闭，曲轴旋转半圈。实际柴油发动机的排气行程也是排气门提前打开，延迟关闭，以便排出更多的废气。

柴油发动机与汽油发动机比较，柴油发动机的压缩比高、热效率高、燃油消耗率低，同时柴油价格较低。因此，柴油发动机的燃料经济性能好，而且柴油发动机的排气污染少，排放性能较好。但它的主要缺点是转速低、质量大、噪声大、振动大、制造和维修费用高。

四冲程发动机，只有一个行程是做功的，其他三个行程是做功的准备行程。因而，曲轴的转速是不均匀的。为了解决这个问题，第一是安装飞轮，第二是采用多缸四冲程发动机。在多缸四冲程发动机的每一个气缸内，所有的工作过程都是相同的，但各个气缸的做功行程并不是同时发生的，而是按照一定的工作顺序进行的。气缸数越多，发动机工作越平稳，但结构越复杂，尺寸和质量也会增大。

六、发动机主要性能指标

发动机的性能指标是用来衡量发动机性能好坏的标准，其主要性能指标有动力性能指标、经济性能指标和排放性能指标。

1. 动力性能指标

动力性能指标是判断曲轴对外做功能力的指标，包括有效转矩、有效功率和曲轴转速。

1）有效转矩：指发动机曲轴对外输出的净转矩，通常用 T_e 表示，单位为 N·m。

2）有效功率：指发动机曲轴对外输出的净功率，通常用 P_e 表示，单位为 kW。

3）曲轴转速：指发动机曲轴每分钟的转数，单位为 r/min。

2. 经济性能指标

通常用有效燃油消耗率来评价内燃机的经济性能。有效燃油消耗率是指单位有效功率的燃油消耗量，也就是发动机每发出 1kW 有效功率在 1h 内所消耗的燃油质量（以 g 为单位），有效燃油消耗率通常用 g_e 表示，其单位为 g/(kW·h)。很明显，有效燃油消耗率越小，表示发动机曲轴输出净功率所消耗的燃油越少，其经济性越好。

3. 排放性能指标

排放性能指标包括排放烟度、有害气体（CO、HC、NO_x）排放量、噪声等。

七、国产内燃机型号编制规则

1. 国产内燃机产品名称和型号编制规则

2008 年 6 月 3 日，中华人民共和国国家质量监督检验检疫总局和中国国家标准化管理委员会联合发布了《内燃机产品名称和型号编制规则》（GB/T 725—2008），内燃机型号由四部分组成，如图 2-35 所示。

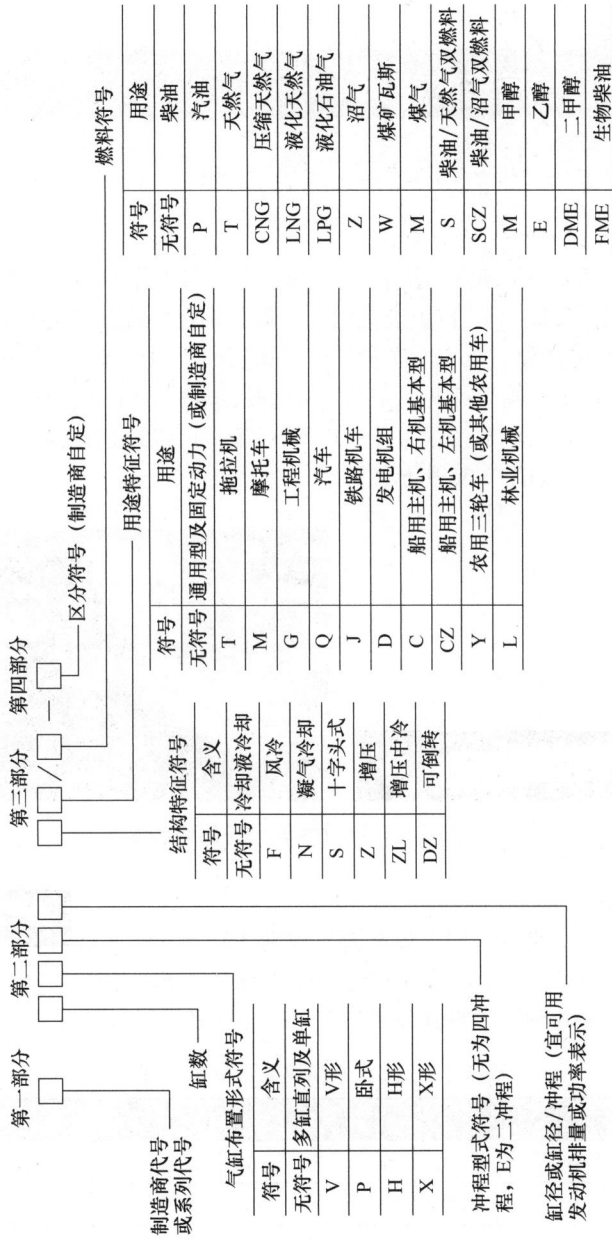

气缸布置形式符号

符号	含义
无符号	多缸直列及单缸
V	V形
P	卧式
H	H形
X	X形

结构特征符号

符号	含义
无符号	冷却液冷却
F	风冷
N	凝气冷却
S	十字头式
Z	增压
ZL	增压中冷
DZ	可倒转

用途特征符号

符号	用途
无符号	通用型及固定动力（或制造商自定）
T	拖拉机
M	摩托车
G	工程机械
Q	汽车
J	铁路机车
D	发电机组
C	船用主机、右机基本型
CZ	船用主机、左机基本型
Y	农用三轮车（或其他农用车）
L	林业机械

燃料符号

符号	用途
无符号	柴油
P	汽油
T	天然气
CNG	压缩天然气
LNG	液化天然气
LPG	液化石油气
Z	沼气
W	煤矿瓦斯
M	煤气
S	柴油/天然气双燃料
SCZ	柴油/沼气双燃料
M	甲醇
E	乙醇
DME	二甲醇
FME	生物柴油

第一部分　制造商代号或系列代号、缸数

第二部分　缸径或缸径/冲程（宜可用发动机排量或功率表示）、冲程型式符号（无为四冲程，E为二冲程）

第三部分　结构特征符号

第四部分　用途特征符号、燃料符号、区分符号（制造商自定）

图2-35　国产内燃机型号的组成

2. 国产内燃机型号实例

1）492Q/P-A：四缸、直列、四冲程、缸径92mm、冷却液冷却、汽车用（A 为区分符号）。

2）YZ6102Q：六缸、直列、四冲程、缸径102mm、冷却液冷却、汽车用（YZ 为扬州柴油机厂代号）。

3）12V190ZL/T：12 缸、V 形、四冲程、缸径190mm、冷却液冷却、增压中冷、燃气为天然气。

第 3 课　汽车的铭牌

一、汽车 VIN 码

1. 汽车 VIN 码的位置

VIN 是英文 Vehicle Identification Number 的缩写，中文名叫作车辆识别代码。VIN 码是由 17 位字母、数字组成的编码，又称为 17 位识别代码。车辆识别代码经过排列组合，可以使同一车型的车在 30 年内不会发生重号现象，具有对车辆的唯一识别性，因此可称为汽车身份证号码。

VIN 码在汽车铭牌、车架或车身上，在机动车行驶证和机动车保险单上也有。为了方便识别，我国乘用车在仪表板左侧或右侧放置了一个 VIN 编码条，可以透过风窗玻璃看到，帕萨特乘用车 VIN 编码条在仪表板左侧，如图 2-36 所示。

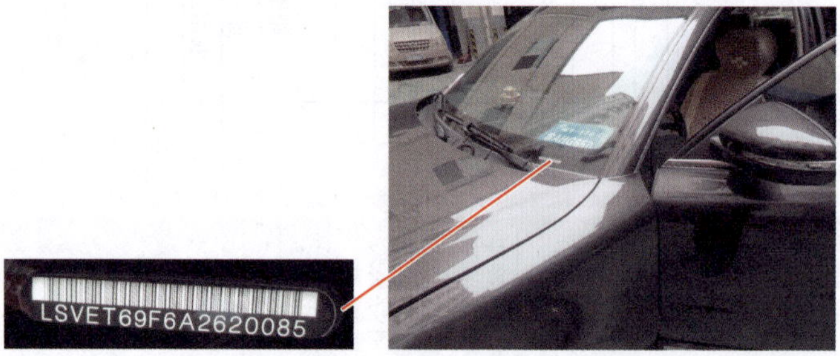

图 2-36　帕萨特乘用车 VIN 编码条位置

2. 汽车 VIN 码的含义

汽车 VIN 码由三个部分组成，即世界制造厂识别代码（WMI）、车辆说明部分（VDS）和车辆指示部分（VIS）。图 2-37 所示为一辆上海大众朗逸乘用车的 VIN 编码，将其分为三部分，详见表 2-3。

图 2-37　上海大众朗逸乘用车 VIN 编码

表 2-3　上海大众朗逸乘用车 VIN 编码

WMI			VDS						VIS							
L	S	V	A	D	2	1	8	7	B	2	3	3	7	7	2	9
1	2	3	4	5	6	7	8	9	10	11	12	13	14	15	16	17

第 1~3 位是世界制造厂识别代号（WMI），LSV—上海大众汽车有限公司。

国内常见汽车制造厂家的世界制造厂识别代码如下：

LS5—长安汽车　　LVS—长安福特　　LL3—厦门金龙　　LGX—比亚迪汽车

LSV—上海大众　　LFV——一汽大众　　LFP——一汽红旗　　LEN—北京吉普

LHG—广州本田　　LHB—北汽福田　　LKD—哈飞汽车　　LSY—沈阳金杯

LSG—上海通用　LDC—神龙富康　LGF—重庆恒通

第 4 位是车身形式代码，A—4 门折背式车身。

第 5 位是发动机变速器代码，D—JV 发动机、LPG/2P（013.9）变速器。

第 6 位是乘员保护系统代码，2—安全气囊（驾驶人和副驾驶人、前座侧面）。

第 7~8 位是车辆等级代码，18—上海朗逸轿车。

第 9 位是校验位，通过一定的算法防止输入错误，0~9 中任一数字或字母"X"。

第 10 位是车型年份代码，B—2011 年。汽车年份代码见表 2-4。

表 2-4　汽车年份代码表

年份	代码	年份	代码	年份	代码	年份	代码
1991	M	2001	1	2011	B	2021	M
1992	N	2002	2	2012	C	2022	N
1993	P	2003	3	2013	D	2023	P
1994	R	2004	4	2014	E	2024	R
1995	S	2005	5	2015	F	2025	S
1996	T	2006	6	2016	G	2026	T
1997	V	2007	7	2017	H	2027	V
1998	W	2008	8	2018	J	2028	W
1999	X	2009	9	2019	K	2029	X
2000	Y	2010	A	2020	L	2030	Y

第 11 位是装配厂代码，2—上海大众汽车有限公司。

第 12~17 位是车辆制造顺序号。

注意：不同国家或汽车制造厂，其 VIN 编码含义有细微不同。

图 2-38　某燃油汽车的铭牌

二、汽车铭牌的识读

某燃油汽车的铭牌，如图 2-38 所示。

汽车制造厂家：中国·长安福特汽车有限公司

车辆识别代号：LVSHFFAC6GF526110

整车型号：CAF7200A52　　　　　发动机型号：CAF488WQ8

发动机排量/最大净功率：1.999L/180kW　　最大允许总质量：2069kg

制造年月：2016 年 10 月　　　　乘坐人数：5 人

任务实施

任务一　**观察汽车的总体构造**

1. 任务目的

1）知道汽车的总体构造。

2）能说出汽车各组成部分的作用。

3）能积极主动参与任务，能与小组成员团结协作，能执行实训室"6S"规定。

2. 任务准备

1）知识准备：完成项目二第 1 课汽车的类型及总体构造的学习。

2）设备准备：汽车、举升机、演示课件（或操作视频）。

3. 任务步骤

1）老师演示或播放视频：汽车的类型及总体构造。

2）学生观察汽车的总体构造（或老师演示时同步观察），并完成《汽车发动机构造与维修工作页》相应部分内容的填写。

观察汽车的总体构造，观察内容包括汽车发动机、汽车底盘、汽车车身和汽车电气设备。

4. 任务评价

任务评价内容及标准见表 2-5。

表 2-5 任务评价内容及标准

序号	项目	操作内容	分值	评分标准	得分
1	准备	清理工位	5	酌情扣分	
2	认识汽车发动机	观察发动机外形，认识零件	15	认识不好扣 1~15 分	
3	认识汽车底盘	查看底盘的四大组成	25	认识不好扣 1~25 分	
4	认识汽车车身	观察车身构造	15	认识不好扣 1~15 分	
5	认识汽车电气设备	观察仪表板及各种指示灯	15	认识不好扣 1~15 分	
6	完成时间	80min	10	超时 1~5min 扣 1~5 分 超时 5min 以上扣 10 分	
7	安全文明	无安全隐患，无不文明操作	5	未达标扣 1~5 分	
8	结束	工量具清洁归位 工作场地清洁	5 5	漏一项扣 1 分，未做扣 5 分 清洁不彻底扣 1~5 分，未做扣 5 分	
		总分	100		

任务二　拆装汽车发动机

1. 任务目的

1）知道汽车发动机的总体构造。

2）能在老师的指导下拆装汽车发动机。

3）能积极主动参与任务，能与小组成员团结协作，能执行实训室"6S"规定。

2. 任务准备

1）知识准备：完成项目二第 2 课汽车发动机总体构造和工作原理的学习。

2）设备准备：汽车发动机、汽车发动机拆装工具、演示课件（或操作视频）。

3. 任务步骤

1）老师演示或播放视频：汽车发动机的拆装。

2）学生练习汽车发动机的拆装（或老师演示时同步练习），并完成《汽车发动机构造与维修工作页》相应部分内容的填写。

拆装汽车发动机，拆装内容包括机体组、活塞连杆组、曲轴飞轮组和正时机构。

4. 任务评价

任务评价内容及标准见表2-6。

表 2-6　任务评价内容及标准

序号	项目	操作内容	分值	评分标准	得分
1	准备	清点工具、清理工位	5	酌情扣分	
2	拆卸	机体组	15	操作不当扣 1~15 分	
		活塞连杆组	5	操作不当扣 1~5 分	
		曲轴飞轮组	5	操作不当扣 1~5 分	
		正时机构	10	操作不当扣 1~10 分	
3	清洗	清洗发动机各零部件，并放置整齐	15	操作不当扣 1~15 分	
4	安装	按照与拆卸相反的顺序进行	20	操作不当扣 1~20 分	
5	完成时间	240min	10	超时 1~5min 扣 1~5 分 超时 5min 以上扣 10 分	
6	安全文明	无安全隐患，无不文明操作	5	未达标扣 1~5 分	
7	结束	工具清洁归位 工作场地清洁	5 5	漏一项扣 1 分，未做扣 5 分 清洁不彻底扣 1~5 分，未做扣 5 分	
	总分		100		

任务三　识读汽车铭牌

1. 任务目的

1）能识读汽车铭牌。

2）能积极主动参与任务，能与小组成员团结协作，能执行实训室"6S"规定。

2. 任务准备

1）知识准备：完成项目二第3课汽车铭牌的学习。

2）设备准备：汽车、演示课件（或操作视频）。

3. 任务步骤

1）老师演示或播放视频：识读汽车铭牌。

2）学生练习识读汽车铭牌（或老师演示时同步练习），并完成《汽车发动机构造与维修工作页》相应部分内容的填写。

识读汽车铭牌，识读内容包括整车型号、乘坐人数、发动机型号、制造年月、发动机排量、最大允许总质量、发动机额定功率、制造地区和车辆识别代号（VIN 编码）。

4. 任务评价

任务评价内容及标准见表2-7。

表 2-7　任务评价内容及标准

序号	项目	操作内容	分值	评分标准	得分
1	准备	清理工位	5	酌情扣分	
2	识读	整车型号	10	识读不当扣 1~10 分	
		乘坐人数	5	识读不当扣 1~5 分	
		发动机型号	10	识读不当扣 1~10 分	
		制造年月	5	识读不当扣 1~5 分	
		发动机排量	10	识读不当扣 1~10 分	
		最大允许总质量	5	识读不当扣 1~5 分	
		发动机额定功率	5	识读不当扣 1~5 分	
		制造地区	5	识读不当扣 1~5 分	
		车辆识别代号（VIN 编码）	15	识读不当扣 1~15 分	
3	完成时间	40min	10	超时 1~5min 扣 1~5 分 超时 5min 以上扣 10 分	
4	安全文明	无安全隐患，无不文明操作	5	未达标扣 1~5 分	
5	结束	工作场地清洁	10	清洁不彻底扣 1~5 分，未做扣 5 分	
		总分	100		

巩固与提高

一、填空题

1. 1886 年 1 月 29 日被公认为_____的诞生日。

2. 汽车按动力源的不同分为_____和_____两种。

3. 中国汽车技术研究中心颁布的国家标准《汽车和挂车类型的术语和定义》（GB/T 3730.1—2022）中将汽车分为_____和_____两大类。

4. 汽车按用途可分为_____、_____、_____、_____、_____、_____和_____。

5. CA7136：表示中国第一汽车集团有限公司生产的_____，发动机的排量为_____，第七代产品。

6. 燃油汽车的构造主要由_____、_____、_____和_____四大部分组成。

7. 发动机在汽车上的布置方式常见的有_____、_____和_____三种。

8. 发动机按照所使用燃料的不同，可以分为_____发动机、_____发动机和其他代用燃料发动机。

9. 发动机的两大机构是_____和_____。

10. 四冲程发动机的一个工作循环是_____、_____、_____和_____。

11. 发动机的主要性能指标有_____性能指标、_____性能指标和_____性能指标。

12. 6120Q 柴油机：表示 6 缸、四冲程、缸径_____mm、水冷和汽车用。

13. VIN 码中文名叫作_____，又称为 17 位识别代码。

二、单项选择题

1. 为燃油汽车提供动力的是（　　）。

A. 发动机　　　　　　　B. 底盘　　　　　　　　C. 车身　　　　　　　　D. 电气设备

2. 以下不属于柴油发动机总成的系统是（　　）。

A. 燃料系统　　　　　　B. 点火系统　　　　　　C. 起动系统　　　　　　D. 排气系统

3. 发动机的四个行程中，不消耗功的是（　　）。

A. 进气行程　　　　　　B. 压缩行程　　　　　　C. 做功行程　　　　　　D. 排气行程

4. 如果四冲程发动机的转速为 1800r/min，则每分钟进气门打开的次数是（　　）。

A. 900　　　　　　　　B. 1800　　　　　　　　C. 3600　　　　　　　　D. 7200

5. 四冲程发动机曲轴旋转一周，活塞移动（　　）。

A. 一个行程　　　　　　B. 两个行程　　　　　　C. 三个行程　　　　　　D. 四个行程

6. 以下不属于发动机动力性指标的是（　　）。

A. 有效转矩　　　　　　B. 有效燃油消耗率　　　C. 有效功率　　　　　　D. 发动机转速

7. 发动机有效功率属于（　　）。

A. 经济性指标　　　　　B. 可靠性指标　　　　　C. 动力性指标　　　　　D. 环境指标

8. 车辆类别代号中，1表示（　　）。

A. 载货汽车　　　　　　B. 越野汽车　　　　　　C. 自卸汽车　　　　　　D. 牵引汽车

三、判断题

1. 进气行程活塞由上止点移动到下止点。　　　　　　　　　　　　　　　　　　　（　　）

2. 四冲程柴油发动机在进气行程时，进入气缸的是可燃混合气。　　　　　　　　　（　　）

3. 柴油发动机装有点火系统装置。　　　　　　　　　　　　　　　　　　　　　　（　　）

4. 做功行程时进气门关闭。　　　　　　　　　　　　　　　　　　　　　　　　　（　　）

5. 发动机的有效燃油消耗率越低，经济性越好。　　　　　　　　　　　　　　　　（　　）

6. 发动机的工作过程是一个周期性地将燃料燃烧的热能转变为电能的过程。　　　　（　　）

四、简答题

1. 汽车发动机的分类方法有哪些？

2. 四冲程汽油发动机和四冲程柴油发动机在工作原理上有什么不同？

3. 发动机主要性能指标有哪些？

学习目标

1. 学会曲柄连杆机构的拆装及主要零部件的维修方法。
2. 树立"安全第一、预防为主"的安全生产理念。

典型工作任务

任务一　拆装发动机正时部分。
任务二　拆装发动机机体组并检测。
任务三　拆装发动机活塞连杆组并检测。
任务四　拆装发动机曲轴飞轮组并检测。

知识准备

第1课　曲柄连杆机构概述

一、曲柄连杆机构的作用和组成

1. 曲柄连杆机构的作用

曲柄连杆机构是发动机实现工作循环、完成能量转换的主要运动部分，其主要作用是提供燃烧场所，将气缸内混合气燃烧而作用在活塞顶的压力转变为曲轴的旋转运动，从而对外输出动力。

2. 曲柄连杆机构的组成

曲柄连杆机构由机体组、活塞连杆组和曲轴飞轮组三部分组成，如图3-1所示。

1）机体组的零部件主要有油底壳、气缸体、气缸垫、气缸盖和气缸盖罩，如图3-1a所示。

2）活塞连杆组的零部件主要有活塞、连杆、活塞销、活塞环和连杆轴瓦，如图3-1b所示。

3）曲轴飞轮组的零部件主要有曲轴、飞轮和扭转减振器，如图3-1c所示。

二、曲柄连杆机构的工作条件和受力分析

1. 曲柄连杆机构的工作条件

曲柄连杆机构是在高温（气缸内最高温度可达2500K以上）、高压（最高压力可达5~9MPa）、高速（最高转速可达4000~6000r/min）及有化学腐蚀的条件下工作。

2. 曲柄连杆机构的受力分析

（1）气体作用力　发动机在工作循环的四个行程中，气体压力始终存在。由于进气和排气两

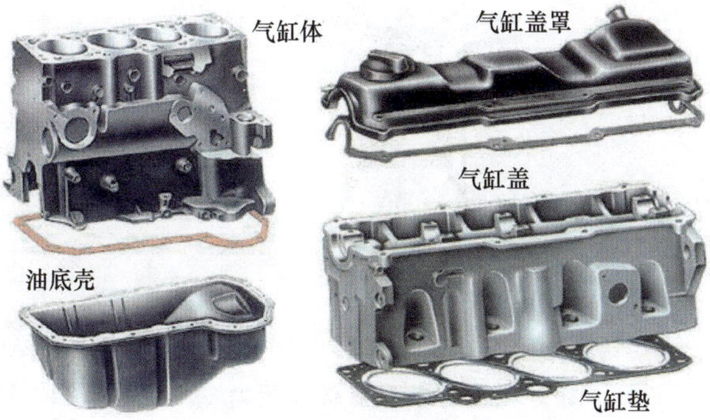

气缸体

气缸盖罩

气缸盖

油底壳

气缸垫

a) 机体组

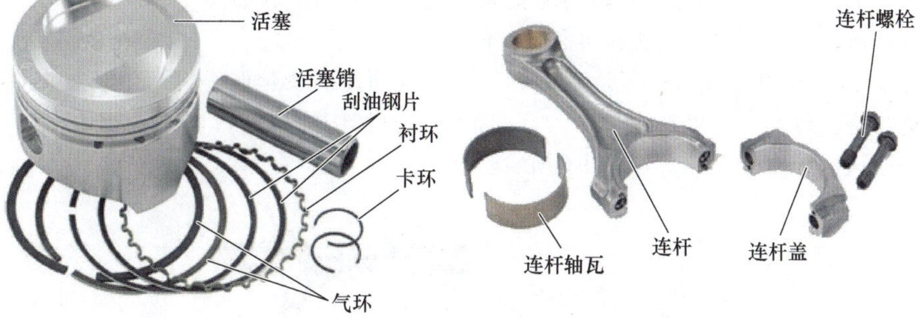

活塞

活塞销

刮油钢片

衬环

卡环

气环

连杆轴瓦　连杆

连杆盖

连杆螺栓

b) 活塞连杆组

飞轮

平衡重　连杆轴颈

主轴颈

半圆键

飞轮齿圈

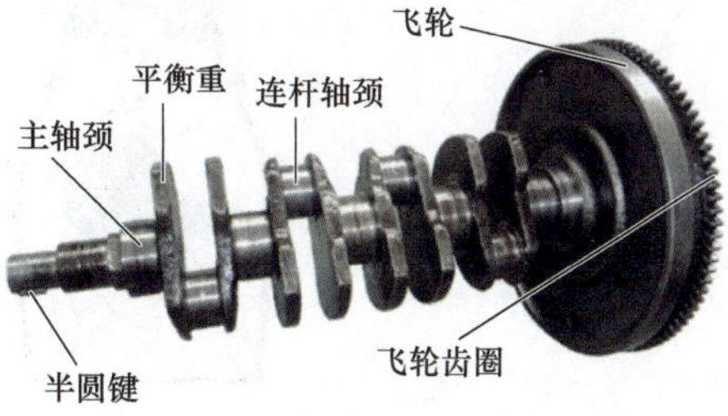

c) 曲轴飞轮组

图 3-1　曲柄连杆机构的组成

个行程气体压力较小，可忽略不计，所以在此只分析压缩和做功两个行程的气体作用力。

在压缩行程中，气体压力阻碍活塞上行。这时，作用在活塞顶的气体总压力 F 可分解为 F_1 和 F_2，如图 3-2 所示。F_2 企图阻止曲轴旋转，F_1 则将活塞压向气缸壁，形成活塞与缸壁间的侧压力。活塞越靠近上止点，此侧压力 F_1 越大。

在做功行程中，气体压力推动活塞向下运动。这时，作用在活塞顶的气体总压力 F 可分解为 F_3 和 F_4，如图 3-3 所示。F_4 推动曲轴旋转，F_3 则将活塞压向气缸另一个侧壁。活塞越靠近下止点，侧压力 F_3 越小。

由上述分析可知，气体压力使活塞紧压气缸左侧壁或右侧壁，从而造成气缸磨损的不均匀。一般磨损呈上大下小的锥形，在圆周方向上呈不规则的椭圆形，如图 3-4 所示。

知道气缸磨损规律后，有以下一些作用：

1）能快速检测出一个气缸的最大磨损量。检测的位置是发动机左右方向活塞位于上止点时第一道气环所处位置。

图 3-2　压缩行程气体作用力　　　图 3-3　做功行程气体作用力　　　图 3-4　气缸磨损规律

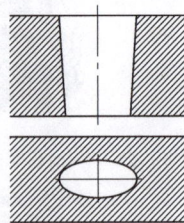

2）活塞环缺口的安装位置。活塞环缺口不能安装在受力的方向上，如图 3-5 所示，Ⅰ 和 Ⅱ 方向上不能有活塞环缺口，活塞环缺口只能在 Ⅲ 和 Ⅳ 方向上。

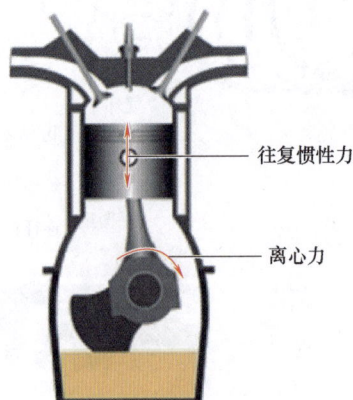

（2）往复惯性力和离心力　进行往复运动的物体，当运动速度变化时，将产生往复惯性力。物体绕某一中心进行旋转运动时，就产生离心力。曲柄连杆机构中活塞进行往复直线运动、曲轴进行旋转运动，所以这两种力都存在，如图 3-6 所示。

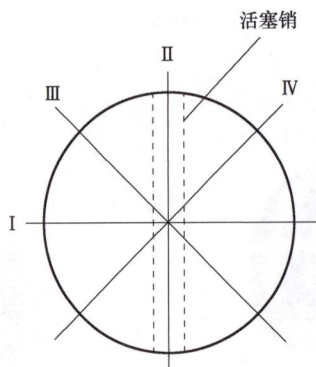

图 3-5　活塞环缺口安装位置　　　图 3-6　往复惯性力和离心力

当活塞从上止点向下止点运动时，速度从零开始，逐渐增大，临近中间达最大值，然后又逐渐减小到零。也就是说，活塞前半行程是加速运动，惯性力向上；后半行程是减速运动，惯性力向下。当活塞从下止点向上止点运动时，前半行程惯性力向下，后半行程惯性力向上。在上下止点活塞运动方向改变，速度为零，加速度最大，惯性力也最大；在行程中部附近，活塞运动速度最大，加速度为零，惯性力也等于零。

旋转机件的圆周运动产生离心力，方向背离曲轴中心向外，离心力使连杆大头的轴承和轴颈、曲轴主轴承和主轴颈受到一个附加载荷，增加了它们的变形和磨损，也引起发动机振动而传到机体外。

（3）摩擦力　曲柄连杆机构中相互接触的表面进行相对运动时都存在有磨损，其大小与正压力和摩擦因数成正比，其方向总是与相对运动的方向相反。图 3-7 所示为一个磨损了的活塞。

图 3-7　磨损的活塞

第2课　机体组的拆装与维修

一、机体组的拆装

机体组是发动机的支架，是曲柄连杆机构、配气机构和发动机各系统主要零部件的装配基体。零件的拆卸原则是：在拆装顺序上，本着"先装的后拆，后装的先拆，能同时拆的就同时拆"的原则；在拆卸范围上，本着"能不拆的就不拆，尽量避免大拆大卸"的原则；在拆卸目的上，本着"拆是为了装"的原则。

1. 拆卸步骤

1）拆除气缸盖罩螺栓，取下气缸盖罩。拆除气缸盖罩螺栓，应由两边往中间交叉对角分多次松开，如图3-8所示。

2）拆除气缸盖螺栓，取下气缸盖和气缸垫。拆卸气缸盖螺栓时，也应由两边往中间交叉对角分2~3次松开，如图3-9所示。

3）拆除油底壳螺栓，取下油底壳，如图3-10所示。

图 3-8　拆卸气缸盖罩

图 3-9　拆卸气缸盖和气缸垫

图 3-10　拆卸油底壳

2. 安装步骤

1）清洗机体组零件，如图3-11所示。

职场健康与安全：

先用汽油清洗，再用专用清洗剂清洗，清洗后的废液要倒入废液收集桶中或沉淀池内，不能直接倒入下水道，以免污染地下水。

2）安装油底壳。安装前，油底壳应涂上密封胶装好胶垫，再用套筒扳手均匀拧紧油底壳螺栓，如图3-12所示。

图 3-11　清洗机体组零件

图 3-12　安装油底壳

3）安装气缸垫和气缸盖。安装气缸垫时应注意气缸垫的正、反面，不要装反了。拧紧气缸盖

螺栓时，应由中间往两边交叉对角分 2~3 次拧紧，如图 3-13 所示。

4）安装气缸盖罩。拧紧气缸盖罩螺栓时，也应由中间往两边交叉对角分多次拧紧，如图 3-14 所示。

图 3-13　安装气缸垫和气缸盖

图 3-14　安装气缸盖罩

知识窗

安全责任重于泰山

2020 年 11 月 15 日 16 时许，吉林辽源某公司的特种油罐车到事发修配厂维修半轴。次日上午 7 时左右，工人冯某应车主方面要求，为油罐车更换车顶探测杆上面的四个螺钉。上午 10 时 50 分许，冯某在更换过程中进行电焊作业，在电焊作业过程中，油罐爆炸，冯某当场死亡。事故发生后，辽源经济开发区安全生产委员会组成调查组，对此事故进行调查。对事故发生的原因及事故性质做出认定："冯某违规对罐车实施动火作业，对本事故负有直接责任和主要责任"。

二、气缸体的构造与维修

1. 气缸体的构造

气缸体是发动机各个机构和系统的装配基体，是发动机中最重要的一个部件。气缸体上部有一个或数个引导活塞在其中进行直线往复运动的圆柱形空腔，称为气缸。气缸体按材料分有铸铁和铝合金两种，如图 3-15 所示。气缸体按冷却方式分有水冷式和风冷式，汽车发动机广泛采用水冷式气缸体，摩托车发动机广泛采用风冷式气缸体。

气缸

a) 铸铁气缸体　　　　　b) 铝合金气缸体

图 3-15　发动机气缸体

发动机气缸的排列形式一般有直列式、V 形、W 形以及水平对置式等几种，如图 3-16 所示。

a) 直列式　　　　　b) V形　　　　　c) W形　　　　　d) 水平对置式

图 3-16　气缸的排列形式

　　直列式发动机的优点是缸体和曲轴结构十分简单，制造成本较低，尺寸紧凑。缺点是功率较低，并且不适合六缸以上的发动机采用。

　　V形发动机的高度和长度尺寸小，在汽车上布置起来较为方便。V形发动机的缺点是必须使用两个气缸盖，结构较为复杂、成本较高；另外，其宽度加大后，发动机两侧空间较小，不易再安放其他装置。

　　W形发动机是由两个小V形气缸组成一个大V形气缸。W形发动机与V形发动机相比，可将发动机做得更短一些，曲轴也可短些，这样就能节省发动机所占的空间，同时质量也可小些，但它的宽度更大。

　　水平对置式发动机的最大优点是重心低。由于它的气缸为"平放"，因此降低了汽车的重心，同时又能让车头设计得又扁又低，这些因素都能增强汽车的行驶稳定性。此外，水平对置的气缸布局是一种对称稳定结构，这使发动机的运转平顺性比V形发动机还好，运行时的功率损耗也是最小的。

　　曲轴箱的主要作用是保护和安装曲轴，曲轴箱的结构形式有平分式、龙门式和隧道式三种，如图 3-17 所示。

　　（1）平分式　发动机曲轴轴线与气缸体下表面在同一平面上。这种结构便于加工，但刚度小，多用于中小型发动机。

　　（2）龙门式　发动机曲轴轴线高于气缸体下表面。这种结构刚度较高，但工艺性较差，多用于大中型发动机。

a) 平分式　　　　　b) 龙门式　　　　　c) 隧道式

图 3-17　曲轴箱的结构形式

　　（3）隧道式　隧道式曲轴箱座孔为整体式，其强度和刚度最高，主轴承同轴度容易保证，但拆装困难，多用于负荷较大的发动机。

　　油底壳的主要作用是储存机油并封闭曲轴箱。由于油底壳受力不大，一般用薄钢板冲压而成，如图 3-18 所示。为了保证发动机在纵向倾斜的情况下，机油泵仍能吸到机油，油底壳后部一般较深，且在壳内设有挡油板，防止汽车颠簸时油面波动过大。油底壳底部设有放油螺栓，有的放油螺栓用磁性材料制成，能吸附机油中的金属屑，以减少发动机运动零件的磨损。

图 3-18　油底壳

2. 气缸套的结构

气缸套有湿式气缸套和干式气缸套两种，如图 3-19 所示。目前，气缸套常用的材料有球墨铸铁、高磷铸铁和合金铸铁，有的还采用表面淬火和镀铬等工艺。

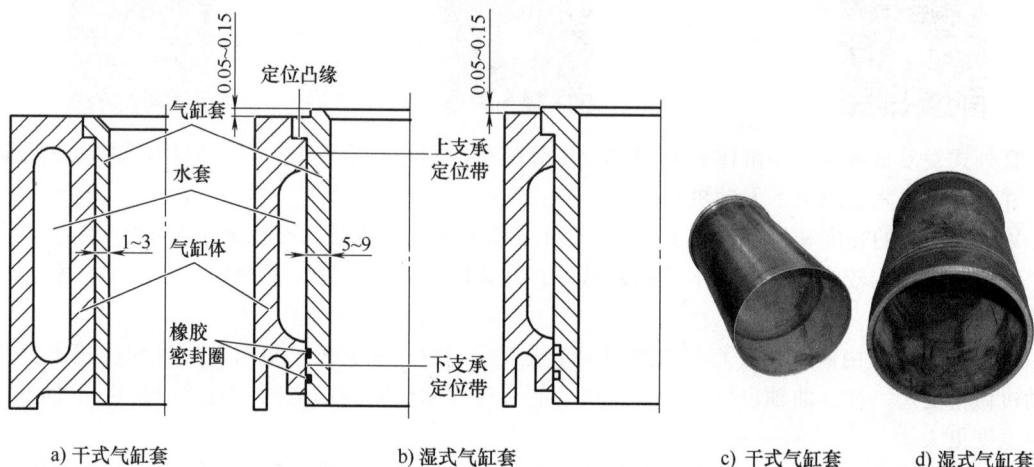

图 3-19　气缸套的种类

干式气缸套不直接与冷却液接触，冷却效果较差，但其加工和安装都比较方便，壁厚一般为 1~3mm。

湿式气缸套与冷却液直接接触，冷却效果较好，便于修理与更换。湿式气缸套安装后，一般其顶端高出气缸体上平面 0.05~0.15mm，以便使气缸盖将气缸垫压得更紧，从而提高气缸的密封性。湿式气缸套靠上支承定位带和下支承定位带保证径向定位，而轴向定位是利用定位凸缘来保证的，如图 3-20 所示。为保证水套的密封，湿式气缸套下端的密封带与座孔之间一般装有 1~3 道橡胶密封圈，有的在定位凸缘下面还装有铜垫片。湿式气缸套易产生点蚀、漏水和漏气，故其壁厚一般为 5~9mm。

3. 气缸体的维修

气缸体的主要耗损形式有裂纹、变形和磨损。

（1）裂纹　气缸体的裂纹通常采用目测法和水压试验法来检查，一旦检查出裂纹，首先用直径为 4mm 的钻头在裂纹两端钻孔（止裂孔），防止裂纹的进一步延伸。然后可视情况进行焊修、胶粘等，必要时进行更换。

（2）变形　可用检查上平面平面度的方法检查气缸体上平面是否变形，具体做法是：在气缸体上平面六个方向上放置刀口形直尺，并用塞尺测量刀口形直尺与气缸体上平面之间的间隙，测得的最大值即为气缸体上平面的平面度误差，如图 3-21 所示。气缸体上平面的平面度误差若超过使用极限，可用磨削或铣削加工修理，但总加工量不能超过 0.30mm。

0.05~0.15mm
定位凸缘
上支承定位带

橡胶密封圈

图 3-20　湿式气缸套的结构

图 3-21　六个方向上测量气缸体的平面度

（3）磨损　气缸体的磨损主要发生在气缸和曲轴轴承孔等部位，其中，气缸的磨损程度是衡量发动机是否需要大修的依据之一。

1）气缸磨损的检查。清洁气缸壁上的油污和积炭后，在气缸的上、中、下三个不同的高度及气缸的纵向和横向两个方向的六个部位，用量缸表测量气缸直径，然后根据测量结果计算出气缸的最大磨损量、圆度误差和圆柱度误差。

圆度误差是指同一横截面上磨损的不均匀性，用同一横截面上不同方向测得的最大与最小直径差值的一半作为圆度误差。

圆柱度误差是指沿气缸轴线的轴向截面上磨损的不均匀性，其数值为被测气缸表面任意方向所测得的最大与最小直径差值的一半作为圆柱度误差。

用量缸表测量气缸直径步骤如下：

① 用项目一的方法安装好量缸表。

② 用安装好的量缸表测量气缸直径，如图 3-22 所示。

2）气缸的维修。气缸磨损若未超过其使用极限，可更换活塞环继续使用。若气缸磨损超过使用极限，可采用修理尺寸法或镶套修复法。修理尺寸法是通过改变尺寸而使配合性质不变的修理方法，镶套修复法是指扩孔后镶套的修复方法。

图 3-23 所示为新发动机的气缸体（铸铁材料），其中，未镶入气缸套，气缸磨损超过使用极限后，可采用修理尺寸法修复。根据气缸的磨损情况和原厂规定的修理尺寸等级，确定其修理尺寸。修理级别一般分为 4~6 级，每级加大 0.25mm。气缸的修理尺寸确定后，选择同级别的活塞。若磨损后的尺寸已经接近或超过最后一级修理尺寸时，可采用镶套法（镶干式气缸套）进行修理或更换气缸体。

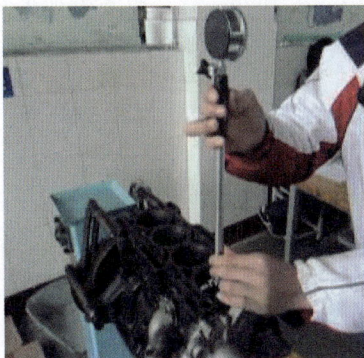

图 3-22　测量气缸直径

图 3-23　无气缸套的气缸体

对镶有干式气缸套的气缸体（铝合金材料），如图 3-24 所示。气缸磨损超过使用极限后，可采用修理尺寸法修复。若磨损后的尺寸已经接近或超过最后一级修理尺寸时，可采用镶套法修复。干式气缸套与承孔的过盈量一般为 0.03~0.08mm，新的气缸套压装后上端平面应与气缸体上平面平齐。

对镶有湿式气缸套的气缸体，如图 3-25 所示。气缸磨损超过使用极限后，可采用更换法修复。

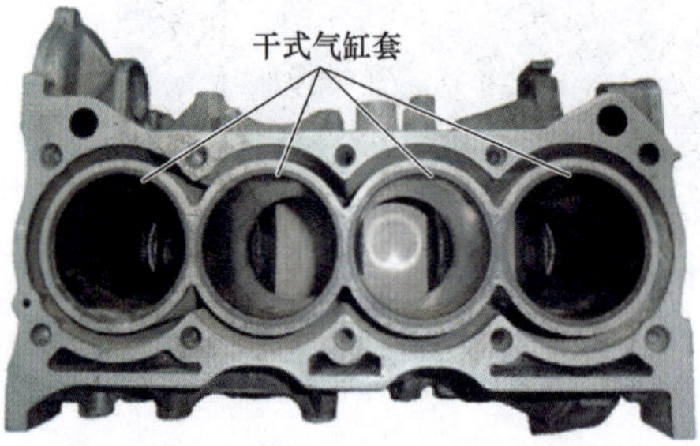

图 3-24　镶有干式气缸套的气缸体

图 3-25　镶有湿式气缸套的气缸体

三、气缸盖和气缸垫的结构与维修

1. 气缸盖的结构

气缸盖的主要作用是封闭气缸上部，与活塞顶部和气缸壁一起构成燃烧室。气缸盖一般都采用灰铸铁或合金铸铁铸造，也有用铝合金铸造的，如图 3-26 所示。

a) 铸铁气缸盖

b) 铝合金气缸盖

图 3-26　气缸盖材料

气缸盖和气缸体使用材料有三种：气缸盖和气缸体材料均为铸铁，气缸盖和气缸体材料均为铝合金，气缸盖为铝合金气缸体为铸铁。

一般水冷式发动机气缸盖内铸有冷却水套，缸盖下端面与缸体上端面所对应的水套是相通的，利用冷却液的循环来冷却燃烧室壁等高温部分。

气缸盖与气缸体接合平面上的凹坑是燃烧室的组成部分，如图 3-27 所示。在气缸盖上加工有气门座、气门导管孔、气道、摇臂轴安装座或凸轮轴安装座孔等。为保证气缸盖上运动件的润滑，在气缸盖内加工有油道。汽油发动机的气缸盖上还加工有火花塞安装座孔，柴油发动机气缸盖上则加工有喷油器安装座孔。

a) 汽油发动机气缸盖

b) 柴油发动机气缸盖

图 3-27　气缸盖的结构

为了制造和维修方便、减少缸盖变形对气缸密封的影响，缸径较大的发动机多采用分开式缸盖，即一缸一盖、二缸一盖或三缸一盖。

2. 气缸盖的维修

气缸盖的主要耗损形式有裂纹、变形和积炭。

（1）裂纹　气缸盖裂纹多发生在冷却水套薄壁处或气门座处，会导致漏水、漏油或漏气。气缸盖裂纹的检查和维修可参照气缸体裂纹进行。

（2）变形　气缸盖变形是指与气缸体接合平面的平面度误差超限。气缸盖变形的原因一般是热处理不当、缸盖螺栓拧紧力矩不均、缸盖螺栓拆卸顺序错误或放置不当等。气缸盖变形的检查方法与缸体变形的检查方法相同，如图3-28所示。当气缸盖与气缸体接合平面的平面度误差超过0.05mm时，应对其进行铣削或磨削修理。

（3）积炭　气缸盖上燃烧室积炭过多，会使燃烧室容积变小，从而改变发动机的压缩比，如图3-29所示。燃烧室积炭可采用机械法或化学法进行清理。用机械法清除积炭比较简单，利用钢丝刷、刮刀、竹片或砂布打磨等方法清除积炭。化学法清除积炭是利用化学溶剂对积炭浸泡2~3h，靠物理或化学作用使积炭软化，然后用刷洗或擦洗法去除积炭。

图 3-28　测量气缸盖的平面度　　　　　　　　　　图 3-29　燃烧室积炭

职场健康与安全：

用机械法清除积炭时，最好选用竹片，以免损伤气缸盖表面，影响密封性。

3. 气缸垫的结构与维修

气缸垫安装在气缸盖和气缸体之间。气缸垫的作用是保证气缸体和气缸盖的密封，以防止漏油、漏水和漏气。目前，应用较多的是金属—石棉气缸垫，如图3-30a所示。近年来出现了用纯金属片做成的气缸垫，如图3-30b所示。

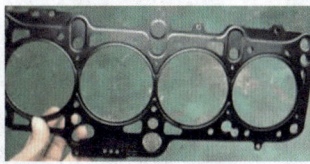

a) 金属—石棉气缸垫　　　　　　b) 金属气缸垫

图 3-30　气缸垫

气缸垫正面（卷边）和反面的识别方法，如图3-31所示。

气缸垫安装时应注意将卷边（正面）朝向易修整的平面或硬平面，如气缸盖和气缸体均为铸铁时，卷边应朝向气缸盖（易修整）；而气缸盖和气缸体（镶有气缸套）均为铝合金时，卷边应朝向气缸体（硬平面）；气缸盖为铝合金、气缸体为铸铁时，卷边应朝向气缸体（硬平面）。

不平　　平的　　不平　　平的

正面　　反面　　　　正面　　反面

图3-31　气缸垫正面和反面的识别方法

气缸垫的常见故障是烧蚀击穿，如图3-32所示，其主要原因是气缸盖和气缸体的接合面不平、气缸盖螺栓的拧紧力矩不足等。气缸垫损坏后必须更换，不能修理。

图3-32　烧蚀的气缸垫

第3课　活塞连杆组的拆装与维修

一、活塞连杆组的拆装

活塞连杆组的拆装步骤如下：

1）拆卸连杆螺栓，取下连杆盖，如图3-33所示。

2）用铜棒或木棒将活塞捅出，一只手应扶住活塞，如图3-34所示。

3）将连杆盖装回原位，如图3-35所示。

图3-33　拆卸连杆螺栓　　　　图3-34　取出活塞　　　　图3-35　将连杆盖装回原位

职场健康与安全：

不同气缸的连杆盖不能混装，以免影响装配精度。

4）安装顺序与拆卸顺序相反，如图 3-36 所示。

a) 专用工具安装活塞　　　　　　b) 安装连杆盖

图 3-36　安装活塞连杆组

职场健康与安全：

　　安装时活塞环缺口的位置按规定错开，活塞和连杆盖的安装方向也要注意。

二、分解和组装活塞连杆组

分解活塞连杆组的步骤如下（以全浮式活塞销为例）：

1）拆下活塞环，如图 3-37 所示。

2）拆下活塞销，如图 3-38 所示。

3）拆下连杆盖，取出连杆轴瓦，如图 3-39 所示。

图 3-37　拆下活塞环　　　　　图 3-38　拆下活塞销　　　　　图 3-39　取出连杆轴瓦

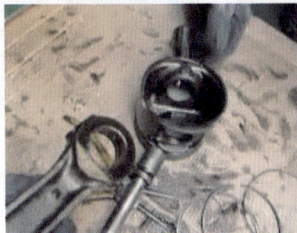

组装活塞连杆组的步骤如下（以全浮式活塞销为例）：

1）清洗活塞连杆组零件，如图 3-40 所示。

2）安装连杆轴瓦和连杆盖，如图 3-41 所示。

图 3-40　清洗活塞连杆组零件　　　　　图 3-41　安装连杆轴瓦和连杆盖

职场健康与安全：
　　连杆盖与连杆杆身的安装方向一致，连杆轴瓦有的上、下瓦不能装错，有的不分。

　　3）安装活塞销一端的卡环，如图3-42所示。
　　4）安装活塞销，如图3-43所示。

图3-42　安装活塞销一端的卡环　　　　　　图3-43　安装活塞销

　　5）安装活塞销另一端的卡环。
　　6）安装活塞环。先安装油环，再安装气环，如图3-44所示。

a) 安装油环　　　　　　b) 安装气环

图3-44　安装活塞环

职场健康与安全：
　　安装时必须区分第一道气环和其他几道气环，活塞环有的安装还有方向性。

三、活塞的结构与维修

1. 活塞的结构

　　活塞的作用是与气缸盖和气缸壁等共同组成燃烧室，并承受气缸中的气体压力，通过活塞销将作用力传给连杆，以推动曲轴旋转。汽车发动机活塞广泛采用的是铝合金，有的柴油发动机活塞采用高级铸铁或耐热钢制造。活塞的基本结构可分为顶部、头部和裙部三个部分，如图3-45所示。

　　活塞顶部是燃烧室的组成部分，其形状取决于燃烧室的形式。汽油发动机活塞顶部多采用图3-46所示的几种形式。

　　柴油发动机活塞顶部形状，如图3-47所示。当气门升程比较大时，为了不使活塞和气门的运动出现干涉，在活塞顶平面上加工出了气门让坑，如图3-48所示。

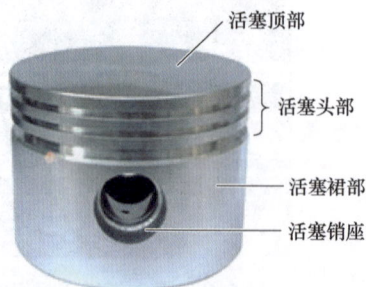

活塞顶部

活塞头部

活塞裙部

活塞销座

图3-45　活塞的基本结构

a) 平顶　　　b) 凸顶　　　c) 凹顶　　　d) 成形顶

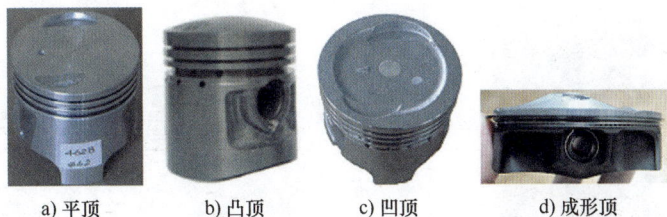

图 3-46　汽油发动机活塞顶部形状

图 3-47　柴油发动机活塞顶部形状

气门让坑

图 3-48　带气门让坑的凹顶活塞

活塞头部是最下边一道活塞环槽以上的部分，主要用来安装活塞环，以实现对气缸的密封，同时将活塞顶部所吸收的热量通过活塞环传给气缸壁。

汽油发动机一般有 2~3 道环槽，上面 1~2 道环槽用来安装气环，实现气缸的密封，最下面的 1 道用来安装油环。柴油发动机一般有 4 道环槽，最下面的 1 道用来安装油环。在油环槽底面上钻有许多径向回油孔，当活塞向下运动时，油环把气缸壁上多余的机油刮下来经回油孔流回油底壳。若发动机温度过高，第 1 道环容易产生积炭，出现过热卡死现象。因此，有的发动机活塞设计有冷却油道，用专门油管对其供油，如图 3-49 所示。

活塞环槽以下的部分称为活塞裙部，其作用是为活塞在气缸内进行往复运动导向和承受侧压力。活塞裙部的形状应该保证活塞在气缸内得到良好的导向。气缸与活塞之间在任何工况下都应保持均匀的、适宜的间隙。若间隙过大，活塞敲缸；间隙过小，活塞可能被气缸卡住。此外，活塞裙部应有足够的实际承压面积，以承受侧向力。活塞裙部承受膨胀侧向力的一面称为主推力面，承受压缩侧向力的一面称为次推力面。为了改善铝合金的磨合性，通常可对活塞裙部进行表面处理。汽油发动机的铸铝活塞裙部外表面一般进行镀锡处理，柴油发动机用铸铝活塞裙部进行表面磷化，锻造铝活塞裙部表面喷涂石墨层。

活塞常见的结构上的控制措施如下：

1）为了消除活塞在高温下沿轴线产生上大下小的膨胀变形的不利影响，把活塞制成上小下大的阶梯形或锥形，这样活塞在工作时由于膨胀变形，便会接近成为一个圆柱体，如图 3-50 所示。

2）针对活塞裙部受热，沿圆周将产生椭圆形变形的特征，把活塞裙部加工成反方位的（短轴沿座孔轴线，长轴垂直于座孔轴线）椭圆形，如图 3-51 所示，其目的是保证活塞在工作状态下成为圆柱形（裙部横断面椭圆度消失，成为一个圆）。

3）活塞按其裙部结构形式的不同可分为拖板式活塞或筒式活塞，如图 3-52 所示。拖板式活塞只保留垂直于孔座轴线方向的裙部，切掉孔座两端的裙部，并使孔座深陷不再与缸壁接触，这种结构是在行程较小的发动机上为防止活塞与曲轴上的平衡重相碰而设计的。对于行程较大的发动机则一般采用筒式活塞，即全裙式活塞。

图 3-49 有专门油管冷却的活塞

a) 阶梯形活塞   b) 锥形活塞

图 3-50 活塞制成上小下大的阶梯形或锥形

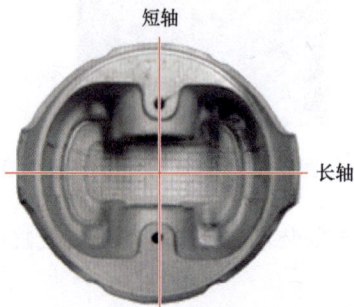

图 3-51 活塞裙部加工成反方位的椭圆形

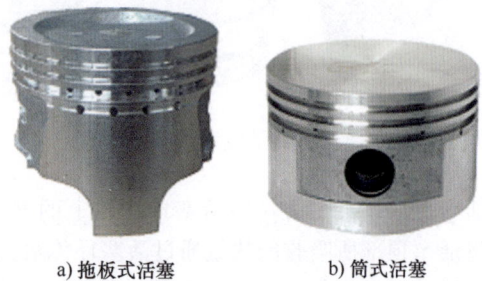

a) 拖板式活塞   b) 筒式活塞

图 3-52 活塞裙部的结构形式

4）在活塞裙部开绝热—膨胀槽，以控制活塞膨胀变形量，如图 3-53 所示。其中，横槽叫作绝热槽，竖槽叫作膨胀槽。绝热—膨胀槽一般开在受侧压力较小的裙部一侧。

5）铝合金活塞在铸造时嵌铸入"恒范钢片"或"筒形钢片"，来控制销座处的膨胀和裙部的变形，如图 3-54 所示。恒范钢片是镍的质量分数为 33%～36% 的低碳镍铁合金，其线胀系数仅为铝合金的 1/10 左右。

图 3-53 开槽活塞

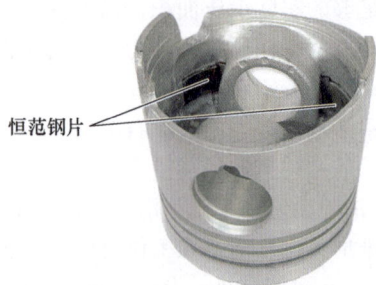

恒范钢片

图 3-54 铝合金活塞嵌铸"恒范钢片"

2. 活塞的维修

（1）活塞的正常耗损 活塞的磨损主要是活塞环槽的磨损、活塞裙部的磨损和活塞销座孔的磨损等。活塞环槽的磨损较大，以第一道环槽的磨损最为严重，各环槽由上而下逐渐减轻；活塞裙部的磨损较小，活塞裙部虽与气缸壁直接接触，但单位面积的压力较小，润滑条件较好，所以磨损也较轻；活塞销座孔上下方向磨损较大而水平方向磨损较小，工作时活塞受气体压力和往复惯性力的作用，使活塞销座孔产生上下方向较大而水平方向较小的椭圆形磨损。

（2）**活塞的异常损坏**　活塞的异常损坏主要是活塞刮伤、活塞烧顶和活塞脱顶等，如图 3-55 所示。活塞刮伤主要是由于活塞与气缸壁的配合间隙过小，使润滑条件变差，以及气缸内壁严重不清洁，有较多和较大的机械杂质进入摩擦表面而引起的。活塞顶部烧蚀则是发动机长期超负荷或爆燃条件下工作的结果。活塞脱顶，即活塞头部与裙部分离，其原因是活塞环的开口间隙过小或活塞环与环槽底无背隙，当发动机连续在高温、高负荷下工作时，活塞环开口间隙被顶死，与缸壁之间发生黏卡，而活塞裙部受到连杆的拖动，使活塞在头部与裙部之间拉断。

（3）**活塞的选配**　当活塞发生异常损坏及气缸的磨损超过规定值时，就要对气缸进行修复后选配活塞。选配活塞时应注意以下几点：

1）气缸的修理尺寸是哪一级，活塞也应选用哪一级修理尺寸的活塞，图 3-56 所示为一个加大 0.25mm 的活塞。

2）同一台发动机必须选用同一厂牌的活塞，以保证其材料和性能的一致性。

3）在选配的成组活塞中，其尺寸差一般为 0.01～0.15mm，质量差为 4～8g，涂色标记也应相同。

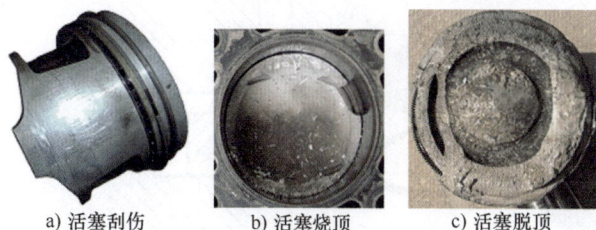

a）活塞刮伤　　　b）活塞烧顶　　　c）活塞脱顶

图 3-55　活塞的异常损坏

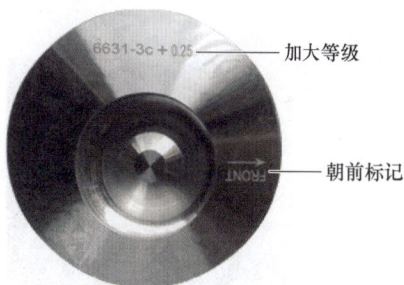

加大等级

朝前标记

图 3-56　加大 0.25mm 的活塞

3. 活塞的安装

活塞在结构设计和制造过程中所采取的各种措施均有特定指向，因此，在活塞顶部刻有方向标记，应注意按规定方向安装活塞，绝对不允许装反，如图 3-57 所示。

活塞安装到气缸体内时应采用活塞安装专用工具，如图 3-58 所示。

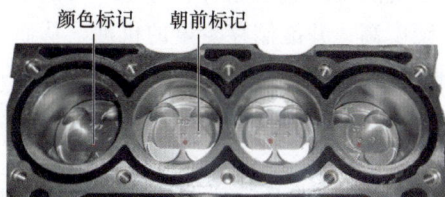

颜色标记　　朝前标记

图 3-57　活塞的安装标记

图 3-58　用专用工具安装活塞

四、活塞环的结构与维修

1. 活塞环的结构

活塞环按其作用不同分为气环和油环两种，如图 3-59 所示。安装在活塞环槽最下面的活塞环为油环，其余为气环。气环的主要作用是密封和传热，油环的主要作用是刮油和布油。

图 3-59 活塞环

为了防止活塞环在气缸内卡死，常设计有"端隙、侧隙和背隙"三个间隙。端隙又称为开口间隙，是活塞环在冷态下装入气缸后开口处的间隙，按图 3-60a 所示方法测量。侧隙又称为边隙，是活塞环在环高方向上与环槽之间的间隙，按图 3-60b 所示方法测量。背隙，是活塞及活塞环装入气缸后，活塞环背面与环槽底部间的间隙，如图 3-60c 所示。

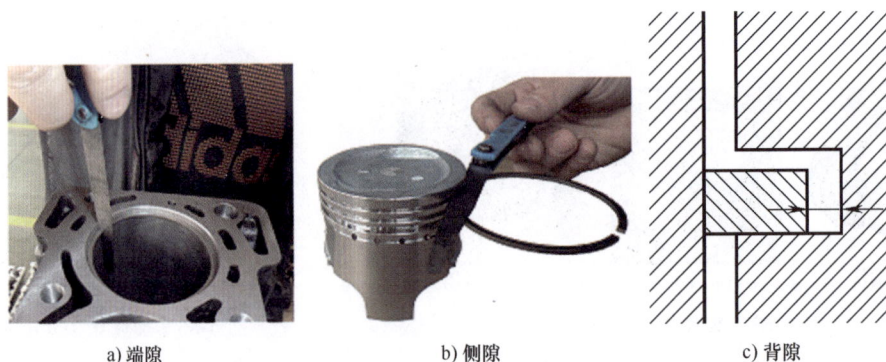

a) 端隙　　　　　　　　　　b) 侧隙　　　　　　　　　　c) 背隙

图 3-60 活塞环的间隙

活塞环工作时受到气缸中高温、高压燃气的作用，并在润滑不良的条件下在气缸内高速滑动。由于气缸壁面的形状误差，使活塞环在上下滑动的同时还在环槽内产生径向移动，这不仅加重了环与环槽的磨损，还使活塞环受到交变弯曲应力的作用而容易被折断。目前，活塞环广泛采用的材料是优质灰铸铁、球墨铸铁或合金铸铁。不少发动机的第一道活塞环，甚至所有的活塞环，其工作表面都进行多孔镀铬或喷钼。由于多孔性铬层硬度高，并能储存少量的机油，从而可以减缓活塞环及其气缸壁的磨损。有的活塞环还采用镀锡、磷化或硫化处理，以改善活塞环的磨合性。当活塞环磨损到失效时，将出现发动机起动困难，功率下降，曲轴箱压力升高，机油消耗量增加，排气冒蓝烟，燃烧室、活塞等表面严重积炭等不良状况。

气环的断面形状很多，最常见的有矩形环、锥面环、扭曲环、梯形环和桶面环，如图 3-61 所示。

a) 矩形环　　b) 锥面环　　c) 扭曲环　　d) 梯形环　　e) 桶面环

图 3-61 气环的断面形状

矩形环断面为矩形，其结构简单，制造方便，易于生产，应用最广。气环随活塞往复运动时，会把气缸壁面上的机油不断送入气缸中燃烧，这种现象称为"气环的泵油作用"，如图 3-62 所示。气环的泵油作用不可避免，所以油底壳机油必须检查添加。

锥面环断面呈锥形，外圆工作面上加工一个很小的锥面（0.5°~1.5°），这样减小了环与气缸壁的接触面，提高了表面接触压力，有利于磨合和密封，安装时有方向性（上小下大的锥形），如图 3-63 所示。活塞下行时，便于刮油；活塞上行时，便于布油。

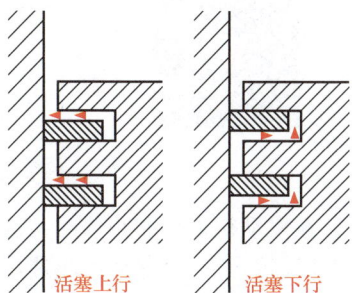

图 3-62　气环的泵油作用

a) 正确　　　　b) 错误

图 3-63　锥面环的安装

扭曲环是将矩形环的内圆上边缘或外圆下边缘切去一部分，使断面呈不对称形状，在环的内圆部分切槽或倒角的称为内切环，在环的外圆部分切槽或倒角的称为外切环。扭曲环装入气缸后，与锥面环效果一样，安装时也有方向性（内切口朝上，外切口朝下），如图 3-64 所示。

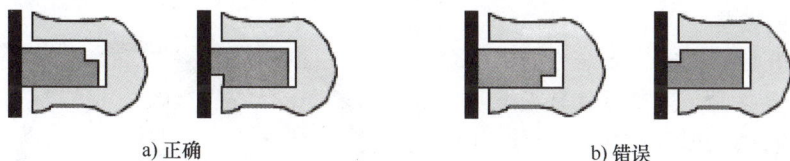

a) 正确　　　　　　　　　　　　b) 错误

图 3-64　扭曲环的安装

梯形环断面呈梯形，工作时梯形环在压缩行程和做功行程中随着活塞受侧压力的方向不同而不断地改变位置，这样会把沉积在环槽中的积炭挤出去，避免环被黏在环槽中而被折断，这样可以延长环的使用寿命。但是，其主要缺点是加工困难，精度要求高。

桶面环的外圆为凸圆弧形，当桶面环上下运动时，其均能与气缸壁形成楔形空间，使机油容易进入摩擦面，减小磨损。由于它与气缸呈圆弧接触，所以对气缸表面的适应性和对活塞偏摆的适应性均较好。另外，也有利于密封，但凸圆弧表面加工较困难。

目前，汽车发动机上采用的油环有整体式和组合式两种，如图 3-59 所示。整体式油环在其外圆中部切有环槽，槽底开有若干回油孔，发动机工作时，利用上下两个环形刃口将气缸壁上的多余润滑油刮下。组合式油环一般由刮油钢片和弹性衬环组成，刮油钢片很薄，对气缸壁的压力很大，因而刮油作用强。组合式油环在高速发动机上得到了较广泛的应用。油的刮油原理图，如图 3-65 所示。

2. 活塞环的维修

（1）活塞环的耗损　活塞环在使用过程中会出现磨损、弹性减弱和折断等现象。活塞环的磨损主要是由于润滑不良造成的；由于受高温燃气的影响，活塞环的弹性逐渐减弱，出现漏气和窜油的现象，造成发动机动力性和经济性变坏；在使用过程中若活塞环的安装不当或端隙过小，活塞环会卡缸或在活塞的冲击负荷作用下而折断。

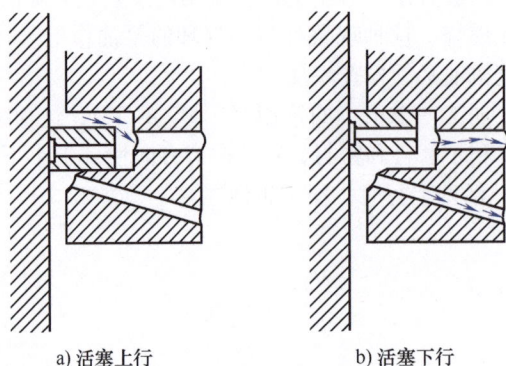

a) 活塞上行　　　b) 活塞下行

图 3-65　油环的刮油原理图

（2）活塞环的选配　活塞环是发动机中寿命最短的零件之一，在发动机大修和小修时，活塞环是被当作易损件更换的。活塞环选配时，应以气缸的修理尺寸为依据，同一台发动机应选用与气缸和活塞修理尺寸等级相同的活塞环。

对活塞环的要求是：与气缸和活塞的修理尺寸相一致，具有规定的弹力，以保证气缸的密封性，环的漏光度、端隙、侧隙和背隙应符合原厂设计规定。

对活塞环漏光度的技术要求是：在活塞环端口作用 30° 范围内不应有漏光点；在同一根活塞环上的漏光不得多于两处，每处漏光弧长所对应的圆心角不得超过 45°；漏光的缝隙应不大于 0.03mm。

3. 活塞环的安装

（1）气环道数的识别　安装气环时，第一道气环因镀铬要亮些，第二道气环要暗些，如图 3-66 所示。有的活塞环侧平面上有"0"或"T1"装配标记，表示第一道气环。"00"或"T2"表示第二道气环。

（2）活塞环的安装方向　锥面环安装后呈上小下大的锥形，扭曲环按"内切口朝上，外切口朝下"安装，组合式油环的衬簧尖角朝上安装，如图 3-67 所示。

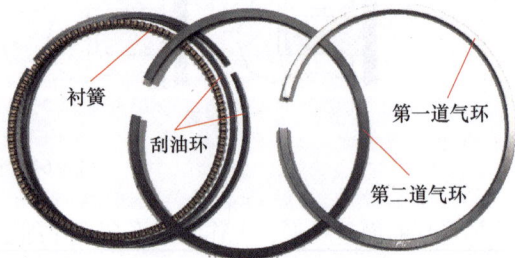

图 3-66　气环道数的识别

（3）活塞环的开口位置　为了减少气体的泄漏，活塞环的开口应互相错开，从而形成迷宫式的漏气路线，减少漏气量。有三道活塞环槽的活塞环缺口位置，如图 3-68 所示。

图 3-67　衬簧尖角朝上安装

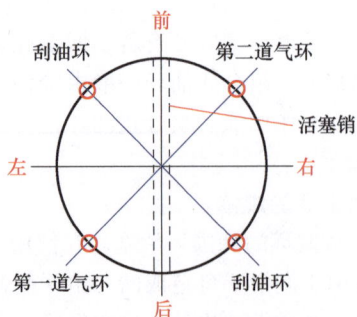

图 3-68　活塞环缺口的位置

活塞环安装时，可采用专用工具或徒手安装，如图 3-69 所示。

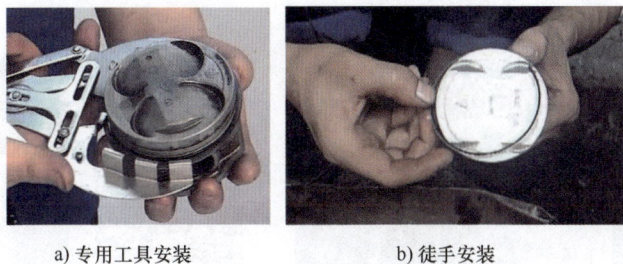

a) 专用工具安装　　　　　　　b) 徒手安装

图 3-69　活塞环的安装

职场健康与安全：
　　第一道气环的开口位置应避开做功行程受压面，各道环的开口应避开活塞的长短轴方向。

五、活塞销的构造与维修

1. 活塞销的构造

活塞销的作用是连接活塞和连杆小头，将活塞承受的气体作用力传给连杆。活塞销一般靠飞溅润滑，常制成空心圆柱体结构，内孔形状有圆柱形、两段截锥形和两段截锥与一段圆柱的组合形等，如图 3-70 所示。活塞销一般用低碳钢或低碳合金钢制造，经渗碳淬火处理，以提高表面硬度，并保证心部具有一定的冲击韧性，然后再进行精磨和抛光。

有的发动机为了加强活塞销的润滑和活塞的冷却，活塞销和活塞设计有专门的机油管道，如图 3-71 所示。

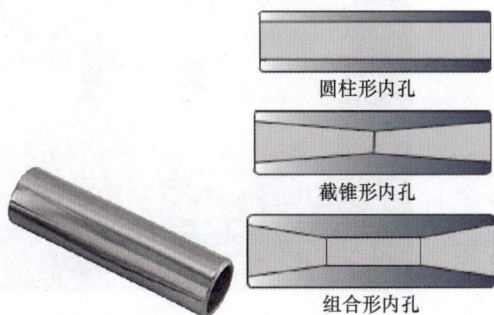

圆柱形内孔

截锥形内孔

组合形内孔

图 3-70　活塞销及活塞销的内孔形状

图 3-71　活塞销和活塞专用机油管道

活塞销与活塞销座孔和连杆小头的连接方式一般有全浮式和半浮式两种。

（1）全浮式　全浮式是指活塞销能在连杆衬套和活塞销座孔中自由转动，因而增大了实际接触面积，减少了磨损并使磨损均匀，目前被广泛采用。活塞销装配后，在活塞销的两端应装入卡环，以实现轴向定位，如图 3-72 所示。

（2）半浮式　半浮式是指活塞销与活塞销座孔或连杆小头，一处固定，另一处浮动。其中，大多数采用活塞销与连杆小头固定的方式，如图 3-73 所示。

卡环

图 3-72　全浮式活塞销

图 3-73　半浮式活塞销

2. 活塞销的选配

在发动机正常工作时，活塞销与活塞销座和连杆衬套之间存在微小的间隙，但活塞销在发动机工作时受力大且复杂，销与销座孔及连杆衬套的配合处，必然会产生磨损，使间隙逐渐变大，若间隙超过极限范围而产生异响，就应更换活塞销，恢复其正常配合间隙。

选配活塞销的原则是：同一台发动机应选用同一厂牌、同一修理尺寸的成组活塞销；活塞销表面应无任何锈蚀和斑点；表面粗糙度 Ra 上限值不大于 $0.2\mu m$，圆柱度误差不大于 $0.0025mm$，质量差在 $10g$ 范围内。

3. 活塞销的装配

全浮式活塞销在常温下装配时，应有微量过盈或间隙，用手掌的力量将活塞销压入座孔时，应感觉有一定紧度，至少能推入孔的 $1/2\sim1/3$，如图 3-74 所示。半浮式活塞销安装时，把活塞销先装到活塞上，再对准连杆孔，然后把活塞连杆放到胎具上，用压力机把活塞销压入，如图 3-75 所示。

图 3-74　安装全浮式活塞销

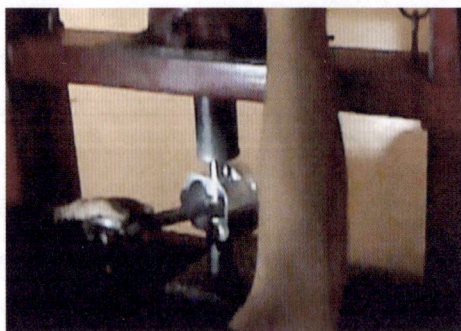

图 3-75　安装半浮式活塞销

六、连杆的构造与维修

1. 连杆的构造

连杆的作用是将活塞承受的气体压力传给曲轴，使活塞的往复直线运动转变为曲轴的旋转运动。连杆一般采用中碳钢或中碳合金钢经模锻而成，如图 3-76 所示，也有一些是采用球墨铸铁制造的。为提高连杆的疲劳强度，通常还采用表面喷丸处理。

连杆由连杆体、连杆盖、连杆螺栓和连杆轴瓦等零件组成，连杆体与连杆盖分为连杆小头、连杆杆身和连杆大头，如图 3-77 所示。

图 3-77　连杆的结构

图 3-76　模锻的连杆

连杆小头用来安装活塞销，以连接活塞。为润滑活塞销和衬套，在连杆小头和衬套上钻有集油孔或铣出集油槽，用来收集发动机运转时被击溅到上面的机油，以便润滑。有的发动机连杆小头采用压力润滑，因此在连杆杆身内钻有纵向的压力油道，如图 3-78 所示。

连杆杆身通常做成"工"形或"H"形断面，以求在满足强度和刚度要求的前提下减轻重量。

连杆大头与曲轴的连杆轴颈相连，有整体式和分开式两种，如图 3-79 所示。整体式主要用于小型汽油机，多数发动机采用分开式连杆大头，被分开的部分称为连杆盖，用特制的连杆螺栓紧固在连杆大头上。

图 3-78　有纵向压力油道的连杆

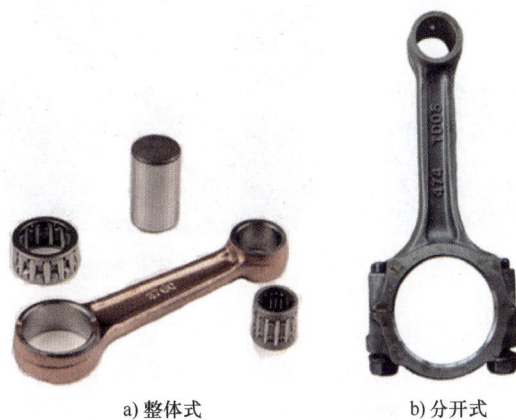

a) 整体式　　　　b) 分开式

图 3-79　连杆大头的结构

连杆加工时，连杆盖与连杆大头是组合后镗孔（以保证圆度、圆柱度和同轴度），如图 3-80 所示。所以，连杆盖安装时有方向性，不能装反。

连杆大头内孔表面要求有较低的表面粗糙度值，以便与连杆轴承（或滚动轴承）紧密贴合。连杆大头还铣有连杆轴承的定位凹槽，有的连杆大头及轴承还钻有直径为 1~1.5mm 的径向小油孔，从中喷出机油，以加强气缸壁等处的飞溅润滑，如图 3-81 所示。

图 3-80　已加工好的连杆

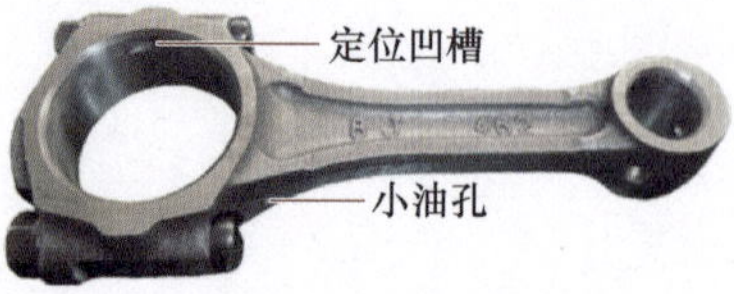

图 3-81　连杆轴承的定位凹槽和径向小油孔

一汽一大众公司采用发动机连杆裂解（胀断）加工技术，生产无定位凹槽的连杆，如图 3-82 所示。发动机连杆裂解加工技术是目前国际上连杆生产的最新技术，具有传统连杆加工方法无可比拟的优越性。发动机连杆裂解加工技术的优越性主要体现在连杆盖、杆接合面具有完全啮合的犬牙交错结构，保证接合面精确相接、吻合，无须再进行接合面的加工。由此使其具有加工工序少、节省精加工设备、节材节能、生产成本低等优势。此外，连杆裂解加工技术还可使连杆承载能力、抗剪能力、杆和盖的定位精度及装配质量大幅度提高，对提高发动机生产技术水平和整机性能具有重要作用。发动机连杆裂解加工技术的原理是通过在连杆大头孔中心处设计并预制缺口（预制裂纹槽），形成应力集中，再主动施加垂直预定断裂面的载荷进行引裂，在几乎不发生变形的情况下，在缺口处规则断裂，实现连杆体与连杆盖的无屑断裂剖分。

连杆大头的切口形式分为平切口和斜切口两种，如图 3-83 所示。平切口连杆的剖切面垂直于连杆轴线。一般汽油发动机连杆大头尺寸都小于气缸直径，可采用平切口。

图 3-82　无定位凹槽的连杆

a) 平切口　　　　b) 斜切口

图 3-83　连杆大头的切口形式

平切口连杆盖与连杆的定位，是利用连杆螺栓上的精加工圆柱台或光圆柱部分与经过精加工的螺栓孔来保证的，如图 3-84 所示。

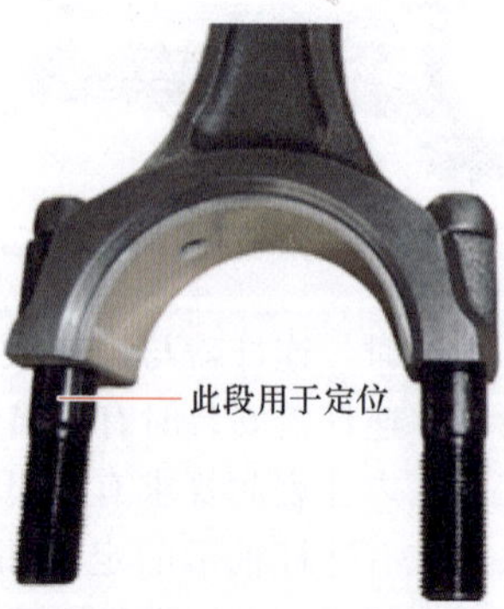

柴油发动机的负荷较大，连杆的受力也大，连杆大头的尺寸往往超过气缸直径。为使连杆大头能通过气缸，便于拆装，一般都采用斜切口。柴油发动机连杆盖与连杆常用的定位方式有锯齿定位、止口定位、定位销定位和定位套定位等，如图 3-85 所示。

连杆螺栓一般采用韧性较高的优质合金钢或优质碳素钢锻制或冷镦成形，如图 3-86 所示，是一个要

图 3-84　平切口连杆盖与连杆的定位

a) 锯齿定位　　　b) 止口定位　　　c) 定位销定位　　　d) 定位套定位

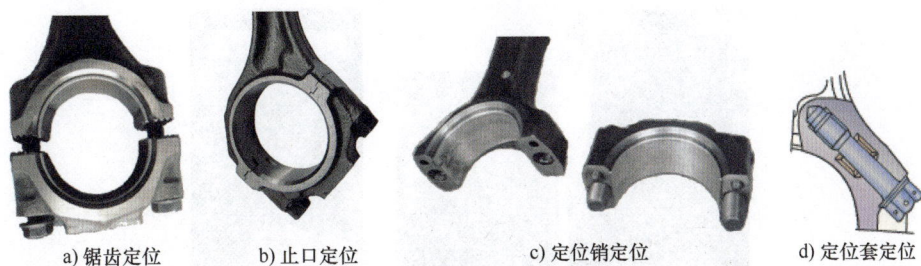

图 3-85　柴油机连杆大头的定位方式

承受很大冲击性载荷的重要零件。连杆大头在安装时必须紧固可靠，当其发生损坏时，将给发动机带来极其严重的后果。所以，连杆螺栓必须按工厂规定的拧紧力矩，分 2~3 次均匀地拧紧。

连杆轴承也称为连杆轴瓦（俗称为小瓦），安装在连杆大头孔座中，与曲轴上的连杆轴颈装配在一起，构成发动机中最重要的配合副之一。连杆轴承由钢背和减磨合金层组成，如图 3-87 所示。钢背由厚 1~3mm 的低碳钢制成，在钢背的内圆面上浇注 0.3~0.7mm 厚的减磨合金层，用以减少摩擦阻力、加速磨合和保持油膜。目前，常用的轴承减磨合金主要有白合金（又称为巴氏合金）、铜铅合金和高锡铝合金。

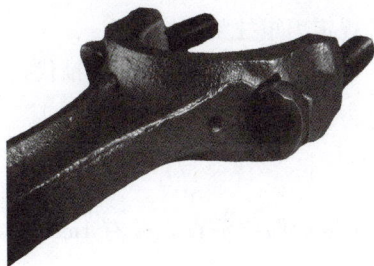

图 3-86　连杆螺栓　　　　　　**图 3-87　连杆轴承**

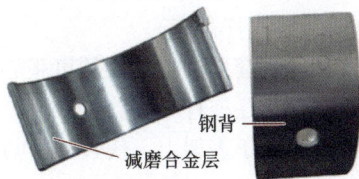

为了防止连杆轴承在工作中发生转动或轴向移动，在两个连杆轴承的剖分面上，分别冲出高于钢背面的两个定位凸键。装配时，这两个凸键分别嵌入在连杆大头和连杆盖的相应凹槽中，如图 3-88 所示。

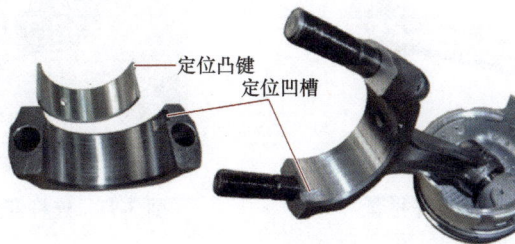

图 3-88　连杆轴承的定位

连杆轴承选配时，应以曲轴连杆轴颈的修理尺寸为依据，同一台发动机应选用与曲轴连杆轴颈修理尺寸等级相同的连杆轴承，图 3-89 所示为两块未加厚的连杆轴承和一块加厚 0.25mm 的连杆轴承，图中"STD"为英文"Standard"的缩写，含义是标准。

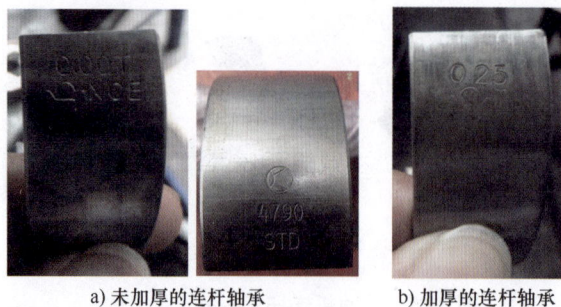

a) 未加厚的连杆轴承　　　　　　　　b) 加厚的连杆轴承

图 3-89　连杆轴承

2. 连杆的维修

连杆的耗损主要有连杆小头磨损、连杆弯曲和扭曲等。连杆小头磨损视情况修理，图 3-90 所示的新连杆，其连杆小头并未压装连杆衬套，磨损后可更换连杆或铰削连杆小头孔予以修复。连杆小头孔磨损超过极限，再压装入连杆衬套，以恢复其正常配合。新衬套的外径应与小端承孔有 0.10~0.20mm 的过盈，以防止衬套在工作中转动。过盈量也不可过大，否则在压装时会将衬套压裂。

连杆弯曲和扭曲的检验应在连杆校验仪上进行，如图 3-91 所示。用百分表式检验仪检验连杆弯曲和扭曲的步骤如下：

1）将连杆盖安装到连杆杆身上（不装连杆轴承），按规定力矩拧紧连杆螺栓。

2）将专用测量心轴装入已拆除衬套的连杆小头孔中（无专用心轴时可用活塞销代替，但必须预先修配和安装好连杆衬套）。

3）将连杆大端套装到检验仪的可张心轴上并张紧。

4）用千斤顶支住连杆小头。

5）将百分表装于表架上，使其测杆与测量心轴接触（尽量保持垂直）并有 1mm 左右的预压缩量。

6）转动百分表表盘使其指针对正零位。

7）推动表架使百分表沿测量心轴轴向移动，测出连杆的弯曲和扭曲变形量。

图 3-90　新连杆小头无连杆衬套

测连杆扭曲　　测连杆弯曲

图 3-91　连杆弯曲和扭曲的检验

汽车维修技术标准规定：连杆的弯曲度应不大于 0.03mm；扭曲度应不大于 0.06mm。超过许用值时，应进行校正或更换连杆。当连杆弯、扭变形并存时，应先校扭后校弯。

3. 连杆的安装

连杆在装配时应注意方向，连杆的朝前方向应与活塞的朝前方向相同，不同气缸的连杆不能互换，如图 3-92 所示。

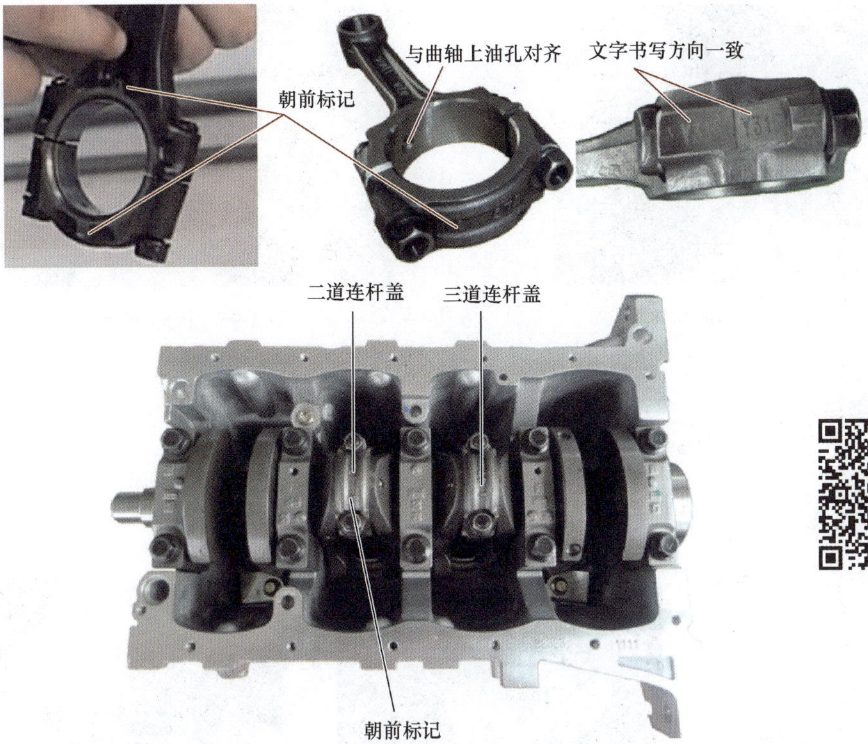

朝前标记　　与曲轴上油孔对齐　　文字书写方向一致

二道连杆盖　　三道连杆盖

朝前标记

图 3-92　连杆不能装反和互换

有些发动机连杆上面有道数标记，以便安装，如图 3-93 所示。

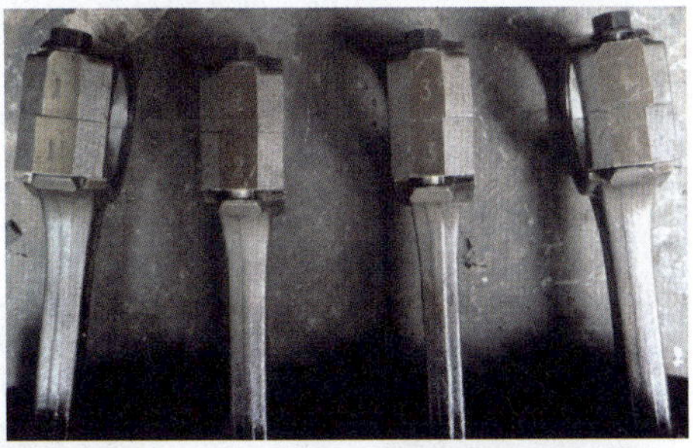

图 3-93　有道数标记的连杆

第 4 课　曲轴飞轮组的拆装与维修

一、曲轴飞轮组的拆装

曲轴飞轮组的拆装步骤如下：

1）拆卸飞轮。用扳手交叉对角分 2~3 次松开飞轮螺栓，然后取下飞轮，如图 3-94 所示。

2）拆卸曲轴。用扳手由两边往中间交叉对角分 2~3 次松开主轴承盖螺栓，取出主轴承盖，然后取下曲轴，如图 3-95 所示。

图 3-94　拆卸飞轮

图 3-95　拆卸曲轴

职场健康与安全：

　　主轴承盖不能交换使用，按原位安装好主轴承盖。

　3）清洗曲轴飞轮组零件，如图 3-96 所示。

a) 清洗飞轮

b) 清洗曲轴

图 3-96　清洗曲轴飞轮组零件

　　4）安装曲轴。先安装主轴承下轴瓦，再安装曲轴，然后安装曲轴轴向止推片，最后安装主轴承上轴瓦及主轴承盖，如图 3-97 所示。拧紧主轴承盖螺栓时，应从中间往两端分多次拧紧。

a) 安装主轴承下轴瓦

b) 安装曲轴

c) 安装曲轴轴向止推片

d) 安装主轴承上轴瓦及主轴承盖

图 3-97　安装曲轴

职场健康与安全:

在安装过程中，主轴承上、下轴瓦及曲轴均应抹上干净机油。另外，还应注意主轴承盖的方向，且不同位置的主轴承盖不能互换，如图3-98所示。

5）安装飞轮。安装飞轮时，要对齐曲轴与飞轮之间的安装标记，再用扳手交叉对角分多次拧紧飞轮螺栓，如图3-99所示。

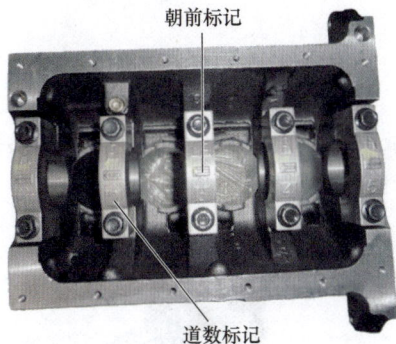

图 3-98　主轴承盖的安装方向和位置

图 3-99　安装飞轮

二、曲轴的结构与维修

1. 曲轴的结构

曲轴是发动机最重要的机件之一，其作用是将活塞连杆组传来的气体作用力转变成曲轴的转矩对外输出，并驱动发动机的配气机构及其他辅助装置工作。曲轴的前端主要用来驱动配气机构、水泵和风扇等附属机构，前端轴上安装有正时齿轮（或同步带轮）、风扇与水泵的带轮、扭转减振器以及起动爪等。曲轴后端采用凸缘结构，用来安装飞轮。

曲轴是在周期性变化的气体压力、往复惯性力及其力矩的共同作用下工作的，承受弯曲和扭转交变载荷。因此，曲轴应有足够的抗弯曲、抗扭转的疲劳强度和刚度，轴颈应有足够大的承压表面和耐磨性，曲轴的质量应尽量小，对各轴颈的润滑应该充分。

曲轴一般用45、40Cr、35Mn2等中碳钢和中碳合金钢模锻而成，轴颈表面经感应淬火或软渗氮处理，最后进行精加工。汽车发动机广泛采用球墨铸铁曲轴，因为球墨铸铁价格便宜，耐磨性能好，球墨铸铁曲轴的轴颈不需硬化处理，同时金属消耗量少，机械加工量也少。为提高曲轴的疲劳强度，消除应力集中，轴颈表面应进行喷丸处理，圆角处要经滚压处理。

曲轴主要由前端轴、主轴颈、连杆轴颈、曲柄、平衡重及后端凸缘等组成，如图3-100所示。一个连杆轴颈和它两端的曲柄及主轴颈构成一个曲拐，曲轴由若干个曲拐构成。单缸发动机的曲轴只有一个曲拐，多缸直列式发动机曲轴的曲拐数与气缸数相同，V形发动机曲轴的曲拐数等于气缸数的一半。将若干个曲拐按照一定的相位连接起来再加上曲轴前、后端便构成一根曲轴。主轴颈和连杆轴颈是发动机中最关键的滑动配合副，一般均应进行表面淬火，轴颈过渡圆角处还需进行滚压强化等工艺，以提高其疲劳强度。

按曲轴主轴颈的数目，可以把曲轴分为全支承曲轴和非全支承曲轴两种，如图3-101所示。在每个连杆轴颈两边都有一个主轴颈的，称为全支承曲轴，显然全支承曲轴的主轴颈数比连杆轴颈数多一个；主轴颈数少于连杆轴颈的，称为非全支承曲轴。全支承曲轴的优点是可以提高曲轴的刚度，且主轴承的负荷小，多用于柴油发动机和负荷大的汽油发动机；非全支承曲轴结构简单且

图 3-100　曲轴的结构

长度较短，多用于中小负荷汽油发动机。

连杆大头为整体式的某些小型汽油发动机或采用滚动轴承作为曲轴主轴承的发动机，必须采用组合式曲轴，即将曲轴的各部分分段加工，然后组合成整个曲轴，如图 3-102 所示。

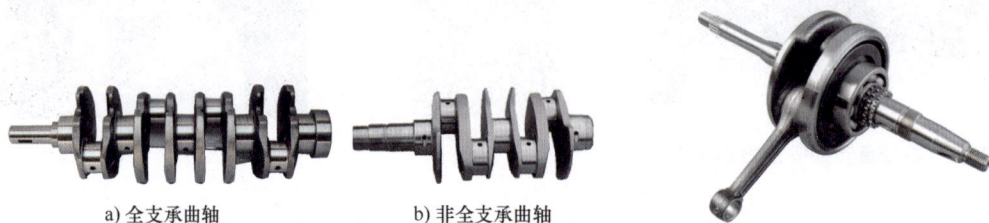

a) 全支承曲轴　　　　　　b) 非全支承曲轴

图 3-101　曲轴的种类

图 3-102　组合式曲轴

为了平衡连杆大头、连杆轴颈和曲柄等产生的离心力及其力矩，有时还为了平衡部分往复惯性力，使发动机运转平稳，需对曲轴进行平衡。对于四、六缸等多缸发动机，由于曲柄对称布置，往复惯性力和离心力及其产生的力矩，从整体上看都能互相平衡，但曲轴的局部却受到弯曲作用。图 3-103a 所示的四缸发动机，F_1、F_4 和 F_2、F_3 大小相等、方向相反，所以可以相互平衡。F_1 和 F_2 形成的力矩 M_{12} 与 F_3 和 F_4 形成的力矩 M_{34} 也能互相平衡，但两个力矩都给曲轴造成了弯曲变形，而引起主轴颈和轴承的偏磨。为了减轻主轴承的负荷，改善其工作条件，一般都会在曲柄的相反方向设置平衡重，如图 3-103b 所示。

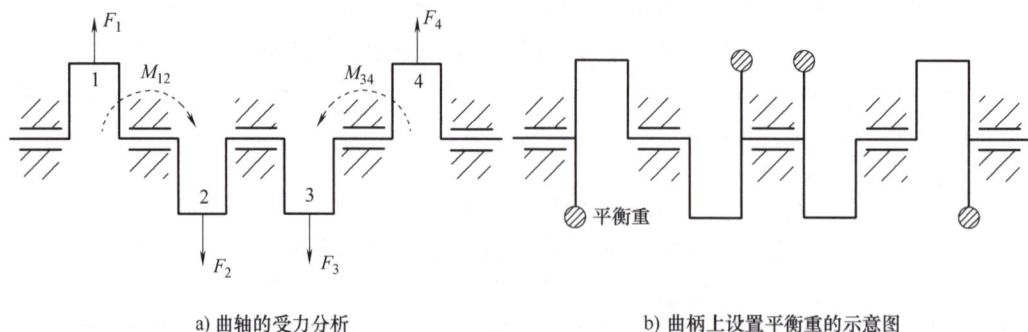

a) 曲轴的受力分析　　　　　　　　　　　b) 曲柄上设置平衡重的示意图

图 3-103　曲轴平衡重作用示意图

近年来，由于橡胶油封的耐油、耐热和耐老化性能的提高，在汽车发动机上曲轴前、后端的密封越来越多地采用自紧式橡胶油封，如图 3-104 所示。

自紧式橡胶油封由金属保持架、氟橡胶密封环和拉紧弹簧构成，如图 3-105 所示。

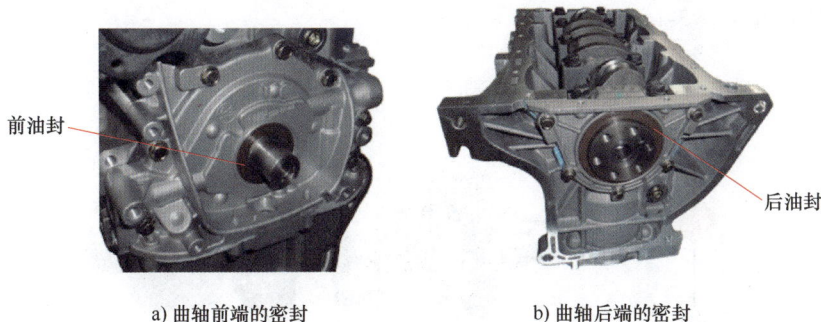

a) 曲轴前端的密封   b) 曲轴后端的密封

图 3-104 曲轴的密封

图 3-105 自紧式橡胶油封

职场健康与安全：

自紧式橡胶油封安装时有方向性，不能装反。

曲轴的轴向定位一般采用翻边轴瓦或止推片，如图 3-106 所示，通常将其安装在前端第一道主轴承处或最后一道主轴承处或中部某轴承处，如图 3-107 所示。

a) 翻边轴瓦   b) 止推片

图 3-106 曲轴的轴向定位装置

a) 安装在中间
主轴承处   b) 安装在最后一道
主轴承处

图 3-107 轴向定位装置安装部位

曲拐的布置应遵循以下三个原则：

1）连续做功的两个气缸距离要远些，避免发生抢气现象和减少主轴承的负荷。

2）做功间隔角尽量均匀，直列四缸做功间隔角为 720°/4 = 180°，直列六缸做功间隔角为 720°/6 = 120°。

3）曲拐布置尽可能对称，使发动机工作平衡性好。

常见的几种发动机曲拐布置和工作顺序如下：

1）直列四缸四冲程发动机，其做功间隔角为 720°/4 = 180°，各缸的工作顺序有 1→3→4→2 或 1→2→4→3 两种，其曲拐对称布置于同一平面内（1、4 曲拐同向，2、3 曲拐同向）。其曲拐布置和工作循环如图 3-108 所示和见表 3-1。

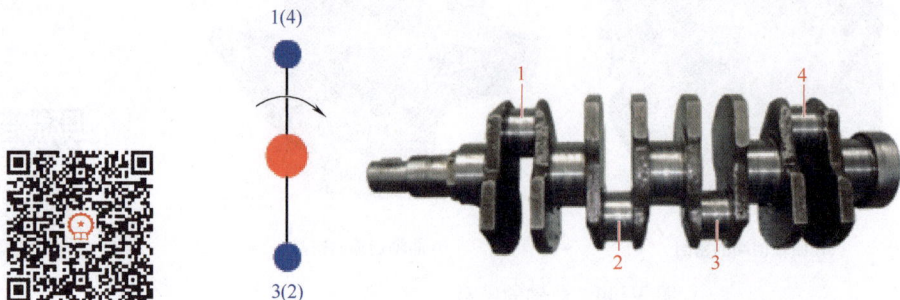

图 3-108 直列四缸四冲程发动机的曲拐布置

表 3-1 直列四缸四冲程发动机的工作循环表（工作顺序 1→3→4→2）

曲轴转角/(°)	第一缸	第二缸	第三缸	第四缸
0~180	做功	排气	压缩	进气
180~360	排气	进气	做功	压缩
360~540	进气	压缩	排气	做功
540~720	压缩	做功	进气	排气

2）直列六缸四冲程发动机，其做功间隔角为 720°/6＝120°，各缸的工作顺序有 1→5→3→6→2→4 或 1→4→2→6→3→5 两种，其曲拐均匀布置在互成 120°的三个平面内（1、6 曲拐同向，2、5 曲拐同向，3、4 曲拐同向）。其曲拐布置和工作循环如图 3-109 所示和见表 3-2。

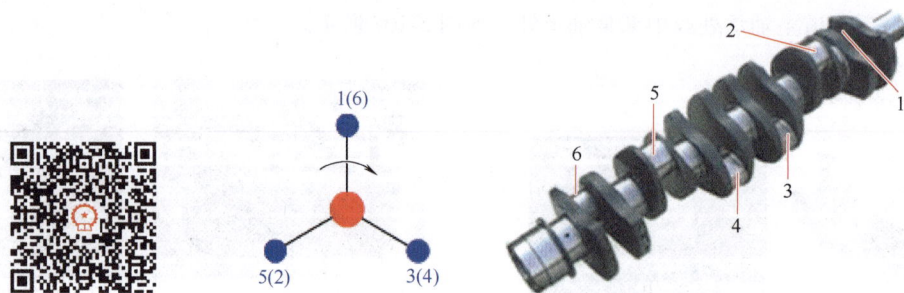

图 3-109 直列六缸四冲程发动机的曲拐布置

3）V 形八缸发动机。这种发动机的曲拐布置形式可以与四缸发动机一样，四个曲拐布置在同一平面内，也可以布置在两个互相错开 90°的平面内。其做功间隔角为 720°/8＝90°，各缸工作顺序一般为 1→8→4→3→6→5→7→2。

当发动机工作时，曲轴在周期性变化的转矩作用下，各曲拐之间发生周期性相对扭转的现象称为扭转振动，简称为扭振。当发动机转矩的变化频率与曲轴扭转的自振频率相同或成整数倍时，就会发生共振。共振时扭转振幅增大，并导致传动机构磨损加剧，发动机功率下降，甚至使曲轴断裂。为了削减曲轴的扭转振动，汽车发动机多在扭转振幅最大的曲轴前端安装扭转减振器。常用的扭转减振器有橡胶扭转减振器、硅油扭转减振器和硅油-橡胶扭转减振器等，如图 3-110所示。

表 3-2　直列六缸四冲程发动机工作循环表（工作顺序 1→5→3→6→2→4）

曲轴转角/(°)	第一缸	第二缸	第三缸	第四缸	第五缸	第六缸
0~60		排气	进气	做功	压缩	
60~120	做功					进气
120~180			压缩	排气		
180~240		进气			做功	
240~300	排气					压缩
300~360			做功	进气		
360~420		压缩			排气	
420~480	进气					做功
480~540			排气	压缩		
540~600		做功			进气	
600~660	压缩					排气
660~720	排气		进气	做功	压缩	

图 3-110　曲轴扭转减振器

2. 曲轴的维修

曲轴常见的损伤形式有轴颈磨损、弯曲变形，严重时会出现裂纹，甚至断裂。

（1）**曲轴裂纹的检修**　曲轴裂纹一般发生在轴颈两端过渡圆角处或油孔处，是由应力集中引起的。曲轴裂纹可用磁力探伤仪或染色渗透剂进行检验，若曲轴检验出裂纹，一般应报废更换。

（2）**曲轴弯曲的检查**　曲轴弯曲的检查，如图 3-111 所示。将曲轴放在检测平板上的 V 形架上，使百分表测头触在中间主轴颈上，转动曲轴一周，百分表指针的摆差（径向圆跳动误差）一般应不超过 0.04mm。若大于这个数值，则应进行压力校正，若低于此值，可结合磨削主轴颈予以修正。

曲轴扭曲变形的检验是将连杆轴颈转到水平位置上，用百分表分别确定同一方位上两个轴颈的高度差，这个高度差即为扭曲变形量。曲轴扭曲变形后，将影响发动机的配气正时和点火正时。

（3）**曲轴磨损的检查与修理**　曲轴主轴颈和连杆轴颈的磨损是不均匀的，且磨损部位有一定的规律性。主轴颈和连杆轴颈最大磨损部位相互对应，即各主轴颈的最大磨损靠近连杆轴颈一侧，而连杆轴颈的磨损部位在主轴颈一侧，且连杆轴颈的磨损比主轴颈严重。另外，曲轴轴颈沿轴向还有锥形磨损。曲轴轴颈的磨损可用外径千分尺测量其直径，来确定圆度和圆柱度，如图 3-112 所示。当其圆度和圆柱度误差超过 0.25mm 时，应按修理尺寸法进行磨削，轴颈直径达到其使用极限时应更换曲轴。

图 3-111　曲轴弯曲的检查

图 3-112　测量曲轴轴颈的直径

磨削后的曲轴轴颈的尺寸变小，然后再配以内径相应缩小的轴瓦。不同发动机规定的曲轴修理尺寸的级数也不尽相同，如 EQ6100-1 发动机和桑塔纳 JV 发动机分别规定了两级和三级修理尺寸，见表3-3。

表 3-3　部分发动机曲轴轴颈修理尺寸　　　　　　　　　　（单位：mm）

发动机	轴颈名称	轴颈尺寸			
		标准尺寸	第一级	第二级	第三级
EQ6100-1	主轴颈	74.98~75	74.73~74.75	74.48~74.50	
	连杆轴颈	61.98~62	61.73~61.75	61.48~61.50	
桑塔纳 1.6L	主轴颈	$54_{-0.042}^{-0.022}$	53.75	53.50	53.25
	连杆轴颈	$46_{-0.042}^{-0.022}$	45.75	45.50	45.25

曲轴的磨削应按下述原则进行：

1）曲轴主轴颈和连杆轴颈的修理尺寸，一般为 4~6 级，级差为 0.25mm。在保证磨削质量的前提下，应尽可能选择最接近的修理级别，以延长曲轴的使用寿命。

2）曲轴的主轴颈和连杆轴颈，应分别磨削成同一级别的修理尺寸，以便于选配轴承，保证合理的配合间隙。

3）连杆轴颈应以磨削后的主轴颈为基准，采用同心法磨削。

4）磨削曲轴时，必须保证主轴颈和连杆轴颈各轴心线的同轴度以及两轴心线间的平行度，限制曲柄半径误差，并保证连杆轴颈相互位置夹角的精度。

（4）曲轴轴向间隙的检查与调整　检查曲轴的轴向间隙时，可将百分表测头触在飞轮或曲轴的其他断面上，用撬棒前后撬动曲轴，百分表指针的最大摆差即为曲轴轴向间隙，如图3-113所示。也可用塞尺插入止推片与曲轴的承推面之间，测量曲轴的轴向间隙。曲轴的轴向间隙一般为 0.07~0.21mm，使用极限为 0.30mm。轴向间隙的调整是通过更换不同厚度的止推片进行的。

图 3-113　曲轴轴向间隙的检查

三、飞轮的结构与维修

1. 飞轮的结构

飞轮的作用是：储存做功行程的能量，为非做功行程提供动力；使曲轴均匀旋转；使发动机能够克服短时间的超负荷；使起动机通过飞轮上的齿圈起动发动机；校准发动机的点火时刻或喷油时刻；将发动机的动力传给离合器。

飞轮是转动惯量很大的盘形零件，其作用如同一个能量存储器。在它的外缘上有起动用的齿圈，为保证在有足够转动惯量的前提下，尽可能减小飞轮质量，应使飞轮的大部分质量都集中在轮缘上，因而轮缘通常做得宽而厚。传统发动机的飞轮与电控发动机的飞轮是不一样的，如图 3-114 所示。

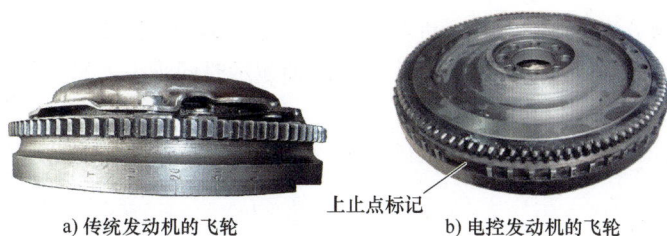

a) 传统发动机的飞轮　　上止点标记　b) 电控发动机的飞轮

图 3-114　发动机飞轮

2. 飞轮的维修

飞轮的主要损伤是工作面磨损、齿圈磨损或折断。飞轮齿圈有断齿或齿端冲击耗损，与起动机齿轮啮合困难时，应更换齿圈或飞轮组件。飞轮工作面有严重的烧灼或沟槽深度大于 0.50mm 时，应进行修正，必要时应更换飞轮。

飞轮与曲轴装配后应进行动平衡，否则在旋转时会因质量不平衡而产生离心力，将引起发动机的振动并加速主轴颈的磨损。为避免安装错位，使平衡受到破坏，飞轮与曲轴之间应有严格的相对位置，用定位销或不对称的螺栓孔予以保证，如图 3-115 所示。

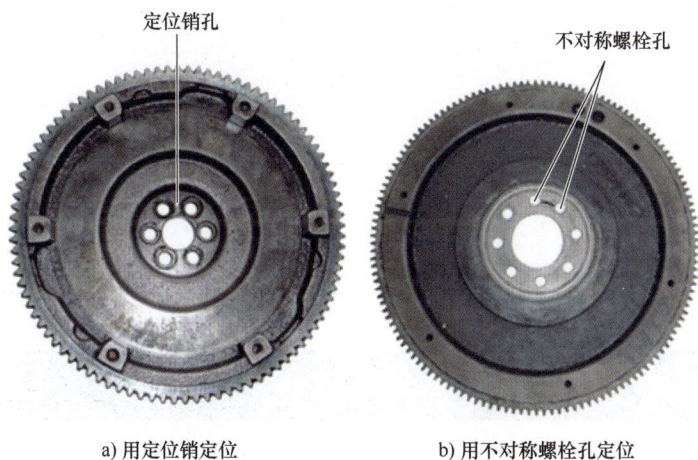

定位销孔　　　　　　　　不对称螺栓孔

a) 用定位销定位　　　　　b) 用不对称螺栓孔定位

图 3-115　飞轮与曲轴之间的定位

任务实施

任务一　拆装发动机正时部分

1. 任务目的

1）认识发动机正时机构各部分名称。

2）能对发动机正时机构进行正确的拆装。

3）能积极主动参与任务，能与小组成员团结协作，能执行实训室"6S"规定。

2. 任务准备

1）知识准备：老师先要讲述发动机正时部分的结构及拆装步骤（项目四才有这部分知识）。

2）设备准备：汽车发动机、汽车发动机拆装工具、演示课件（或操作视频）。

3. 任务步骤

1）老师演示或播放视频：汽车发动机正时部分的结构及拆装步骤。

2）学生练习汽车发动机正时部分的拆装（或老师演示时同步练习），并完成《汽车发动机构造与维修工作页》相应部分内容的填写。

拆装汽车发动机正时部分，拆装内容包括正时链条（或正时带）和正时齿轮等。

4. 任务评价

任务评价内容及标准见表3-4。

表3-4　任务评价内容及标准

序号	项目	操作内容	分值	评分标准	得分
1	准备	清点工具、清理工位	5	酌情扣分	
2	拆卸	正时链条（或正时带）	15	操作不当扣1~15分	
		正时齿轮	10	操作不当扣1~10分	
		其他部分	10	操作不当扣1~10分	
3	清洗	清洗发动机正时零件，并放置整齐	15	操作不当扣1~15分	
4	安装	按照和拆卸相反的顺序进行	20	操作不当扣1~20分	
5	完成时间	40min	10	超时1~5min扣1~5分 超时5min以上扣10分	
6	安全文明	无安全隐患，无不文明操作	5	未达标扣1~5分	
7	结束	工具清洁归位 工作场地清洁	5 5	漏一项扣1分，未做扣5分 清洁不彻底扣1~5分，未做扣5分	
		总分	100		

任务二　拆装发动机机体组并检测

1. 任务目的

1）知道气缸体和气缸盖的检测部位和检测方法。

2）学会测量平面度的方法。

3）能正确安装和使用量缸表测量气缸直径。

4）能识别气缸垫的正、反面。

5）能积极主动参与任务，能与小组成员团结协作，能执行实训室"6S"规定。

2. 任务准备

1）知识准备：完成项目三第1课曲柄连杆机构概述和第2课机体组的拆装与维修的学习。

2）设备准备：汽车发动机、汽车发动机拆装工量具、演示课件（或操作视频）。

3. 任务步骤

1）老师演示或播放视频：汽车发动机机体组的拆装与维修。

2）学生练习汽车发动机机体组的拆装（或老师演示时同步练习），并完成《汽车发动机构造与维修工作页》相应部分内容的填写。

拆装汽车发动机机体组，拆装内容包括气缸盖罩、气缸盖、气缸垫和油底壳。

4. 任务评价

任务评价内容及标准见表3-5。

表3-5　任务评价内容及标准

序号	项目	操作内容	分值	评分标准	得分
1	准备	清点工量具、清理工位	5	酌情扣分	
2	拆卸	气缸盖罩	5	操作不当扣1~5分	
		气缸盖和气缸垫	10	操作不当扣1~10分	
		油底壳	10	操作不当扣1~10分	
3	清洗	清洗发动机机体组零件，并放置整齐	10	操作不当扣1~10分	
4	检测	测量气缸盖平面度	5	操作不当扣1~5分	
		测量气缸体平面度	5	操作不当扣1~5分	
		测量气缸直径并计算	10	操作不当扣1~10分	
5	安装	按照和拆卸相反的顺序进行	15	操作不当扣1~15分	
6	完成时间	160min	10	超时1~5min扣1~5分 超时5min以上扣10分	
7	安全文明	无安全隐患，无不文明操作	5	未达标扣1~5分	
8	结束	工量具清洁归位 工作场地清洁	5 5	漏一项扣1分，未做扣5分 清洁不彻底扣1~5分，未做扣5分	
	总分		100		

任务三　拆装发动机活塞连杆组并检测

1. 任务目的

1）知道发动机活塞连杆组的结构。

2）能正确拆装发动机活塞连杆组。

3）学会发动机活塞连杆组各零件的检测方法。

4）能积极主动参与任务，能与小组成员团结协作，能执行实训室"6S"规定。

2. 任务准备

1）知识准备：完成项目三第3课活塞连杆组的拆装与维修的学习。

2）设备准备：汽车发动机、汽车发动机拆装工量具、演示课件（或操作视频）。

3. 任务步骤

1）老师演示或播放视频：汽车发动机活塞连杆组的拆装与维修。

2）学生练习汽车发动机活塞连杆组的拆装（或老师演示时同步练习），并完成《汽车发动机构造与维修工作页》相应部分内容的填写。

拆装汽车发动机活塞连杆组，拆装内容包括从发动机气缸体上拆装活塞连杆组以及分解和组装活塞连杆组。

4. 任务评价

任务评价内容及标准见表3-6。

表3-6　任务评价内容及标准

序号	项目	操作内容	分值	评分标准	得分
1	准备	清点工量具、清理工位	5	酌情扣分	
2	拆卸	从气缸体上拆下活塞连杆组	5	操作不当扣1~5分	
		分解活塞连杆组	5	操作不当扣1~5分	
3	清洗	清洗发动机活塞连杆组零件，并放置整齐	15	操作不当扣1~15分	
4	检测	测量活塞环的三个间隙	10	操作不当扣1~10分	
		测量活塞销的配合间隙	5	操作不当扣1~5分	
		测量连杆的弯曲和扭曲	10	操作不当扣1~10分	
5	安装	组装活塞连杆组	15	操作不当扣1~15分	
		安装活塞连杆组到气缸体上	5	操作不当扣1~5分	
6	完成时间	160min	10	超时1~5min扣1~5分 超时5min以上扣10分	
7	安全文明	无安全隐患，无不文明操作	5	未达标扣1~5分	
8	结束	工量具清洁归位	5	漏一项扣1分，未做扣5分	
		工作场地清洁	5	清洁不彻底扣1~5分，未做扣5分	
	总分		100		

任务四　拆装发动机曲轴飞轮组并检测

1. 任务目的

1）知道发动机曲轴飞轮组的结构。

2）能正确拆装发动机曲轴飞轮组。

3）学会发动机曲轴飞轮组各零件的检测方法。

4）能积极主动参与任务，能与小组成员团结协作，能执行实训室"6S"规定。

2. 任务准备

1）知识准备：完成项目三第4课曲轴飞轮组的拆装与维修的学习。

2）设备准备：汽车发动机、汽车发动机拆装工量具、演示课件（或操作视频）。

3. 任务步骤

1）老师演示或播放视频：汽车发动机曲轴飞轮组的拆装与维修。

2）学生练习汽车发动机曲轴飞轮组的拆装（或老师演示时同步练习），并完成《汽车发动机构造与维修工作页》相应部分内容的填写。

拆装汽车发动机曲轴飞轮组，拆装内容包括拆装飞轮和曲轴。

4. 任务评价

任务评价内容及标准见表3-7。

表 3-7　任务评价内容及标准

序号	项目	操作内容	分值	评分标准	得分
1	准备	清点工量具、清理工位	5	酌情扣分	
2	拆卸	飞轮	5	操作不当扣 1~5 分	
		曲轴	10	操作不当扣 1~10 分	
3	清洗	清洗发动机曲轴飞轮组零件，并放置整齐	10	操作不当扣 1~10 分	
4	检测	测量连杆轴颈的磨损程度	10	操作不当扣 1~10 分	
		测量主轴颈的磨损程度	10	操作不当扣 1~10 分	
		测量曲轴的弯曲和扭曲	10	操作不当扣 1~10 分	
5	安装	曲轴	10	操作不当扣 1~10 分	
		飞轮	5	操作不当扣 1~5 分	
6	完成时间	160min	10	超时 1~5min 扣 1~5 分 超时 5min 以上扣 10 分	
7	安全文明	无安全隐患，无不文明操作	5	未达标扣 1~5 分	
8	结束	工量具清洁归位 工作场地清洁	5 5	漏一项扣 1 分，未做扣 5 分 清洁不彻底扣 1~5 分，未做扣 5 分	
		总分	100		

巩固与提高

一、填空题

1. 曲柄连杆机构由_____、_____和_____三部分组成。

2. 曲柄连杆机构是在_____、_____、_____及有化学腐蚀的条件下工作的。

3. 气缸磨损一般呈上____下____的锥形，在圆周方向上呈不规则的_____。

4. 拆卸气缸盖螺栓时，应由_____往_____交叉对角分____~____次松开。

5. 发动机气缸的排列形式一般有_____、_____、_____以及_____等几种。

6. 曲轴箱的结构形式有_____、_____和_____三种。

7. 气缸垫安装在_____和_____之间。

8. 活塞的基本结构可分为_____、_____和_____三个部分。

9. 为了防止活塞环在气缸内卡死，常设计有_____、_____和_____三个间隙。

10. 目前汽车发动机上采用的油环有_____和_____两种。

11. 活塞销的作用是连接_____和_____，将活塞承受的气体作用力传给连杆。

12. 活塞销与活塞销座孔和连杆小头的连接方式，一般有_____和_____两种。

13. 连杆大头的切口形式分为_____和_____两种。

14. 连杆轴承俗称为_____，曲轴主轴承俗称为_____。

15. 按曲轴主轴颈的数目，可以把曲轴分为_____曲轴和_____曲轴两种。

16. 飞轮与曲轴之间应有严格的相对位置，用_____或_____予以保证。

二、单项选择题

1. 以下不属于机体组部件的是（　　）。

A. 曲轴　　　　　　　　B. 气缸垫　　　　　　　C. 气缸体　　　　　　　D. 气缸盖

2. 关于发动机气缸磨损的特点，以下描述错误的是（　　　）。

A. 气缸磨损不均匀

B. 在断面上呈不规则的菱形磨损

C. 在气缸轴线方向上呈上大下小的不规则锥形磨损

D. 在第一道活塞环上止点顶边稍下处磨损最大

3. 下列发动机各部件中能够产生离心力的是（　　　）。

A. 活塞　　　　　　　　B. 气缸体　　　　　　　C. 气缸盖　　　　　　　D. 飞轮

4. 关于发动机零件的拆装顺序，以下描述错误的是（　　　）。

A. 先装的先拆　　　　　　　　　　　　B. 先装的后拆

C. 后装的先拆　　　　　　　　　　　　D. 能同时拆的就同时拆

5. 组装发动机各机构的基础件是（　　　）。

A. 气缸盖　　　　　　　B. 气缸垫　　　　　　　C. 气缸套　　　　　　　D. 气缸体

6. 用于储存发动机机油并封闭曲轴箱的装置是（　　　）。

A. 气缸　　　　　　　　B. 机油滤清器　　　　　C. 气门室　　　　　　　D. 油底壳

7. 安装在发动机油底壳上的部件是（　　　）。

A. 气门座圈　　　　　　B. 气门导管　　　　　　C. 曲轴　　　　　　　　D. 放油螺塞

8. 465 发动机气缸加大一级后的气缸直径为（　　　）。

A. $\phi64.75mm$　　　B. $\phi64.875mm$　　　C. $\phi65.125mm$　　　D. $\phi65.25mm$

9. 用来保证气缸体与气缸盖接合面间的密封部件是（　　　）。

A. 活塞　　　　　　　　B. 连杆　　　　　　　　C. 主轴瓦　　　　　　　D. 气缸垫

10. 活塞一般采用的材料是（　　　）。

A. 铸铁　　　　　　　　B. 合金钢　　　　　　　C. 铝合金　　　　　　　D. 低碳钢

11. 活塞磨损最严重的部位是（　　　）。

A. 第一道环槽　　　　　B. 第二道环槽　　　　　C. 油环槽　　　　　　　D. 活塞裙部

12. 下列活塞环在安装时有方向性的是（　　　）。

A. 矩形环　　　　　　　B. 锥面环　　　　　　　C. 梯形环　　　　　　　D. 桶面环

13. 以下不属于曲轴飞轮组部件的是（　　　）。

A. 主轴瓦　　　　　　　B. 主轴承盖　　　　　　C. 扭转减振器　　　　　D. 凸轮轴

14. 直列三缸四冲程发动机的做功间隔角为（　　　）。

A. 60°　　　　　　　　B. 120°　　　　　　　　C. 240°　　　　　　　　D. 360°

15. 做功顺序为 1→3→4→2 的四冲程四缸发动机，当第 1 缸位于压缩行程时，第 4 缸位于（　　　）。

A. 进气行程　　　　　　B. 压缩行程　　　　　　C. 做功行程　　　　　　D. 排气行程

16. 某曲轴主轴颈直径为 75mm，则磨削一级后的主轴颈直径为（　　　）。

A. $\phi74.75mm$　　　B. $\phi74.875mm$　　　C. $\phi75.125mm$　　　D. $\phi75.25mm$

三、判断题

1. 发动机气缸的磨损是均匀的。　　　　　　　　　　　　　　　　　　　　（　　　）

2. 安装气缸盖螺栓应按规定力矩一次性紧固。　　　　　　　　　　　　　　（　　　）

3. 干式气缸套直接与冷却液接触。　　　　　　　　　　　　　　　　　　　（　　　）

4. 活塞分为顶部、环槽部和裙部三个部分。　　　　　　　　　　　　　　　（　　　）

5. 气环的主要作用是密封和润滑气缸。　　　　　　　　　　　　　　　　　（　　　）

6. 活塞环装入气缸后其两端之间的间隙称为侧隙。　　　　　　　　　　（　　）

7. 直列四缸四冲程发动机的做功间隔角为120°。　　　　　　　　　　（　　）

8. 发动机装配时应在零件的配合表面和摩擦表面上涂抹机油。　　　　（　　）

四、简答题

1. 简述纯机体组零件的拆装步骤。

2. 干式气缸套和湿式气缸套各有何优缺点？

3. 简述用量缸表测量气缸直径的步骤。

4. 简述活塞连杆组的拆装步骤。

5. 活塞常见的结构上的控制措施有哪些？

6. 选配活塞时应注意什么？

7. 简述曲轴飞轮组的拆装步骤。

8. 飞轮有什么作用？

9. 在曲柄连杆机构的装配中，哪些零部件的安装有方向性？

配气机构的拆装与维修

项目四

学习目标

1. 学会配气机构的拆装及主要零部件的检修方法。
2. 能进行气门间隙的调整。
3. 培养学生的积极性、主动性和创造性。

典型工作任务

任务一　拆装气门组并检测。
任务二　拆装气门传动组并检测。
任务三　调整气门间隙。

知识准备

第1课　配气机构概述

一、配气机构的作用和组成

1. 配气机构的作用

配气机构的作用是按照发动机各缸的工作次序和每一气缸内所进行的工作循环的要求，定时开启和关闭各气缸的进、排气门，配合发动机各缸实现进气、压缩、做功和排气的工作过程，如图 4-1 所示。

图 4-1　配气机构

配气机构的工作性能,对发动机有重要影响。因此,要求配气机构的气门要关闭严密,开闭及时,开度足够。如果气门关闭不严,在压缩行程会漏气,造成气缸压力不足和混合气的损失;在做功行程泄压,使燃气压力降低。如果气门开闭不及时或开度不够,则会使进气不充分,排气不彻底。上述情况都会严重影响发动机的功率,甚至使发动机不能起动。

2. 配气机构的组成

配气机构的基本组成可分为气门组和气门传动组两大部分,如图4-2所示。气门组包括气门、气门油封、气门弹簧和气门锁片等零部件,其组成与配气机构的形式基本无关。气门传动组是从正时齿轮开始至推动气门动作的所有零部件,包括凸轮轴、挺柱、推杆和摇臂总成,其组成视配气机构的形式而有所不同。

气门弹簧上座 —— 气门锁片
内气门弹簧 —— 气门油封
—— 外气门弹簧
—— 气门弹簧下座
—— 气门

a) 气门组

摇臂 —— 凸轮轴
正时齿轮 ——
推杆 —— 挺柱
挺柱
凸轮轴

b) 气门传动组

图4-2 配气机构的基本组成

二、配气机构的形式

1. 按曲轴和凸轮轴之间的传动方式分

配气机构按曲轴和凸轮轴之间的传动方式,可分为齿轮传动式、链传动式和同步带传动式,如图4-3所示。

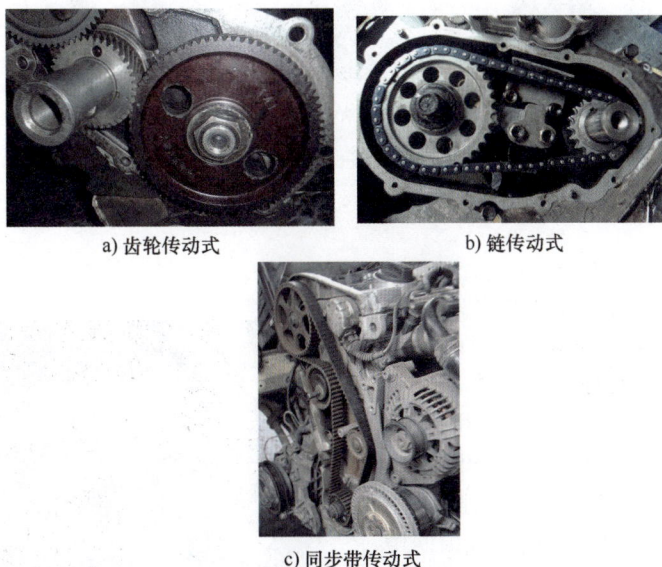

a) 齿轮传动式

b) 链传动式

c) 同步带传动式

图4-3 配气机构按曲轴和凸轮轴之间的传动方式分

2. 按每气缸气门数目分

配气机构按每气缸气门数目可分为二气门式、四气门式和五气门式，如图 4-4 所示。

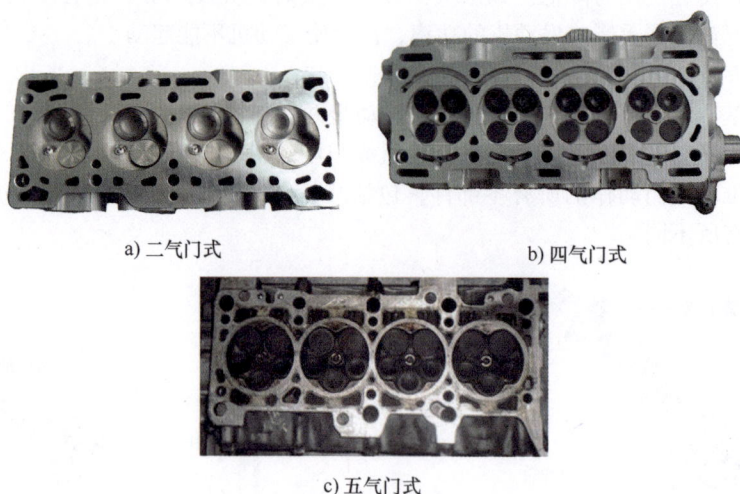

a) 二气门式　　　　　　　　　　b) 四气门式

c) 五气门式

图 4-4　配气机构按每气缸气门数目分

3. 按凸轮轴的布置位置

配气机构按凸轮轴的布置位置可分为凸轮轴下置式、凸轮轴中置式和凸轮轴上置式，如图 4-5 所示。

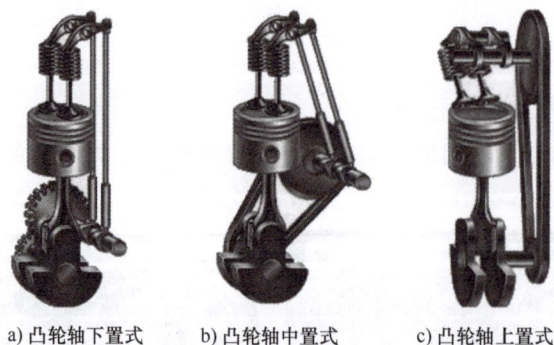

a) 凸轮轴下置式　　　b) 凸轮轴中置式　　　c) 凸轮轴上置式

图 4-5　配气机构按凸轮轴的布置位置分

三、气门间隙

发动机在冷态下，当气门处于关闭状态时，气门与传动件之间的间隙称为气门间隙，如图 4-6 所示。留气门间隙的目的主要是考虑到配气机构零件的热胀冷缩，使用液压挺柱（能自动变长变短）的发动机不留气门间隙。由于排气门温度高些，气门间隙一般为 0.30~0.35mm；进气门温度低些，气门间隙一般为 0.25~0.30mm。气门间隙过小，则会造成

气门间隙

图 4-6　气门间隙

气门关闭不严，造成漏气，发动机功率下降。气门间隙过大，则进排气门晚开早关，缩短了进排气时间，降低了气门的开启高度，改变了正常的配气相位，使发动机因进气不足、排气不净而功率下降。

知识窗

一汽 V6TD 发动机跻身国际行列

一汽完全自主设计的新一代 V 形 6 缸直喷增压发动机，性能提升 41% 达到国际水平。V6TD 换代基于国内 V6 平台打造，并采用了 9 项先进技术，如微米勒循环燃烧系统、"HOT-V" 双中置涡轮增压技术等。在多项技术的加持下，V6TD 换代的动力性指标大增 41.6%，与国际同类机型水平齐平。V6TD 换代的最大净功率达到了 340kW（462 马力左右），最大转矩则为 600N·m。据悉，V6TD 换代未来将搭载于红旗高端车型之上。

红旗是我国老牌汽车品牌，1958 年，我国首辆红旗轿车问世。而且红旗在中国汽车领域有着特殊的地位，其一直被用作国事用车。身负重任的红旗，一直在努力推动中国汽车产业进步，其在汽车发动机领域也耕耘已久，并取得了一定的突破。目前为止，一汽红旗发动机已经经历过三代开发，实现了从 PFI，到增压，再到直喷增压的迈进。一汽红旗没有循规蹈矩采用逆向开发的方式，不是买来国外发动机进行反向研究，而是让研发人员去了解市场，真正了解到中国人的需要，并将其转化为技术与产品。一汽展示出其想要打造"中国强心"的决心。如今，中国一汽的最新成绩，进一步填补了我国汽车发动机领域的空白，并进一步推动我国在这一领域的国产替代。这对我国来说无疑是一个好消息，而对中国一汽自身来说，这有利于中国一汽将更多的核心技术掌握在自己的手中，从而提升企业竞争力。

第 2 课　气门组的拆装与维修

一、气门组的拆装

气门组的拆装步骤如下：

1）拆卸气门锁片。用一大小合适的套筒抵住气门弹簧座，然后用锤子敲击套筒，用振动法取下气门锁片，如图 4-7a 所示。也可用专用工具拆卸气门锁片，如图 4-7b 所示。

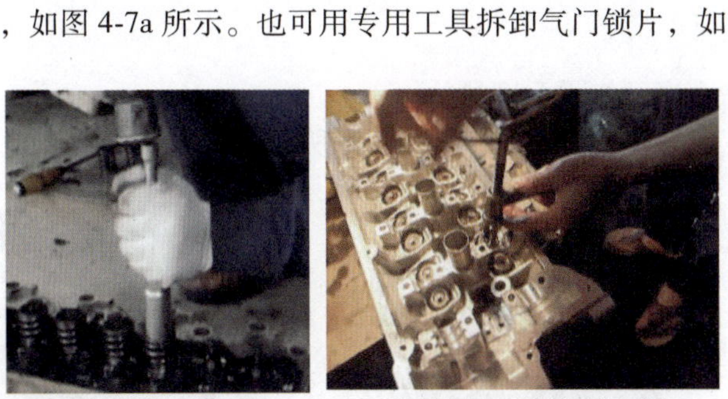

a）用振动法拆卸气门锁片　　　b）用专用工具拆卸气门锁片

图 4-7　拆卸气门锁片

职场健康与安全：

用振动法拆卸气门锁片时，要预防锁片丢失和伤人。

2）取下气门弹簧上座和气门弹簧。

3）取下气门。

4）拆卸气门油封（若不更换气门油封，则无此步骤）。用钢丝钳或一字螺钉旋具拆卸气门油封，如图4-8所示。

a) 用钢丝钳拆卸气门油封　　b) 用一字螺钉旋具拆卸气门油封

图4-8　拆卸气门油封

5）取下气门弹簧下座（铸铁气缸盖，则无此步骤）。

6）拆卸气门导管（若不更换气门导管，则无此步骤）。

7）清洗气门组零件。

8）安装气门弹簧下座（铸铁气缸盖，则无此步骤），有的发动机此步骤在安装气门之后，如图4-9所示。

9）安装气门油封。用专用工具安装气门油封，如图4-10所示。

气门弹簧下座

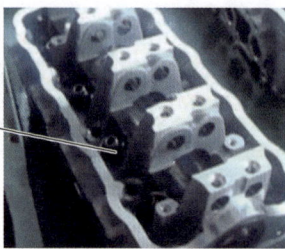

气门油封

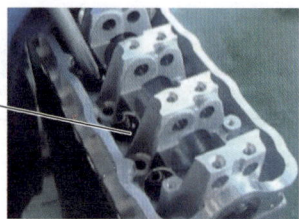

图4-9　安装气门弹簧下座　　　　　　图4-10　安装气门油封

10）安装气门，如图4-11所示。

11）安装气门弹簧和气门弹簧上座，如图4-12所示。

12）安装气门锁片。用专用工具安装气门锁片，如图4-13所示。

图4-11　安装气门　　　图4-12　安装气门弹簧和气门弹簧上座　　　图4-13　安装气门锁片

二、气门的结构与维修

1. 气门的结构

气门分为进气门和排气门两种。气门由头部和杆部两部分组成，如图 4-14 所示。头部用来封闭气缸的进排气通道，杆部主要为气门的运动进行导向。进气门常采用合金钢制造，排气门采用耐热合金钢制造。

（1）气门头部　气门头顶部形状一般有平顶、凹形顶和球面顶等，如图 4-15 所示。平顶制造方便，吸热面积小，进、排气门都可采用，使用最多；凹形顶头部与杆部的过渡部分为流线型，可减小进气阻力，适用于进气门；球面顶强度高，排气阻力小，废气的清除效果好，适用于排气门。

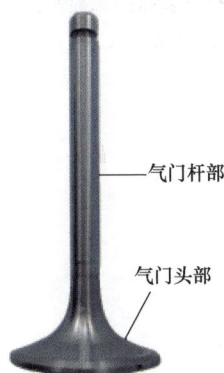

图 4-14　气门的结构

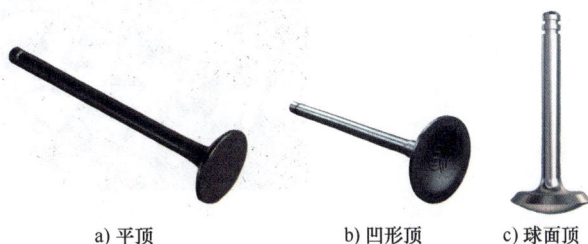

a) 平顶　　b) 凹形顶　　c) 球面顶

图 4-15　气门头部形状

气门头部与气门座接触的工作面，是与杆身同心的锥面。通常将这一锥面与气门顶平面的夹角称为气门锥角，如图 4-16 所示。

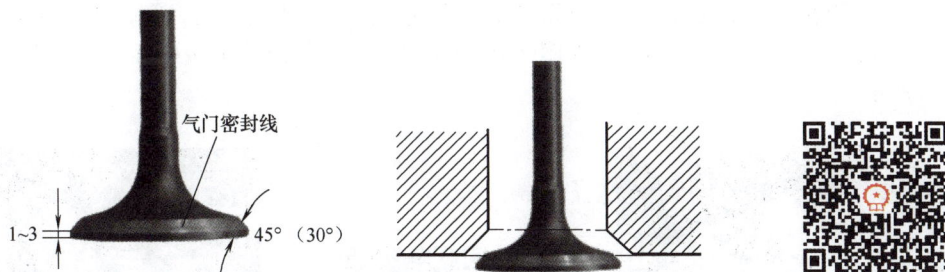

气门密封线

1～3　　45°（30°）

图 4-16　气门锥角

气门锥角一般做成 45°，有的发动机进气门气门锥角也可采用 30°。这是考虑到在气门升程相同的情况下，气门锥角较小时，气流通过断面较大，进气阻力较小。排气门因热负荷大，一般采用 45° 锥角，以加强散热，避免受热变形。气门头的边缘应保持一定的厚度，一般为 1～3mm，以防止工作中冲击损坏和被高温烧蚀。

气门头部接收的热量一部分经气门座圈传给气缸盖，另一部分则通过气门杆和气门导管也传给气缸盖，最终都被气缸盖水套中的冷却液带走。为了增强传热，气门与气门座圈的密封锥面必须严密贴合。为此，两者要配对研磨，研磨之后不能互换。为增大进气通道面积，提高充气效率，多数发动机进气门的头部直径做得比排气门的大。

进、排气门的识别方法如下：

1）看气门的头部形状。凹形顶为进气门，平顶为排气门，如图 4-17a 所示。

2）看气门的头部直径大小。大的为进气门，小的为排气门，如图 4-17b 所示。

3）看气门头部的颜色。发动机工作正常的气缸，进、排气门的颜色是不一样的。颜色几乎未变的为进气门，颜色变了的为排气门，如图 4-17c 所示。

4）看气门与进、排气歧管相通的情况。与进气歧管相通的为进气门，与排气歧管相通的为排气门，如图 4-17d 所示。

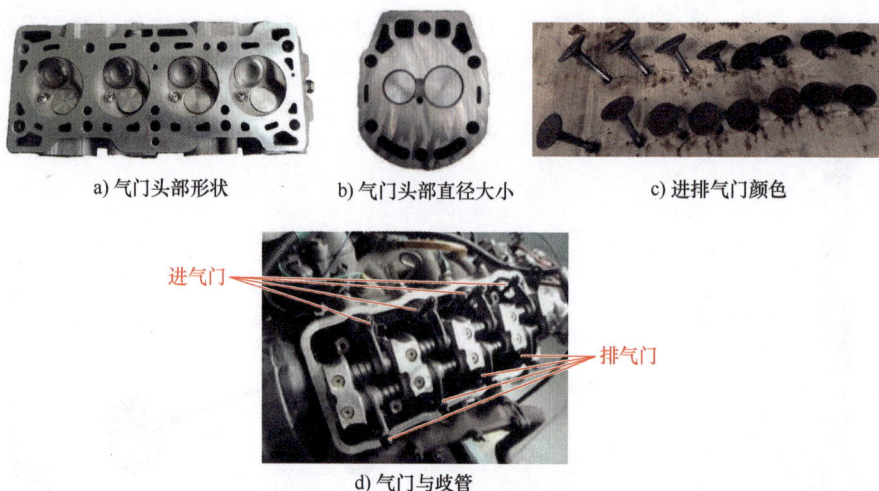

a) 气门头部形状   b) 气门头部直径大小   c) 进排气门颜色

d) 气门与歧管

图 4-17 进、排气门的识别方法

（2）气门杆部 气门杆呈圆柱形，在气门导管中往复运动，表面经热处理后磨外圆，以保证与导管的配合精度。气门弹簧上座在气门上一般采用锁片固定，如图 4-18 所示。

2. 气门的拆装与维修

（1）气门的拆装 拆装气门时，必须先使用专用气门拆装钳压缩气门弹簧，然后拆下或装上气门锁片，并慢慢放松气门弹簧即可，如图 4-19 所示。拆下的气门必须做好标记并按顺序摆放，如图 4-17c 所示。

图 4-18 锁片式

图 4-19 气门的拆装

（2）气门的维修 气门的维修主要是检查气门杆磨损、气门工作面磨损、气门杆端面磨损及气门杆弯曲等情况。

1）气门杆磨损的检查。气门杆磨损，会使气门杆与导管孔的间隙增大，易使气门歪斜，导致气门关闭不严而漏气。当高温废气通过导管孔间隙时，会使气门及导管过热，加速它们的磨损，并可能由于导管中机油烧结，使气门卡死而无法动作。气门杆与气门导管的配合间隙过大时，应更换气门和气门导管。用外径千分尺测量气门杆的磨损程度，测量部位在气门杆上、中、下三个部位，如图 4-20 所示。气门杆磨损极限为不超过 0.08mm，若超过规定范围，应更换气门。

2）气门工作面磨损的检查。检查气门头部工作面是否有斑点或烧蚀，若有，可用气门磨光机修磨，如图 4-21 所示。

气门光磨后，其边缘逐渐变薄，工作时容易变形和烧毁，进气门气门头最小边缘厚度不得小于 0.60mm，排气门不得小于 1.10mm，否则应更换气门。

3）气门杆端面磨损的检查　气门杆端面磨损或有疤痕，往往使气门杆端面不平。当气门顶起时，挺杆（或摇臂）作用力将产生侧向力，使气门杆歪斜、气门关闭不严。气门杆端面磨损，可用气门磨光机修正。磨光机上设有 V 形铁座，将气门杆平放在座上，一手按住气门杆，另一手转动气门头，并使杆端轻微抵在砂轮上磨平。

4）气门杆弯曲和气门头部歪斜的检查。气门杆的弯曲可用百分表来测量，如图 4-22 所示。清除气门积炭并将气门擦净，将气门杆支承在两个 V 形架上，然后用百分表触头测量气门杆中部的弯曲度（直线度误差），若其值超过 0.03mm 应更换或校正气门；在气门头部用百分表进行测量，转动气门头部一圈，读数最大和最小之差的 1/2 即为气门头部的倾斜度误差，许用倾斜度误差为 0.02mm。气门杆弯曲或气门头部歪斜超过规定范围后，需更换气门。

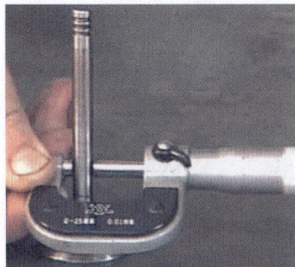

图 4-20　气门杆磨损的检查　　　图 4-21　修磨气门工作面　　　图 4-22　气门杆弯曲的检查

三、气门导管的结构与维修

1. 气门导管的结构

气门导管的作用是对气门的运动进行导向，保证气门进行直线往复运动，使气门与气门座或气门座圈能正确贴合，如图 4-23 所示。此外，其还将气门杆承受的热量部分地传给气缸盖。气门导管的工作温度较高，而且润滑条件较差，靠配气机构工作时飞溅的机油来润滑气门杆和气门导管孔。气门导管由灰铸铁、球墨铸铁或铁基粉末冶金制造。在以一定的过盈配合将气门导管压入气缸盖上的气门导管座孔之后，再精铰气门导管孔，以保证气门导管与气门杆的正确配合间隙。

图 4-23　气门导管

气门导管为一空心管状结构，气门导管压装在气缸盖的导管孔中，其外圆柱面与导管孔的配合有一定的过盈量，一般为 0.015~0.065mm，以保证良好的传热性能和防止松脱。为防止松脱，有些发动机利用卡环对气门导管定位，如图4-24所示。

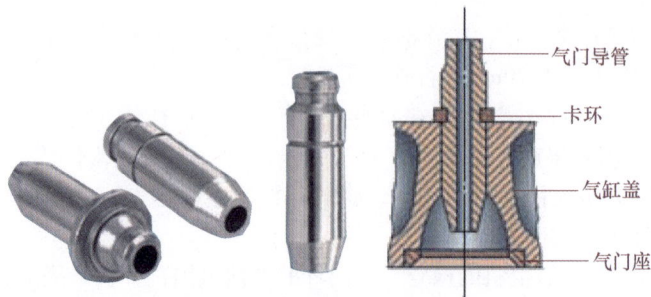

图 4-24　气门导管形式及定位

气门导管内孔与气门杆之间为间隙配合，为防止机油从气门导管与气门杆的间隙中漏入燃烧室，在气门导管的上端安装有气门油封，如图4-25所示。

图 4-25　气门油封

2. 气门导管的维修

（1）**气门导管磨损的检查**　气门导管磨损后会使其与气门杆的配合间隙增大，导致气门工作时摆动，关闭不严。气门导管与气门杆配合间隙的检查方法有以下两种：

1）直接测量气门导管内径和气门杆直径，并计算其配合间隙。

2）先把气门安装在气门导管内，再将气门提起 10~15mm（相对气缸盖平面），然后用百分表测量气门头部的摆动量，如图4-26所示。

气门导管与气门杆配合间隙若超过允许极限，可换用一个新气门重新进行检查，根据测量结果视情况确定更换气门或气门导管，必要时两者一起更换。

（2）**更换气门导管**　更换气门导管时，应用冲子和锤子将旧气门导管拆出，如图4-27所示。对于铝合金气缸盖，拆除旧气门导管前还应加热气缸盖，以免气缸盖裂损。

图 4-26　气门头部摆动量的测量

图 4-27　拆气门导管

拆出旧气门导管后，应根据新气门导管外径适当铰削气门导管孔，使气门导管与气门导管孔有适当的过盈量，一般为 0.015~0.065mm。

职场健康与安全：
　　气门导管拆出时应注意方向，一般气缸盖上方为拆除方向。

四、气门座的结构与维修

1. 气门座的结构

气门座的作用是与气门配合，使气缸密封。多数发动机的气门座单独制成座圈，然后压装到燃烧室内的进排气道口处。气门座圈与座孔应有足够的过盈配合量，过盈量一般为 0.075 ~ 0.125mm，以防止发动机工作时气门座脱落。气门座圈应采用在工作温度下塑性变形较小而硬度较高的合金材料，一般采用合金铸铁和球墨铸铁，也有采用合金钢的。通常座圈的硬度比气门工作面的硬度稍低一些。

为保证气门与气门座可靠密封，气门座上加工有与气门相适应的锥面，气门座的锥面由三部分组成，45°（或30°）锥面是与气门密封锥面配合的工作面，15°锥面和75°锥面是用来修正工作面位置和宽度的，如图4-28所示。

a) 气门座实物图　　　　　b) 气门座锥面

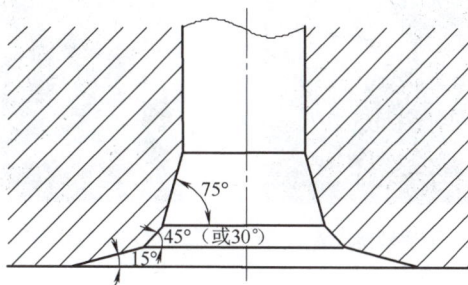

图 4-28　气门座的结构

2. 气门座的维修

（1）气门座的铰削　气门座的铰削通常用气门座铰刀进行手工加工。气门座铰刀由多只不同直径、不同锥角的铰刀组成，如图4-29所示。气门座一般应先粗铰后精铰，铰削方法如下：

1）铰削前，应先检查气门导管，以保证气门座与气门导管的中心线重合。

2）选择一组合适的气门座铰刀，铰刀杆插入气门导管应转动灵活而不松旷。

3）先用45°（或30°）的粗铰刀粗铰气门座工作锥面，直到全部露出金属光泽，如图4-30所示。

图 4-29　气门座铰刀

图 4-30　气门座的铰削

4）用修理好的气门或新气门进行试配，接触环带应处在气门密封锥面中部偏气门顶的位置。若接触环带偏向气门杆部，应用75°的铰刀修正；若接触环带偏向气门顶部，应用15°的铰刀修正。

5）最后用45°的铰刀精铰气门座锥面，并在铰刀下面垫上细砂布修磨。

职场健康与安全：
铰削时，铰刀只能顺转不能反转或小范围内转动。

（2）气门与气门座的研磨

1）将一层粗砂研磨膏涂在气门锥面上，气门杆表面涂润滑油后，插入气门导管，如图4-31所示。

2）用捻子橡胶吸盘吸住气门顶面，手持捻子柄，转动气门研磨，如图4-32所示。

3）密封工作面均匀接触后，换用细砂研磨膏，用同样手法研磨。

4）检查气门锥面，形成一圈无间断、宽度一致、无明显沟槽的灰色无光环带，即停止研磨，如图4-33所示。

5）最后用汽油清洗气门和气门座，不许残留磨料。

图4-31 涂粗砂研磨膏   图4-32 研磨气门   图4-33 检查气门锥面

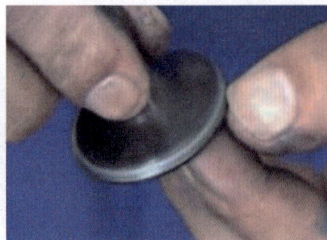

（3）气门座的更换 气门座损坏、严重烧蚀、松动或下沉2mm以上，应更换气门座圈。若气门座是在气缸盖上直接加工的，则必须更换气缸盖。

取旧气门座圈有以下方法：

1）焊接法。焊接法是将一合适的旧气门焊接到旧气门座圈上，然后再敲击气门杆拆下旧气门座圈，如图4-34所示。

2）镗削加工法。镗削加工法是将旧气门座圈镗削至只剩一薄层，然后取出旧气门座圈。

3）专用工具法。专用工具法是用气门座圈拉取器拔出旧气门座圈，如图4-35所示。

安装新气门座圈前，应对座孔加工，使新气门座圈与座孔的过盈配合量为0.08~0.12mm。

（4）气门密封性检查 气门密封性检查常有以下四种方法：

1）画线法。在气门锥面上用软铅笔画许多素线，然后接触气门座转动气门两周，如图4-36所示。取出气门看素线，若所有素线痕迹均被气门座工作面划断，表明符合要求；若有线条未断表明该处密封不严，应重新研磨。

2）涂色法。在气门密封锥面涂上一层红丹油，并把气门放入气门导管孔内，然后用力将气门压在气门座上旋转两周后取出，最后检查气门上的红丹油情况，如图4-37所示。如果气门锥面上与气门座接触处红丹油全部没有，则说明密封性良好。若有地方还有红丹油，应重新研磨。

3）浸油法。把气门紧密地安装到气门座上，用煤油或汽油浇在气门顶部，检视气门与气门座接触处有无明显渗漏，若无渗漏现象，为密封合格，如图4-38所示。

4）拍打法。把研磨好的气门插入气门导管，用适当的力提起气门，并拍击气门座。检视气门密封工作面，若留下明亮的连续光环，表明符合要求，如图4-39所示。

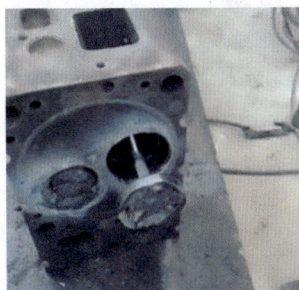

图4-34　用焊接法拆旧气门座圈

图4-35　用专用工具法拆旧气门座圈

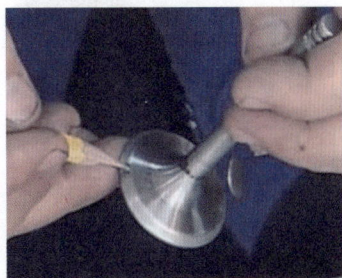

图4-36　用画线法检查气门密封性

图4-37　用涂色法检查气门密封性

图4-38　用浸油法检查气门密封性

图4-39　用拍打法检查气门密封性

气门座铰削加工质量良好，使用新气门时，可以不经研磨直接使用。

职场健康与安全：
　　研磨后的气门无互换性，为避免装错，应在气门上做装配标记。

五、气门弹簧的结构与检查

1. 气门弹簧的结构

气门弹簧的作用是使气门关闭并与气门座压紧，同时还可在气门开启或关闭过程中，使气门传动组零件紧密连接，防止因惯性力分离而产生异响。

气门弹簧为圆柱螺旋弹簧，弹簧两端磨平，装配后弹簧一端支承在气缸盖上，另一端靠气门弹簧座和锁片与气门杆定位。气门弹簧的类型有等螺距弹簧、变螺距弹簧和双弹簧，如图4-40所示。

等螺距弹簧是最简单的一种，但使用中容易因振动而折断。变螺距弹簧各圈之间的螺距不等，安装时螺距较小的一端应朝向气缸盖。图4-41所示的变螺距弹簧，有漆的一端应朝向气门弹簧上座。

采用内外两个双气门弹簧时，两弹簧的旋向应相反，以防止工作时一个弹簧卡入另一个弹簧中，一般内弹簧弹力比外弹簧小。

a) 等螺距弹簧　　　　b) 变螺距弹簧　　　　c) 双弹簧（左为内弹簧右为外弹簧）

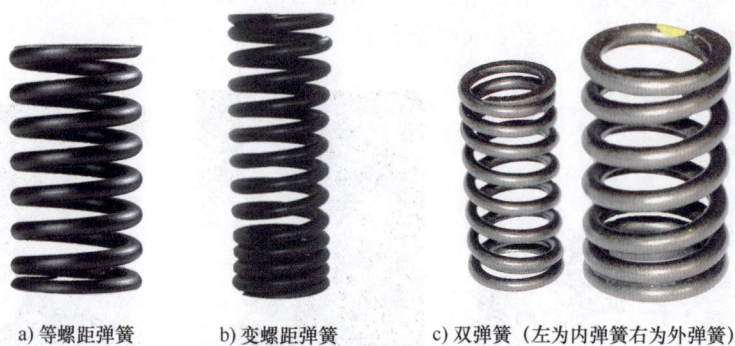

图 4-40　气门弹簧的类型

气门锁片

气门弹簧上座

气门弹簧

漆

气门弹簧下座

气门

图 4-41　变螺距弹簧的安装

2. 气门弹簧的检查

气门弹簧常见的故障是自由长度变短、弹力减弱、弹身歪斜，严重时可能出现弹簧折断。气门弹簧不能维修，必要时只能更换。

气门弹簧的自由长度可用游标卡尺测量，如图 4-42 所示。气门弹簧垂直度的检查，如图 4-43 所示。若气门弹簧的自由长度或垂直度不符合要求，应更换气门弹簧。

图 4-42　自由长度的测量

图 4-43　气门弹簧垂直度的检查

第3课　气门传动组的拆装与维修

一、气门传动组的拆装

气门传动组的拆装步骤如下（有摇臂总成）：

1）拆卸发动机正时部分。拆卸发动机正时机构前，应观察好正时标记，以便以后安装，如图4-44所示。

2）拆卸摇臂总成。用套筒扳手或螺钉旋具由两边往中间分2~3次拧松摇臂总成固定螺栓或紧固螺钉，如图4-45所示。

图 4-44　正时标记

图 4-45　拆卸摇臂总成

3）取下推杆或（和）挺柱（有的发动机无此步骤）。

4）拆卸凸轮轴。

5）清洗气门传动组零件，如图4-46所示。

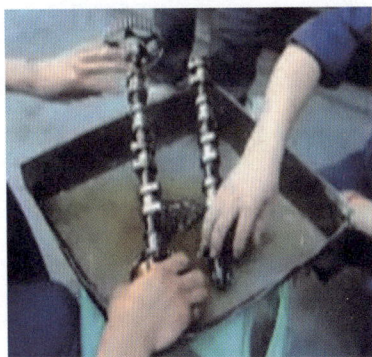

a) 清洗凸轮轴

b) 清洗摇臂总成

图 4-46　清洗气门传动组零件

职场健康与安全：
清洗时注意自身安全，废液要妥善处理，不能污染环境。

6）安装凸轮轴，如图4-47所示。

7）安装挺柱或（和）推杆（有的发动机无此步骤）。

8）安装摇臂总成，如图4-48所示。

9）安装发动机正时部分。

图 4-47 安装凸轮轴

图 4-48 安装摇臂总成

二、凸轮轴的结构与维修

1. 凸轮轴的结构

凸轮轴作为气门传动组中最主要的零件，用来驱动和控制各缸气门的开启和关闭，使其符合发动机的工作次序、配气相位及气门开度的变化等要求。凸轮轴由凸轮（包括进、排气凸轮）和凸轮轴轴颈等构成，如图 4-49 所示。凸轮轴多用优质钢模锻而成，并经表面高频感应淬火或渗碳淬火处理，也可用合金铸铁或球墨铸铁铸造。直列发动机凸轮轴上各同名凸轮的布置，如图 4-50 所示。

图 4-49 凸轮轴的结构

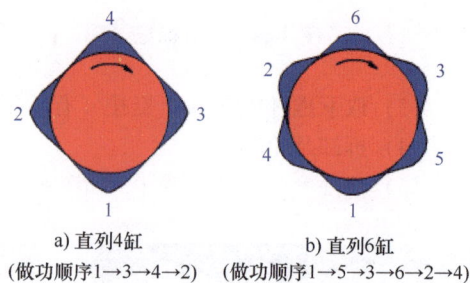

a) 直列4缸
（做功顺序1→3→4→2）

b) 直列6缸
（做功顺序1→5→3→6→2→4）

图 4-50 直列发动机凸轮轴上各同名凸轮的布置

发动机结构形式不同，凸轮轴的根数也不同。图 4-51 所示的发动机，只装有一根凸轮轴，这根凸轮轴上既有进气凸轮，又有排气凸轮。图 4-52 所示的发动机，装有两根凸轮轴，一根为进气凸轮轴，另一根为排气凸轮轴。

图 4-51 单凸轮轴发动机

图 4-52 双凸轮轴发动机

凸轮轴的支承方式有全支承式和非全支承式两种。全支承式凸轮轴，即凸轮轴轴颈数比气缸数多一个，这样可以减少凸轮轴变形，但加工工艺复杂，如图 4-53 所示。非全支承式凸轮轴，即每隔两个气缸设置一个轴颈，如图 4-54 所示。

图 4-53　全支承式凸轮轴

图 4-54　非全支承式凸轮轴

为了防止凸轮轴在工作中产生轴向窜动，同时又能承受斜齿轮产生的轴向力，凸轮轴必须有轴向定位装置。如图 4-55a 所示，该凸轮轴采用止推片实现凸轮轴轴向定位，其止推片用螺栓固定在气缸盖上。图 4-55b 所示为采用凸轮轴轴颈两侧面定位的凸轮轴。

a) 用止推片轴向定位

b) 用凸轮轴轴颈两侧面定位

图 4-55　凸轮轴轴向定位

2. 凸轮轴的维修

（1）凸轮轴弯曲的检修　检查凸轮轴弯曲变形可用其两端轴颈外圈或两端的中心孔作为基准，测量中间一道轴颈的径向圆跳动量，如图 4-56 所示。凸轮轴径向圆跳动量若超过极限值，可对凸轮轴进行冷压校正，必要时应更换凸轮轴。

（2）凸轮磨损的检修　凸轮的磨损是不均匀的，一般凸轮的顶尖附近磨损较严重。凸轮磨损后，凸轮高度降低，会影响发动机工作时的进排气阻力。凸轮的磨损程度可通过测量凸轮的高度（H）或凸轮升程（h）来检查。凸轮高度可用外径千分尺测量，如图 4-57 所示。凸轮升程为凸轮高度与基圆直径之差。凸轮高度或升程若超过允许极限，应更换凸轮轴。

图 4-56　凸轮轴弯曲的测量

图 4-57　凸轮的高度测量

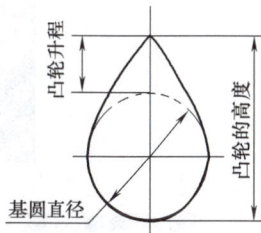

（3）凸轮轴轴向间隙的检修　用百分表测头抵在凸轮轴端，前后推拉凸轮轴，百分表指针的摆动量即为凸轮轴轴向间隙，如图 4-58 所示。凸轮轴轴向间隙若超过允许极限，可视情况更换止推片、凸轮轴或气缸盖。

（4）凸轮轴轴颈及轴承磨损的检修　凸轮轴轴颈及轴承的磨损情况可通过测量其配合间隙来检查。多数发动机凸轮轴轴颈和轴承无修理尺寸，当轴承间隙超过其允许极限时，必须更换凸轮轴或凸轮轴轴承，必要时两者一起更换。对无凸轮轴轴承的，若凸轮轴座孔磨损严重，只能更换气缸体或气缸盖。

3. 凸轮轴的安装

若凸轮轴的座孔为整体式，为了安装方便，凸轮轴各轴颈直径是从前向后依次减小的，如图4-59所示。

图 4-58 凸轮轴轴向间隙的测量

图 4-59 整体式座孔凸轮轴的安装

若凸轮轴的座孔为剖分式，凸轮轴各轴颈直径相等。安装时，应注意凸轮轴轴承盖的安装方向和位置，两根凸轮轴的发动机还要区分凸轮轴左、右轴承盖，如图4-60所示。

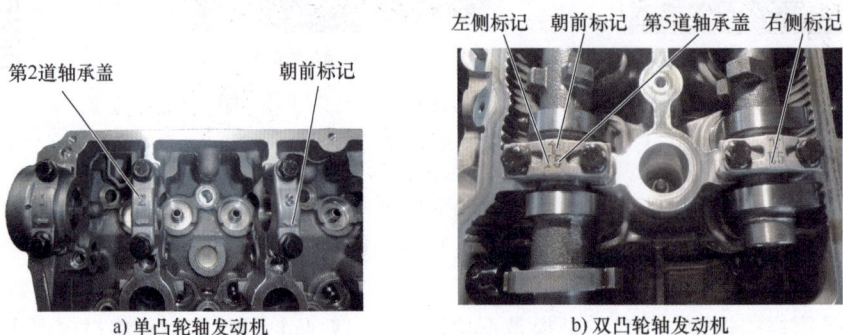

a) 单凸轮轴发动机

b) 双凸轮轴发动机

图 4-60 剖分式座孔凸轮轴的安装

安装凸轮轴时，要将正时齿轮上的标记对齐，如图4-61所示。

a) 曲轴与凸轮轴之间的正时标记

b) 两根凸轮轴之间的正时标记

c) 凸轮轴与壳体之间的正时标记

d) 曲轴和凸轮轴与壳体之间的正时标记

图 4-61 凸轮轴安装标记

三、挺柱的结构与维修

挺柱可分为普通挺柱和液力挺柱两种，其作用是与凸轮轴直接接触，将凸轮的推力传递给推杆或气门。

1. 普通挺柱的结构与维修

（1）普通挺柱的结构　常见普通挺柱的结构如图4-62所示。在发动机工作时挺柱底部与凸轮接触，为使挺柱底部磨损均匀，挺柱底部的工作面制成球面。挺柱的下端设有油孔，以便将漏入挺柱内的机油排出到凸轮上进行润滑。

普通挺柱内孔的底部也制成球面，它与推杆下端的球面接触，以减少磨损，如图4-63所示。

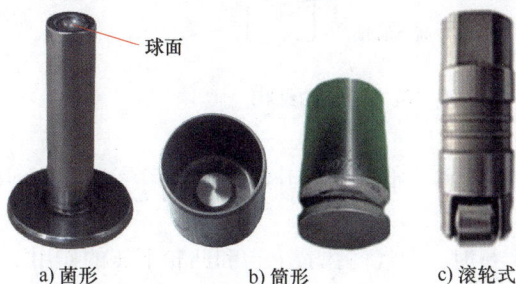

图 4-62　常见普通挺柱的结构
图 4-63　普通挺柱内部结构

（2）普通挺柱的维修　普通挺柱的常见损伤是工作面损伤或磨损。挺柱外表圆柱工作面和底部工作面有轻微的损伤或麻点，可用磨石修整。若发现挺柱有裂纹、工作面严重刮伤或偏磨，应及时更换。挺柱与其导向孔的配合间隙若超过允许极限，也应及时更换挺柱。挺柱在拆卸过程中应做好标记，以方便安装，如图4-64所示。

图 4-64　拆卸的挺柱做好标记

2. 液力挺柱的结构与维修

（1）液力挺柱的结构　液力挺柱的结构，如图4-65所示。液压缸外圆与挺柱体内导向孔配合，内孔则与柱塞配合，两者都有相对运动。液压缸底部装有一个补偿弹簧，把球阀压在柱塞的阀座上，补偿弹簧还可以使挺柱顶面和凸轮轮廓线保持紧密接触，以消除气门间隙。当球阀关闭柱塞中间孔时，可将柱塞分成两个油腔，柱塞上部为低压油腔，柱塞下部为高压油腔。当球阀开启后，柱塞上下成为一个油腔。

液力挺柱的工作过程，如图4-66所示。

1）气门开启。当挺柱体圆筒上环形油槽与缸盖上的斜油孔对齐时，发动机润滑系统中的润滑油经量油孔、斜油孔和环形油槽流入低压油腔。位于挺柱背面上的键形槽可将润滑油引入柱塞上方的低压油腔，这时缸盖主油道与液力挺柱体低压油腔连通。此时，挺柱与气门构成一刚性部件运动，气门开始升起。

2）气门升起。凸轮转动，挺柱体和柱塞向下移动，高压油腔中的润滑油被压缩，油压升高，加上补偿弹簧的作用使球阀紧压在柱塞的下端阀座上，这时高压油腔与低压油腔被分隔开。由于

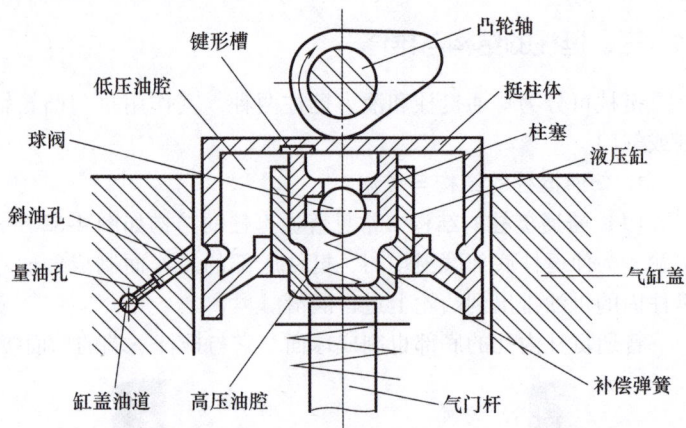

图 4-65　液力挺柱的结构

液体的不可压缩性，整个挺柱如同一个刚体一样下移，推开气门升起并保证了气门应达到的最高升程。

3）气门关闭。当挺柱到达下止点后开始上行时，在气门弹簧上顶和凸轮下压的作用下，高压油腔继续封闭，球阀也不会打开，液力挺柱仍可认为是一个刚性挺柱，直至上升到凸轮处于基圆与气门关闭时为止。

此时，缸盖主油道中的液压油经量油孔、挺柱环形油槽进入挺柱的低压油腔。同时，高压油腔内油压下降，补偿弹簧推动柱塞上行。从低压油腔来的液压油推开球阀进入高压油腔，使两腔连通充满润滑油。此时，挺柱顶面仍和凸轮紧贴。在气门受热膨胀时，柱塞和油缸进行轴向相对运动，高压油腔中的油液可经过油缸与柱塞间的缝隙挤入低压油腔。所以使用液力挺柱时，可以不留气门间隙。

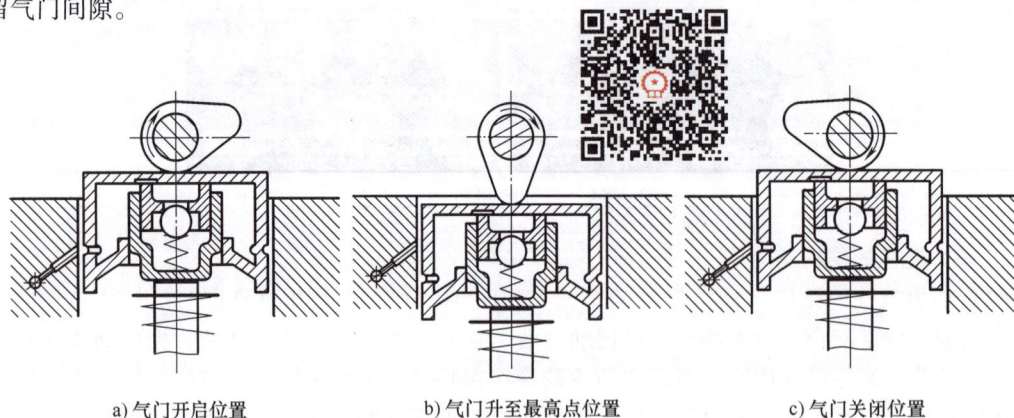

a) 气门开启位置　　　　b) 气门升至最高点位置　　　　c) 气门关闭位置

图 4-66　液力挺柱的工作过程

（2）液力挺柱的维修　液力挺柱的常见故障是外表工作面磨损或损伤、挺柱内部配合表面磨损导致密封不良等。液力挺柱磨损后无法调整，只能更换。维修时，除按普通挺柱的检查项目和方法对液力挺柱体外表工作面的损伤情况、液力挺柱体与导向孔的配合间隙进行检查外，还需对液力挺柱进行密封性检查，有时用测量液力挺柱自由行程的方法检验其密封性。液力挺柱检查自由行程的方法：拆下气缸盖罩，顺时针转动曲轴使待检查的液力挺柱凸轮向上，用楔形木棒或塑料棒压下液力挺柱，但不要使气门开启，如图 4-67 所示。用塞尺测量挺柱与凸轮之间的间隙，若间隙超过 0.10mm，应更换该液力挺柱。

四、推杆的结构与维修

1. 推杆的结构

推杆安装在挺柱与摇臂之间，它是气门机构中最容易弯曲的零件，因此推杆要有很高的刚度。在动载荷大的发动机中，推杆应尽量做得短些。推杆的作用是将挺柱的推力传给摇臂，推杆的类型有实心和空心两种，如图4-68所示。

图 4-67　液力挺柱自由行程的检查　　　　　　　图 4-68　推杆

2. 推杆的维修

推杆的常见损伤是端头磨损或杆身弯曲。检查推杆两端头，若磨损严重或有损伤，应更换推杆。推杆可在平板上来回滚动并用塞尺测量其弯曲变形量，也可用百分表检查推杆的弯曲变形量，推杆弯曲超过允许极限时，应校正或更换推杆。

五、摇臂总成的结构与维修

1. 摇臂总成的结构

摇臂总成的作用是将气门传动组的推力改变方向并驱动气门开启。摇臂是一个两臂不等长的双臂杠杆，长短臂长的比值（称为摇臂比）约为 1.2~1.8，摇臂的长臂端用来推动气门，如图4-69所示。这样，在一定的气门升程内，可减少推杆和挺柱等运动件的运动距离和加速度，从而减小了工作中的惯性力。摇臂的材料一般为中碳钢，也有用球墨铸铁或合金铸铁。摇臂大多采用 T 字形或工字形断面，以减轻重量。

摇臂有普通摇臂、滚轮摇臂和三角摇臂等形式，如图4-70所示。

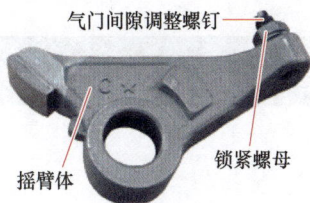

气门间隙调整螺钉

摇臂体　　　锁紧螺母

a) 普通摇臂　　　b) 滚轮摇臂　　　c) 三角摇臂

图 4-69　摇臂的结构　　　　　　图 4-70　摇臂的形式

摇臂总成由摇臂轴、摇臂、摇臂轴支座、定位弹簧和螺栓等组成，如图4-71所示。

摇臂空套在摇臂轴上，摇臂轴通过摇臂轴支座固定在气缸盖上。为防止摇臂轴向窜动，每两摇臂之间装有定位弹簧。摇臂轴为空心管状结构，润滑油从气缸体上的主油道经气缸体、气缸盖和支座中的油道进入摇臂轴内（该轴两端被堵死），然后经摇臂轴上的径向孔进入摇臂与轴之间进行润滑。

摇臂轴　　摇臂　　　　　　　定位弹簧　　螺栓

锁紧螺母　气门间隙调整螺钉　　摇臂轴支座

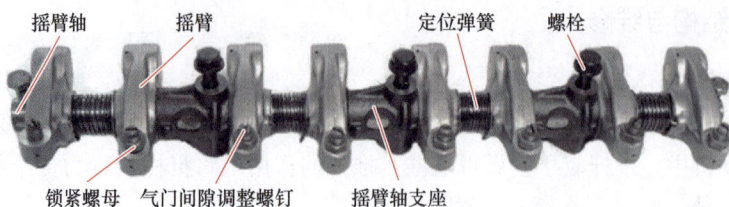

图 4-71　摇臂总成的结构

2. 摇臂总成的维修

清洗摇臂总成零件时，应注意将摇臂轴内部清理干净，并保证各油孔通畅，如图 4-72 所示。

> **职场健康与安全：**
>
> 分解摇臂总成时，应注意各摇臂的序号、摇臂轴和摇臂轴支座的安装方向及位置，以免安装时位置装错。

检查摇臂球面接触部位的磨损情况，若有轻微磨损，可用磨石修磨，磨损严重时应更换摇臂；检查气门调整螺钉、锁紧螺母和摇臂上的螺孔是否完好，若有损坏应更换；检查摇臂和摇臂轴配合间隙，若间隙超过允许极限，应更换零件或总成；检查摇臂轴的弯曲变形，若超过允许极限，应校正或更换摇臂轴。图 4-73 所示的摇臂已断裂，只能予以更换。

图 4-72　清洗摇臂总成

此处断裂

图 4-73　断裂的摇臂

第 4 课　配气相位与气门间隙的调整

一、配气相位的定义

配气相位就是发动机进、排气门实际开启或关闭的时刻和开启持续时间，通常用曲轴转角来表示，称为配气相位。配气相位通常用环形图表示，称为发动机的配气相位图，如图 4-74 所示。

二、配气相位分析

为了使进气充足、排气干净，除了从发动机结构上进行改进外（如增大进、排气管道），还可以从配气相位上进行完善，例如使气门早开晚闭，延长进、排气时间。

1. 气门早开晚闭的可能性

进气门早开，可使进气一开始就有一个较大的通道面积，可增加进气量。活塞到达进气下止点时，由于进气吸力的存在，气缸内气体压力仍然低于大气压，在大气压的作用下仍能进气。另外，此时进气流还有较大的惯性。由此可见，进气门晚关可以增加进气量。

在做功行程快要结束时，排气门打开，可以利用做功的余压使废气高速冲出气缸，排气量约占 50%。排气门早开，势必造成功率损失，但因气压低，损失并不大，而提早打开排气门可以减少排气所消耗的功，又有利于废气的排出，所以总功率仍是提高的。活塞到达上止点时，气缸内废气压力仍然高于外界大气压，加之排气气流的惯性，排气门晚关可使废气排得更净一些。

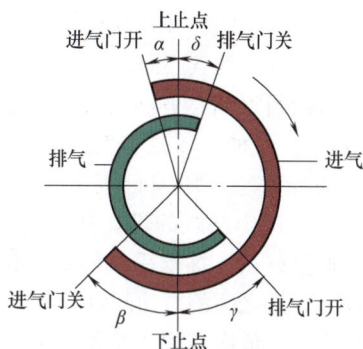

图 4-74　配气相位图

2. 进气相位和排气相位

（1）进气相位　进气门提前角为 $\alpha(\alpha = 10° \sim 30°)$，进气门延迟角为 $\beta(\beta = 40° \sim 80°)$，整个进气过程持续时间为 $180° + \alpha + \beta(230° \sim 290°)$。

（2）排气相位　排气门提前角为 $\gamma(\gamma = 40° \sim 80°)$，排气门延迟角为 $\delta(\delta = 10° \sim 40°)$，整个排气过程持续时间为 $180° + \gamma + \delta(230° \sim 300°)$。

3. 气门叠开与气门叠开角

由于进气门在上止点前开启，排气门在上止点后才关闭，出现了在同一段时间内进、排气门同时开启的现象，此现象称为气门叠开。进、排气门同时开启的曲轴转角 $\alpha + \delta(20° \sim 70°)$ 称为气门叠开角。

由于新鲜空气和废气的流动惯性都比较大，只要气门重叠角设计适当，就不会出现废气倒流入进气管或新鲜气体随废气流出的现象。

三、配气相位的计算

表 4-1 所示为 CA1092 和奥迪 100 配气相位参数一览表，试计算它们的进气相位、排气相位和气门叠开角。

表 4-1　CA1092 和奥迪 100 配气相位参数一览表

车型	发动机型号	进气		排气	
		进气提前角	进气延迟角	排气提前角	排气延迟角
CA1092	CA6102	15°	45°	45°	15°
奥迪 100	JW	3°	41°	33°	5°

CA1092 的配气相位：

进气相位 $= 180° + \alpha + \beta = 180° + 15° + 45° = 240°$

排气相位 $= 180° + \gamma + \delta = 180° + 45° + 15° = 240°$

气门叠开角 $= \alpha + \delta = 15° + 15° = 30°$

奥迪 100 的配气相位：

进气相位 $= 180° + \alpha + \beta = 180° + 3° + 41° = 224°$

排气相位 $= 180° + \gamma + \delta = 180° + 33° + 5° = 218°$

气门叠开角 $= \alpha + \delta = 3° + 5° = 8°$

四、气门间隙的调整

气门间隙的检查和调整应在气门完全关闭，而且气门挺柱落在最低位置时进行，如图 4-75 所示的两个气门的气门间隙均不可调。

气门间隙调整方法有逐缸调整法和两次调整法两种。逐缸调整法就是先确定某一气缸活塞在压缩行程上止点位置后，分别调整这个气缸的进、排气间隙。待该缸调整好后，摇动手柄转动曲轴（转动角度为各缸之间的做功间隔角），按发动机工作次序，依次调整其他各缸气门间隙。

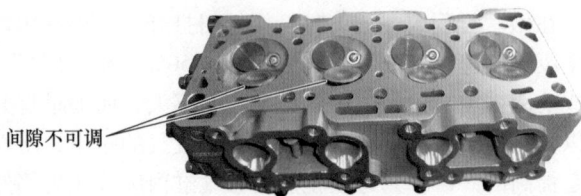

图 4-75 气门未落座间隙不可调

两次调整法是指只要把发动机的曲轴摇转两次，就能把多缸发动机的所有气门间隙全部检查调整好，下面着重介绍两次调整法。

1. 直列四缸四冲程发动机气门间隙的调整

表 3-1 所示为直列四缸四冲程发动机工作循环表。

当第一缸处于压缩上止点时，此时第一缸的进、排气门完全关闭，进、排气间隙可调；第二缸做功 180°，此时排气门提前打开 40°~80°，排气间隙不可调，进气门完全关闭，进气门间隙可调；第三缸进气 180°，进气门延后关闭 40°~80°，进气门间隙不可调，排气门完全关闭，排气门间隙可调；第四缸排气 180°，进、排气门叠开，进、排气门间隙都不可调。

曲轴旋转一周，可进行类似分析。直列四缸四冲程发动机气门间隙两次调整法，如图 4-76 所示。

图 4-76 直列四缸四冲程发动机气门间隙两次调整法

2. 直列六缸四冲程发动机气门间隙的调整

表 3-2 所示为直列六缸四冲程发动机工作循环表。

当第一缸处于压缩上止点时，此时第一缸的进、排气门完全关闭，进排气门间隙可调；第二缸排气 60°，此时排气门打开，排气门间隙不可调，进气门完全关闭，进气门间隙可调；第三缸进气 120°，此时进气门打开，进气门间隙不可调，排气门完全关闭，排气门间隙可调；第四缸做功 120°，排气门提前打开 40°~80°，排气门间隙不可调，进气门完全关闭，进气门间隙可调；第五缸压缩 60°，进气门延后关闭 40°~80°，进气门间隙不可调，排气门完全关闭，排气门间隙可调；第六缸排气 180°，进、排气门叠开，进、排气门间隙都不可调。

曲轴旋转一周，可进行类似分析。直列六缸四冲程发动机气门间隙两次调整法，如图 4-77 所示。

3. 气门间隙调整类型及具体调整位置

第一种气门间隙调整类型，如图 4-78 所示。该配气机构结构最为完整，有凸轮轴、挺柱、推杆、锁紧螺母、气门间隙调整螺钉、摇臂、摇臂轴和气门等。气门间隙调整时，用扳手拧松锁紧螺母，螺钉旋具旋转气门间隙调整螺钉，塞尺插入"气门间隙"处即可调整气门间隙。气门间隙

1 —— 5 —— 3	6 —— 2 —— 4

第一缸处于压缩上止点　进、排　排　排　　　　　进　　进
曲轴转一周
第六缸处于压缩上止点　　　　进　进　进、排　排　排

图 4-77　直列六缸四冲程发动机气门间隙两次调整法

调整位置和气门间隙位置不在同一侧。

第二种气门间隙调整类型，如图 4-79 所示。该配气机构结构有一些简化，省去了挺柱和推杆。气门间隙调整时，用扳手拧松锁紧螺母，螺钉旋具旋转气门间隙调整螺钉，塞尺插入"气门间隙"处即可调整气门间隙。气门间隙调整位置和气门间隙位置在同一侧。

图 4-78　气门间隙调整第一种类型

图 4-79　气门间隙调整第二种类型

第三种气门间隙调整类型，如图 4-80 所示。该配气机构结构和第二种气门间隙调整类型一样，省去了挺柱和推杆。气门间隙调整时，用扳手拧松锁紧螺母，螺钉旋具旋转气门间隙调整螺钉，塞尺插入"气门间隙"处即可调整气门间隙。气门间隙调整位置和气门间隙位置不在同一侧。

第四种气门间隙调整类型，如图 4-81 所示。该配气机构的结构大大简化，省去了推杆、锁紧螺母、气门间隙调整螺钉、摇臂和摇臂轴等。

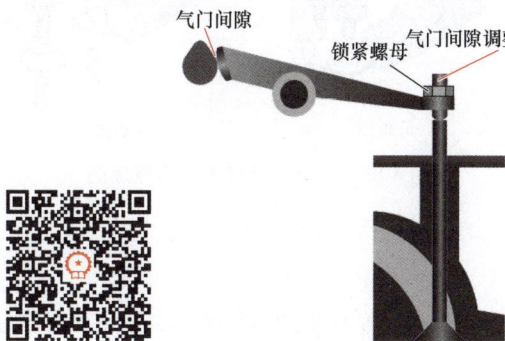

图 4-80　气门间隙调整第三种类型

图 4-81　气门间隙调整第四种类型

第四种气门间隙调整类型有以下两种做法：

1）采用安装不同厚度级别的挺柱来调整气门间隙，如图 4-82 所示。

2）采用改变垫片厚度的方法调整气门间隙，如图 4-83 所示。

图 4-82　不同厚度级别的挺柱

图 4-83　有调整垫片的挺柱

第5课　可变配气相位

一、可变气门正时和升程电子控制系统（VTEC）

VTEC 系统全称是可变气门正时和升程电子控制系统，它是在一根凸轮轴上设计两种不同定时和升程的凸轮，并用油压进行切换的装置。主要组成部分为主摇臂、中间摇臂、副摇臂、高速凸轮、低速凸轮和用于连接三个摇臂的同步活塞等，如图 4-84 所示。

当发动机处于低转速或低负荷工作时，三个摇臂之间无任何连接，两个低速凸轮驱动主、副摇臂分别顶动两个进气门，此时中间摇臂不顶动气门，在摇臂轴上做无效的运动，如图 4-85a 所示。

当转速升高时，活塞在油压的作用下移动，把三个摇臂连接成一体，此时主、副摇臂不受低速凸轮的作用，在中间摇臂的带动下都由高速凸轮驱动，从而获得发动机较大功率时相应的配气相位和气门升程，如图 4-85b 所示。

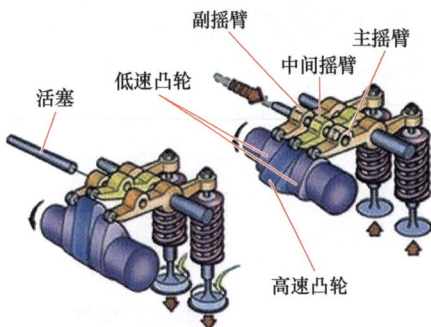

图 4-84　VTEC 系统的构造

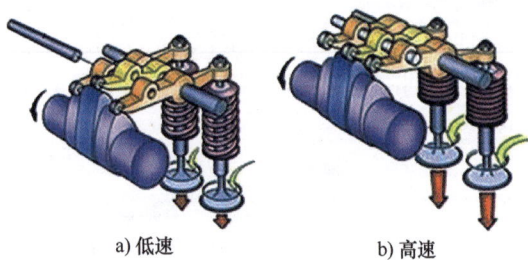

a) 低速　　　b) 高速

图 4-85　VTEC 系统的工作原理图

二、发动机可变气门正时技术（VVT）

VVT 全称是发动机可变气门正时技术，其工作原理是根据发动机的运行情况，调整进排气量、气门开合时间和角度，使进入的空气量达到最佳值，以提高燃烧效率。

VVT 系统主要由 VVT 相位器（包括内转子、外转子、带轮）、VVT 电磁阀、发动机转速传感器、凸轮轴位置传感器和发动机 ECU 等组成，如图 4-86 所示。

VVT 相位器有两个液压室，一个气门正时提前室（图中蓝色腔室）和一个气门正时延迟室（图中红色腔室）。VVT 电磁阀是一个三位五通阀，VVT 电磁阀关闭时，主油道与相位器延迟室接通，相位器提前室和提前室泄油道接通；VVT 电磁阀打开时，主油道与相位器提前室接通，相位器延迟室和延迟室泄油道接通；VVT 电磁阀处于中间位置时，相位器提前室和延迟室处于保压状态，如图 4-87 所示。

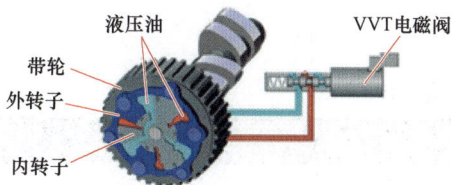

图 4-86　VVT 系统的构造

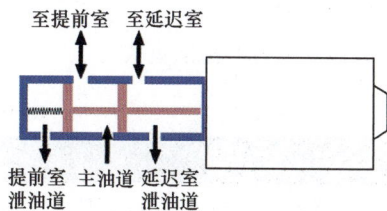

图 4-87　VVT 电磁阀

VVT 系统的工作原理如下：

1）气门正时提前。发动机 ECU 控制 VVT 电磁阀关闭时，液压油由 VVT 电磁阀进入 VVT 相位器的提前室，延迟室的油压通过 VVT 电磁阀泄压，VVT 相位器的内转子在液压油的推动下带动进气凸轮轴顺时针旋转，如图 4-88a 所示。

2）气门正时延迟。发动机 ECU 电磁 VVT 电磁阀打开时，液压油由 VVT 电磁阀进入 VVT 相位器的延迟室，提前室的油压通过 VVT 电磁阀泄压，VVT 相位器的内转子在液压油的推动下带动进气凸轮轴逆时针旋转，如图 4-88b 所示。

3）气门正时保持。当气门正时达到发动机的工作要求时，VVT 电磁阀处于中间位置，关闭提前室和延迟室的油道，保持油压，从而保持气门正时状态。

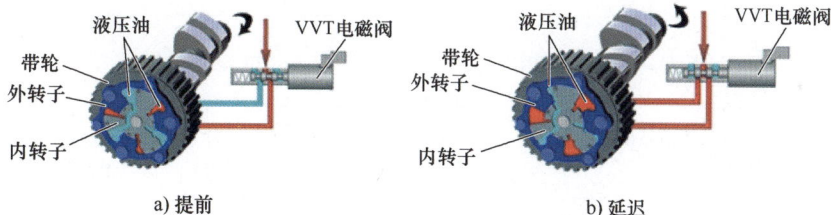

a) 提前　　　　　　　　　　　　　　b) 延迟

图 4-88　VVT 系统的工作原理图

任务实施

任务一　拆装气门组并检测

1. 任务目的

1）知道气门组的组成。

2）能检测气门组零件。

3）学会气门组的拆装方法。

4）能积极主动参与任务，能与小组成员团结协作，能执行实训室"6S"规定。

2. 任务准备

1）知识准备：完成项目四第 1 课配气机构概述和第 2 课气门组的拆装与维修的学习。

2）设备准备：汽车发动机、汽车发动机拆装工量具、演示课件（或操作视频）。

3. 任务步骤

1）老师演示或播放视频：气门组的拆装与维修。

2）学生练习气门组的拆装（或老师演示时同步练习），并完成《汽车发动机构造与维修工作页》相应部分内容的填写。

拆装汽车发动机气门组，拆装内容包括气门锁片、气门弹簧、气门弹簧座和气门。

4. 任务评价

任务评价内容及标准见表4-2。

表 4-2　任务评价内容及标准

序号	项目	操作内容	分值	评分标准	得分
1	准备	清点工量具、清理工位	5	酌情扣分	
2	拆卸	气门锁片	15	操作不当扣 1~15 分	
		气门弹簧和气门弹簧座	5	操作不当扣 1~5 分	
		气门	5	操作不当扣 1~5 分	
3	清洗	清洗发动机气门组零件，并放置整齐	10	操作不当扣 1~10 分	
4	检测	气门弹簧的自由长度和垂直度	5	操作不当扣 1~5 分	
		气门导管和气门杆的配合间隙	5	操作不当扣 1~5 分	
		气门弯曲度和磨损	5	操作不当扣 1~5 分	
5	安装	按照和拆卸相反的顺序进行	20	操作不当扣 1~20 分	
6	完成时间	160min	10	超时 1~5min 扣 1~5 分 超时 5min 以上扣 10 分	
7	安全文明	无安全隐患，无不文明操作	5	未达标扣 1~5 分	
8	结束	工量具清洁归位 工作场地清洁	5 5	漏一项扣 1 分，未做扣 5 分 清洁不彻底扣 1~5 分，未做扣 5 分	
		总分	100		

任务二　拆装气门传动组并检测

1. 任务目的

1）知道气门传动组的组成。

2）能检测气门传动组零件。

3）学会气门传动组的拆装方法。

4）能积极主动参与任务，能与小组成员团结协作，能执行实训室"6S"规定。

2. 任务准备

1）知识准备：完成项目四第3课气门传动组的拆装与维修的学习。

2）设备准备：汽车发动机、汽车发动机拆装工量具、演示课件（或操作视频）。

3. 任务步骤

1）老师演示或播放视频：气门传动组零件的拆装与维修。

2）学生练习气门传动组零件的拆装（或老师演示时同步练习），并完成《汽车发动机构造与维修工作页》相应部分内容的填写。

　　拆装汽车发动机气门传动组，拆装内容包括发动机正时部分、摇臂总成、推杆、挺柱和凸轮轴。

4. 任务评价

任务评价内容及标准见表4-3。

表4-3　任务评价内容及标准

序号	项目	操作内容	分值	评分标准	得分
1	准备	清点工量具、清理工位	5	酌情扣分	
2	拆卸	发动机正时部分	5	操作不当扣1~5分	
		摇臂总成	5	操作不当扣1~5分	
		推杆和挺柱	5	操作不当扣1~5分	
		凸轮轴	5	操作不当扣1~5分	
3	清洗	清洗气门传动组零件，并放置整齐	10	操作不当扣1~10分	
4	检测	凸轮轴的弯曲度	5	操作不当扣1~5分	
		凸轮高度	5	操作不当扣1~5分	
		凸轮轴轴颈与安装座孔间的配合间隙	5	操作不当扣1~5分	
		气门调整螺钉和锁紧螺母	5	操作不当扣1~5分	
		摇臂轴的弯曲度	5	操作不当扣1~5分	
5	安装	按照和拆卸相反的顺序进行	15	操作不当扣1~15分	
6	完成时间	160min	10	超时1~5min扣1~5分 超时5min以上扣10分	
7	安全文明	无安全隐患，无不文明操作	5	未达标扣1~5分	
8	结束	工量具清洁归位 工作场地清洁	5 5	漏一项扣1分，未做扣5分 清洁不彻底扣1~5分，未做扣5分	
		总分	100		

任务三　调整气门间隙

1. 任务目的

1）能用两次调整法调整气门间隙。

2）能积极主动参与任务，能与小组成员团结协作，能执行实训室"6S"规定。

2. 任务准备

1）知识准备：完成项目四第4课配气相位与气门间隙的调整的学习。

2）设备准备：汽车发动机、汽车发动机拆装工量具、演示课件（或操作视频）。

3. 任务步骤

1）老师演示或播放视频：气门间隙的调整。

2）学生练习气门间隙的调整（或老师演示时同步练习），并完成《汽车发动机构造与维修工作页》相应部分内容的填写。

气门间隙的调整，调整内容包括进气门和排气门。

4. 任务评价

任务评价内容及标准见表4-4。

表 4-4 任务评价内容及标准

序号	项目	操作内容	分值	评分标准	得分
1	准备	清点工量具、清理工位	5	酌情扣分	
2	拆卸	气缸盖罩	10	操作不当扣1~10分	
3	调整	让一缸处于压缩上止点，调整一半的气门间隙	25	操作不当扣1~25分	
		曲轴旋转一周，调整另一半的气门间隙	25	操作不当扣1~25分	
4	安装	气缸盖罩	10	操作不当扣1~10分	
5	完成时间	120min	10	超时1~5min扣1~5分 超时5min以上扣10分	
6	安全文明	无安全隐患，无不文明操作	5	未达标扣1~5分	
7	结束	工量具清洁归位 工作场地清洁	5 5	漏一项扣1分，未做扣5分 清洁不彻底扣1~5分，未做扣5分	
		总分	100		

巩固与提高

一、填空题

1. 发动机配气机构的基本组成可分为_____和_____两大部分。

2. 配气机构按每气缸气门数目可分为二气门式、_____和_____。

3. 发动机在冷态下，当气门处于关闭状态时，气门与传动件之间的间隙称为_____。

4. 气门分为_____和_____两种，气门由_____和_____两部分组成。

5. 气门头顶部形状一般有_____、_____和_____等。

6. 气门座的作用是与气门配合，使_____密封。

7. 气门密封性的检查方法有_____、_____、_____和_____。

8. 凸轮轴的支承方式有_____和_____两种。

9. 挺柱可分为_____挺柱和_____挺柱两种。

10. 气门间隙的检查和调整应在_____完全关闭，而且气门挺柱落在最低位置时进行。

11. 气门间隙调整方法有_____调整法和_____调整法两种。

二、单项选择题

1. 以下不属于配气机构的部件是（　　　）。

A. 凸轮轴　　　　　　B. 曲轴　　　　　　C. 气门　　　　　　D. 气门座

2. 关于配气机构的拆装，以下描述错误的是（　　　）。

A. 拆卸前应观察配气正时记号

B. 气门与气门座安装时不能错乱

C. 安装时不能在零件的摩擦表面涂抹机油

D. 防止拆装不当造成凸轮轴和摇臂轴弯曲

3. 以下属于气门组部件的是（　　）。

A. 推杆　　　　　　　　B. 挺柱　　　　　　　　C. 摇臂　　　　　　　　D. 气门座

4. 在气门开闭过程中起导向作用的气门结构是（　　）。

A. 气门杆部　　　　　　　　　　　　B. 气门头部

C. 气门顶部　　　　　　　　　　　　D. 气门座

5. 为防止过多的机油从气门杆与气门导管的间隙处流入燃烧室，在气门杆上装有（　　）。

A. 气门油封　　　　　　　　　　　　B. 气门弹簧

C. 气门锁片　　　　　　　　　　　　D. 气门弹簧座

6. 下列属于气门传动组的部件是（　　）。

A. 进气门　　　　　　　　　　　　　B. 气门弹簧

C. 气门导管　　　　　　　　　　　　D. 摇臂

7. 凸轮轴正时齿轮齿数是曲轴正时齿轮齿数的（　　）。

A. 一倍　　　　　　　　B. 两倍　　　　　　　　C. 三倍　　　　　　　　D. 四倍

8. 为了减少气门间隙引起的冲击和噪声，采用长度可以变化的（　　）。

A. 摇臂　　　　　　　　B. 摇臂轴　　　　　　　C. 推杆　　　　　　　　D. 液压挺柱

9. 将凸轮的推力传给推杆或气门杆的部件是（　　）。

A. 气门间隙调整螺钉　　　　　　　　B. 气门弹簧

C. 摇臂轴　　　　　　　　　　　　　D. 挺柱

10. 摇臂的两端臂长是（　　）。

A. 相等的　　　　　　　　　　　　　B. 有的相等，有的不相等

C. 靠气门端较长　　　　　　　　　　D. 靠推杆端较长

11. 四冲程六缸发动机，各同名凸轮之间的相对位置夹角应当是（　　）。

A. 180°　　　　　　　　B. 90°　　　　　　　　C. 60°　　　　　　　　D. 45°

12. 进气门开启时间所对应的曲轴转角为（　　）。

A. α　　　　　　　　　B. 180°　　　　　　　　C. β　　　　　　　　D. $\alpha+180+\beta$

13. 测量气门间隙的量具是（　　）。

A. 游标卡尺　　　　　　　　　　　　B. 外径千分尺

C. 钢直尺　　　　　　　　　　　　　D. 塞尺

14. 发动机装配时不允许互换的零件是（　　）。

A. 气门　　　　　　　　B. 开口销　　　　　　　C. 凸轮轴　　　　　　　D. 气缸盖

三、判断题

1. 气门与气门座的配合影响气缸的密封性。　　　　　　　　　　　　　　　　　　（　　）

2. 气门杆与气门导管相互配合。　　　　　　　　　　　　　　　　　　　　　　　（　　）

3. 研配好的气门可以互换。　　　　　　　　　　　　　　　　　　　　　　　　　（　　）

4. 气门重叠过程所对应的曲轴转角称为气门重叠角。　　　　　　　　　　　　　　（　　）

5. 进气门实际开启时间对应的曲轴转角为180°。　　　　　　　　　　　　　　　　（　　）

6. 气门弹簧多采用等螺距弹簧。　　　　　　　　　　　　　　　　　　　　　　　（　　）

四、简答题

1. 气门间隙过大或过小有什么危害？

2. 简述气门组零件的拆装步骤。

3. 简述气门传动组的拆装步骤。

4. 简述液力挺柱的工作原理。

五、计算题

计算下列车型的配气相位。

车型	发动机型号	进气		排气	
		进气提前角	进气延迟角	排气提前角	排气延迟角
夏利 7100U	3760	19°	51°	51°	19°
桑塔纳 LX	JV	10°	37°	42°	2°
依维柯	8140.27	8°	37°	48°	8°

项目五 汽油发动机燃油系统的拆装与维修

项目五

学习目标

1. 知道汽油发动机燃油系统的作用和组成。
2. 熟悉汽油发动机燃油系统各零部件的结构和工作原理。
3. 能对汽油发动机燃油系统各零部件进行正确的维修。
4. 培养学生绿色低碳的生活方式。

典型工作任务

任务一　检测电控汽油发动机的传感器。
任务二　检测电动汽油泵。
任务三　更换空气滤清器和汽油滤清器。
任务四　检测电控汽油发动机的喷油器。
任务五　清洗汽油发动机燃油油路。

知识准备

第1课　汽油发动机燃油系统概述

一、汽油发动机燃油系统的种类和作用

汽油发动机燃油系统分为化油器式燃油系统和电子控制式燃油系统两种，化油器式燃油系统已被电子控制式燃油系统所取代。

电子控制汽油喷射式燃油系统是用电子控制单元（ECU）精确控制空燃比和点火提前角，使发动机几乎在任何工况下都能获得最佳空燃比的可燃混合气并以最佳的点火提前角点火燃烧。所以，电喷汽油发动机减少了排气污染，提高了动力性和经济性。

二、汽油发动机可燃混合气浓度及不同工况对可燃混合气的要求

通常有两种方法表示可燃混合气的浓度，即空燃比 R 和过量空气系数 α。空燃比是单位质量可燃混合气中空气质量（kg）与燃油质量（kg）的比值，即

$$R = \frac{\text{混合气中空气质量}}{\text{混合气中燃油质量}} \tag{5-1}$$

理论上 1kg 汽油完全燃烧需要 14.7kg 的空气，这种空燃比 $R = 14.7$ 的可燃混合气叫作标准混

合气；$R>14.7$ 的可燃混合气叫作稀混合气；$R<14.7$ 的可燃混合气叫作浓混合气。

过量空气系数是指燃烧过程中 1kg 燃料实际供给的空气质量（kg）与 1kg 燃料理论上完全燃烧所需要的空气质量（kg）之比，即

$$\alpha = \frac{燃烧 1kg 燃料所实际供给的空气质量}{1kg 燃料理论上完全燃烧所需要的空气质量} \tag{5-2}$$

$\alpha=1$ 的可燃混合气称为标准混合气，$\alpha>1$ 的可燃混合气称为稀混合气，$\alpha<1$ 的可燃混合气称为浓混合气。

汽油发动机不同工况对可燃混合气浓度的要求，见表 5-1。

表 5-1 汽油发动机不同工况对可燃混合气浓度的要求

工况	状态特征	对可燃混合气的要求
起动工况	冷车起动，发动机温度低，汽油雾化、蒸发不良	必须供给多而浓的可燃混合气（$\alpha=0.2\sim0.6$），利于顺利着火
急速工况	节气门开度小，进气量少，汽油雾化、蒸发条件仍很差	需要量少而浓的可燃混合气（$\alpha=0.6\sim0.8$），以保证发动机稳定运转
中小负荷工况	小负荷工况，节气门开度小，进入气缸的混合气数量少，气缸内残留废气比例高 中等负荷是发动机工作时间最长的状态，节气门开度适中，汽油雾化、蒸发良好	需要稍浓可燃混合气（$\alpha=0.7\sim0.9$），以利于燃烧 需要稍稀可燃混合气（$\alpha=0.9\sim1.1$），以保证获得一定的动力性和最佳经济性
大负荷全负荷工况	节气门开度已达 85% 以上，汽车要克服很大的阻力，进气量很多	需要多而浓的可燃混合气（$\alpha=0.85\sim0.98$），以利于迅速燃烧产生最大动力
加速工况	节气门突然开大，要求发动机转速迅速提高	要额外供给一定数量的汽油，以加浓可燃混合气，从而保证迅速提高发动机的动力

三、电子控制式燃油系统的组成

电子控制式燃油系统由燃油供给系统、空气供给系统和电子控制系统组成。

（1）燃油供给系统 燃油供给系统由汽油箱、电动汽油泵、汽油滤清器、燃油分配管、喷油器、燃油压力调节器和输油管道等组成，如图 5-1 所示。该系统的作用是对汽油进行加压后，根据 ECU 的指令喷射汽油。

（2）空气供给系统 空气供给系统主要由空气滤清器、空气流量传感器、进气总管及进气歧管等组成，如图 5-2 所示。该系统的作用是为发动机可燃混合气的形成提供必要的空气，并测量和控制空气量。

（3）电子控制系统 电子控制系统由电子控制单元（ECU）、传感器及执行器组成，如图 5-3 所示。该系统的作用是利用各种传感器把发动机的工况信息，如进气量、曲轴转速及位置、节气门开度、冷却液温度、进气温度等随时反馈给 ECU，ECU 将信息处理、对比后确定出最佳方案，并向喷油器（执行器）发出喷射指令信号，使喷油器在一定的时刻喷射一定量的汽油。

汽油蒸发控制装置由活性炭罐、炭罐控制电磁阀、蒸气分离阀、蒸气管道和真空软管等组成，如图 5-4 所示。汽油蒸气由一根导管引入炭罐，被具有吸附性的活性炭储存于炭罐中。发动机工作时，位于炭罐和进气歧管之间的电磁阀打开，进气歧管内的真空产生作用力将炭罐中的汽油蒸气吸入进气歧管，再进入气缸内参与燃烧。从 1995 年起，我国规定所有新出厂的汽车必须具备此系统。

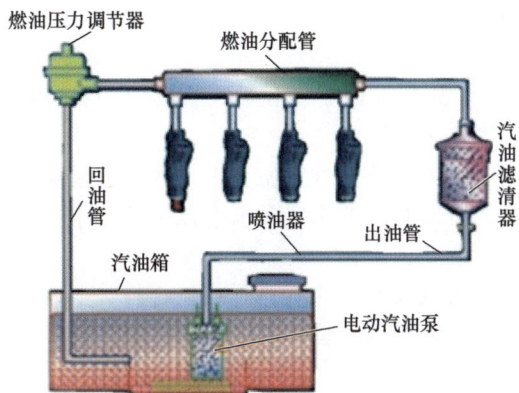

图 5-1　燃油供给系统的组成

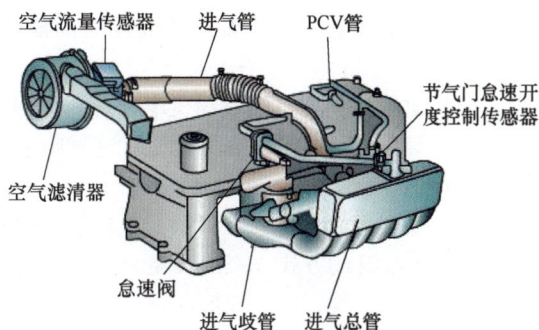

图 5-2　空气供给系统的组成

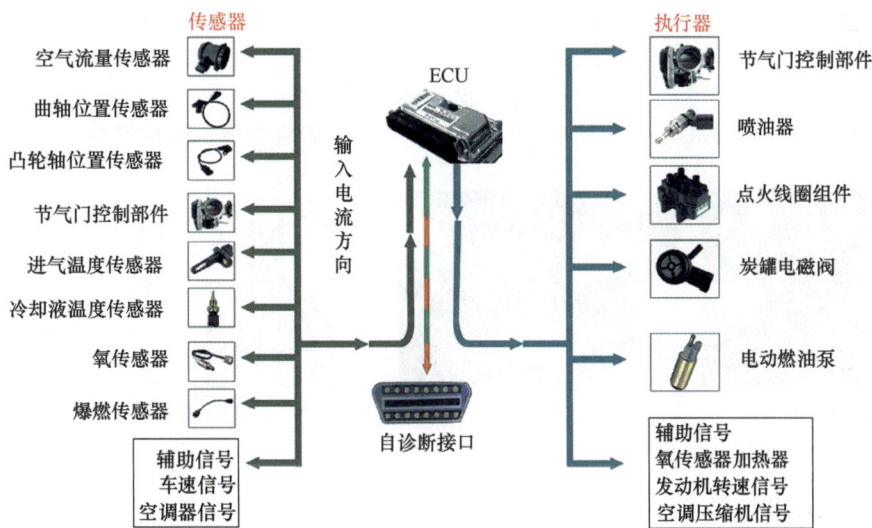

图 5-3　电子控制系统的组成

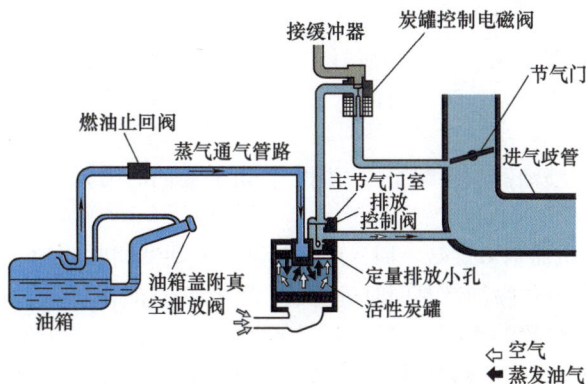

图 5-4　有炭罐的汽油供给系统

四、汽油喷射式燃油系统的分类

1. 按喷油器的安装部位分

汽油发动机电控燃油喷射系统按喷油器的安装部位可分为缸内喷射和进气管喷射两种，如图 5-5 所示。

（1）缸内喷射　汽油发动机电控燃油喷射系统将喷油器直接安装在气缸盖上，汽油直接喷入气缸。与柴油发动机的喷油器类似，这种喷射压力较高，所以对供油装置要求也比较高，成本相应也比较高。

（2）进气管喷射　汽油发动机电控燃油喷射系统将喷油器安装在进气总管或进气歧管上，是目前采用较广泛的方式。汽油被喷入进气总管或进气歧管内，在进气总管或进气歧管内与空气混合形成可燃混合气，在进气行程时被吸入气缸。

2. 按喷油器的布置方式分

汽油发动机电控燃油喷射系统按喷油器的布置方式可分为单点喷射和多点喷射两种方式，如图 5-6 所示。

1）单点喷射方式（SPI），是指在进气道节气门的上方安装 1~2 个喷油器集中喷射。单点喷射又称为节气门体喷射，这种喷射也存在各缸混合气分配浓稀不均的问题。

2）多点喷射方式（MPI），是指每一个气缸设置一个喷油器或每两个气缸合用一个喷油器，汽油发动机电控燃油喷射系统可以保证各缸混合气浓度的一致性和分配的均匀性。

a) 进气歧管喷射　　　b) 缸内喷射

图 5-5　按喷油器的安装部位分

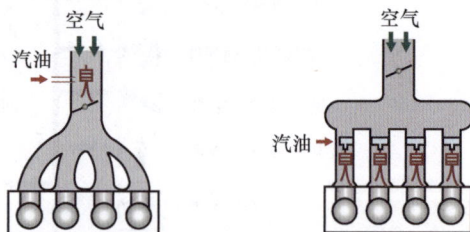

a) 单点喷射方式　　　b) 多点喷射方式

图 5-6　按喷油器的布置方式分

3. 按喷油器工作的时间分

汽油发动机电控燃油喷射系统按喷油器工作的时间，可分为连续喷射和间歇喷射两种方式。

（1）连续喷射　喷油器在发动机工作时连续不断地喷油，大部分汽油是在进气门关闭时喷射的，喷入的汽油大部分在进气管内蒸发，进气门打开时被吸入气缸，机械控制式和机电混合控制式汽油喷射装置都采用连续喷射方式。

（2）间歇喷射　间歇喷射又称为脉冲喷射，其喷油压力是恒定的，汽油喷射以脉冲方式进行，汽油在某一时间段内喷入进气管，喷油时间的长短直接控制了喷油量的多少。电控燃油喷射系统都采用间歇喷射方式。

间歇喷射方式按各缸喷油器工作顺序的不同，又可分为同时喷射、分组喷射和顺序喷射三种，如图 5-7 所示。

1）同时喷射。发动机曲轴每旋转一周，所有气缸的喷油器同时喷油一次，发动机一个工作循环喷油两次。由于所有气缸的喷油都是同时进行的，因此喷油正时与发动机的工作过程没有关系，也不需要进行气缸和活塞位置的判断。

2）分组喷射。把发动机喷油器分成几组，同一组的同时喷射，由 ECU 控制，组与组之间以均匀的曲轴转角间隔依次喷油。分组喷射方式与同时喷射方式相比，在各缸可燃混合气质量和浓度的控制精确度上有较大的提高。

a) 同时喷射　　　b) 分组喷射　　　c) 顺序喷射

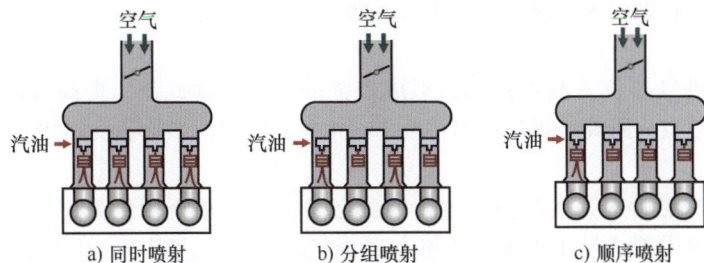

图 5-7　按各缸喷油器工作顺序的不同分

3）顺序喷射。顺序喷射方式也称为独立喷射方式，喷油器按各缸的工作顺序，依次把汽油喷入各进气歧管（或气缸内）。顺序喷射可使每一个气缸都有一个较佳的喷油时刻和进气效率，这对提高可燃混合气质量大有益处，其能够提高燃油经济性，减少有害物的排放。因此，现在大多数燃油喷射系统都采用顺序喷射方式。

4. 按空气量测量方式分

电控汽油发动机按空气量测量方式可分为直接测量方式和间接测量方式两种。

（1）直接测量方式（L 型喷射系统）　直接测量方式利用空气流量传感器直接测量吸入进气管的空气量。ECU 根据测得的空气流量除以发动机转速算出每一循环的空气量，并由此确定每一循环的基本喷油量。这种测量方式测量精度比较高，可对空燃比实施较精确的控制。

（2）间接测量方式　间接测量方式利用其他参数的测量值进行处理计算而获得每一循环的空气量。间接测量方式又可分为速度—密度方式（D 型喷射系统）和节流—速度方式两种。采用速度—密度方式的常用流量传感器，为进气歧管绝对压力传感器，它通过测量进气歧管的真空度来间接测量空气流量。采用节流—速度方式的测量方式精度不够，因此很少采用。

五、汽油发动机稀薄燃烧技术与缸内直喷技术

汽油发动机稀薄燃烧技术的前提是发动机采用缸内直喷技术，缸内直喷技术是将高压汽油直接喷入气缸内部，其喷油器直接安装在燃烧室上方，而且喷油压力更高，喷射控制更加精确，缸内直喷如图 5-8 所示。

有了缸内直喷技术，稀薄燃烧技术才能得以实现，稀薄燃烧指的是空燃比远远大于 14.7 的稀薄混合气仍能顺利点燃。稀薄燃烧发动机就是可燃混合气中的汽油含量低，汽油与空气之比可达 1：25 以上的发动机。稀薄燃烧技术的最大特点就是燃烧效率高，具有较高的经济性和环保性，同时还可以提升发动机的功率输出。在稀薄燃烧的条件下，由于混合气点火比理论空燃比条件下困难，爆燃也就更不容易发生，因此可以采用较高的压缩比设计提高热能转换效率，再加上汽油能在过量的空气里充分燃烧，所以在这些条件的支持下能大大提高汽油的燃

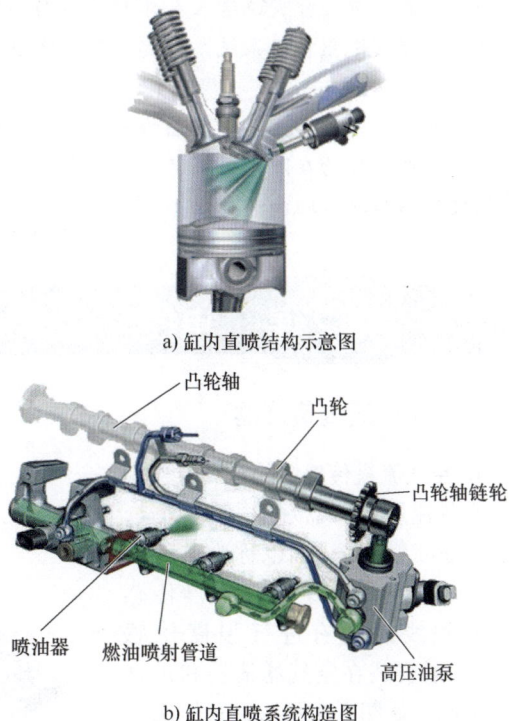

a) 缸内直喷结构示意图

凸轮轴　　凸轮　　凸轮轴链轮　　喷油器　　燃油喷射管道　　高压油泵

b) 缸内直喷系统构造图

图 5-8　缸内直喷

烧率。实现稀薄燃烧的关键技术归纳起来有以下三个主要方面：

1. 提高压缩比

采用紧凑型燃烧室，通过进气口位置改进使缸内形成较强的空气运动旋流，提高气流速度；将火花塞置于燃烧室中央，缩短点火距离；提高压缩比至 13：1 左右，促使燃烧速度加快。

2. 空燃比达到 25：1 以上

空燃比达到 25：1 以上，按照常规是无法点燃的，因此必须采用由浓至稀的分层燃烧方式。通过缸内空气的运动在火花塞周围形成易于点火的浓可燃混合气，空燃比达到 12：1 左右，外层逐渐稀薄。浓可燃混合气点燃后，燃烧迅速波及外层。为了提高燃烧的稳定性、降低氮氧化物（NO_x），将喷油分成两个阶段：进气初期喷油，燃油首先进入缸内下部随后在缸内均匀分布；进气后期喷油，浓可燃混合气在缸内上部聚集在火花塞四周被点燃，实现分层燃烧。

3. 高能点火

高能点火和宽间隙火花塞有利于火核形成，火焰传播距离缩短，燃烧速度增快，稀燃极限大。有些稀燃发动机采用双火花塞或者多极火花塞装置来达到上述目的。

知识窗

汽油发动机尾气的危害

汽油发动机的排放物应为二氧化碳（CO_2）、氮气（N_2）和水（H_2O）。但汽油发动机在实际工作过程中，可燃混合气燃烧往往是不完全的，燃烧生成物除了以上三种之外，还有一氧化碳（CO）、碳氢化合物（HC）、氮氧化合物（NO_x）、铅化物以及二氧化硫等。一氧化碳、碳氢化合物排放量高，颗粒物排放量低，氮氧化合物排放比柴油发动机大。

一氧化碳经呼吸道进入人体后，会与血红蛋白结合，破坏血液中的氧交换机制，使人缺氧，损害中枢神经系统，引起头痛、呕吐、昏迷、痴呆等后果。严重时会引起一氧化碳中毒。

碳氢化合物含有多种致癌物质，长期接触可诱发肺癌、胃癌、皮肤癌。

氮氧化合物在阳光强烈时受紫外线照射会产生光化学烟雾，使人呼吸困难，植物枯黄，橡胶制品和建筑物加速老化。

第2课　电控汽油发动机传感器的检修

一、空气流量传感器

1. 空气流量传感器的作用及类型

空气流量传感器（直接测量式，L 型汽油喷射系统），也称为空气流量计（四根线的未装进气温度传感器，五根线的装有进气温度传感器），一般安装在空气滤清器和进气总管之间，如图 5-9 所示。其作用是将吸入的空气流量转换成电信号送至

空气流量传感器

图 5-9　空气流量传感器

ECU，作为决定喷油量的主要依据（基本信号之一）。常用的空气流量传感器有热线式空气流量传感器和热膜式空气流量传感器两种。

2. 空气流量传感器的故障类型及检测

空气流量传感器的故障分为两大类：一类是信号超出规定的范围，表示空气流量传感器已经失效，空气流量传感器失效后，ECU用节气门位置传感器的信号代替；另一类是信号不准确（即性能漂移），ECU会按照这一不准确的空气流量信号控制喷油量，所以往往造成可燃混合气过稀或者过浓，使发动机运转不正常。

利用上面特性，可以通过拔下空气流量传感器插接器判断其好坏：

1）如果故障现象没有变化，说明空气流量传感器已经损坏。ECU确认空气流量传感器失效后，已经采用节气门位置传感器信号代替。此时有没有空气流量传感器的结果是一样的，所以故障现象没有变化。

2）如果故障现象有所减轻，说明空气流量传感器的性能发生漂移，信号偏值。拔下空气流量传感器的插接器后，ECU认为空气流量传感器完全失效，就改用节气门位置传感器的信号来代替，所以发动机的工作状况有所好转。

3）如果故障现象有所恶化，说明空气流量传感器正常。这是因为在拔下插头前，ECU按照正常的空气流量传感器信号控制喷油量。拔下插头后，ECU改用节气门位置传感器信号控制喷油，由于后者的控制精度不如前者高，所以故障现象有所恶化。

> **职场健康与安全：**
>
> 1）发动机运转过程中决不可拔掉任何传感器的插头，以免损坏电子元件。
>
> 2）在洗车时避免将水喷到ECU所在位置，以免使其受潮而损坏。
>
> 3）在拆卸或安装电感式传感器时，应将点火开关断开（OFF），以防止其自感电动势损伤ECU和产生新的故障。

二、进气歧管压力传感器

1. 进气歧管压力传感器的作用及类型

进气歧管压力传感器（间接测量式，D型汽油喷射系统）安装在发动机进气歧管上，如图5-10所示。其作用是检测节气门后方进气歧管的绝对压力，它根据发动机转速和负荷的大小检测出进气歧管内绝对压力的变化，然后转换成信号电压送至ECU，ECU依据此信号电压的高低，控制基本喷油量的大小。

进气歧管压力传感器种类较多，有压敏电阻式和电容式等。由于压敏电阻式具有响应时间快、检测精度高、尺寸小且安装灵活等优点，因而被广泛用于D型汽油喷射系统中。

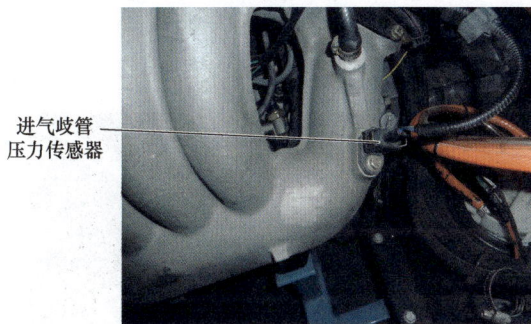

进气歧管
压力传感器

图5-10　进气歧管压力传感器

2. 进气歧管压力传感器的检测

检测进气歧管压力传感器好坏的方法是用故障诊断仪读取数据流。若节气门开度越大，检测到的压力越小，说明进气歧管压力传感器是好的，如图5-11所示。若数据流是一条直线，说明进气歧管压力传感器是坏的或电路断路，必须更换进气歧管压力传感器或检修电路，如图5-12所示。

节气门开度越大，压力越小

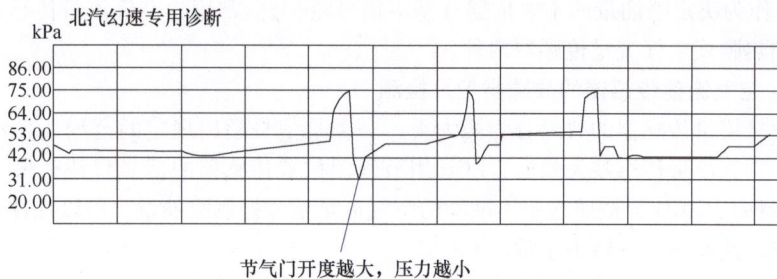

图 5-11　进气歧管压力传感器数据流

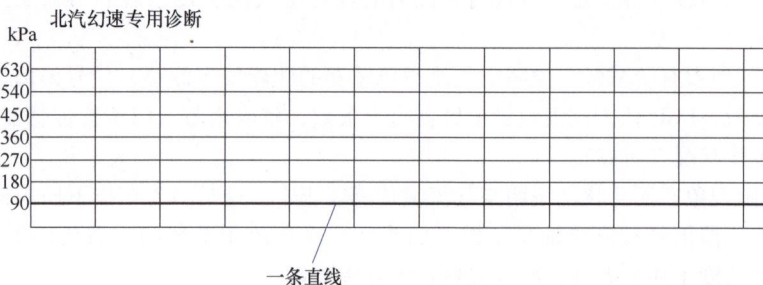

一条直线

图 5-12　进气歧管压力传感器已坏或电路断路

三、氧传感器

1. 氧传感器的作用及类型

氧传感器安装在排气总管上，如图 5-13 所示。其作用是检测排气中氧的浓度，并向 ECU 发出反馈信号，再由 ECU 控制喷油器喷油量的增减，从而将可燃混合气的空燃比控制在理论值附近。

目前应用最多的是氧化锆型氧传感器，氧化锆型氧传感器只有在温度超过 300℃时才可以正常工作，因此通常使用的是加热型的氧化锆氧传感器，如图 5-14 所示。

氧传感器

图 5-13　氧传感器

图 5-14　氧化锆型氧传感器

有些车辆装有两个氧传感器，一个安装在三元催化转换器前面，另一个安装在三元催化转换器后面，如图 5-15 所示。三元催化转换器能将排气中的主要有害气体氮氧化合物还原成氮气和氧气，将一氧化碳和碳氢化合物氧化成二氧化碳和水。三元催化转换器前安装氧传感器的作用是检测发动机不同工况的空燃比，同时 ECU 根据该信号修正喷油量。三元催化转换器后安装氧传感器主要是检测三元催化转换器的工作好坏，即三元催化转换器的转化率。通过与前氧传感器的数据进行比较，来检测三元催化转换器是否工作正常。正常情况下，前氧传感器的信号高于后氧传感器，如果两个氧传感器的信号相同，证明三元催化转换器失效。

图 5-15　安装两个氧传感器的发动机

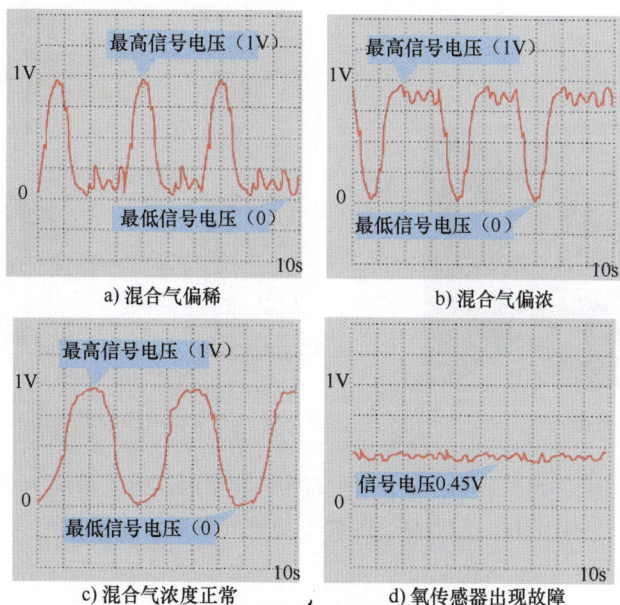

2. 氧传感器的检测

装有氧传感器的电控燃油喷射发动机，如果在运转中出现怠速不稳、加速无力、油耗增加和尾气超标等故障，而供油、点火装置又无其他故障，那么极有可能是氧传感器及其相关电路出了问题。检测氧传感器好坏的方法如下：

1）如果怀疑怠速不稳或加速不良等故障是氧传感器引起的，检修时只需拔下氧传感器插头，如果发动机的故障消失，则说明氧传感器已经损坏，必须更换；如果发动机故障依旧，那么还要从其他地方查找原因。

2）利用高阻抗的电压表也可以检查出氧传感器的好坏。把电压表并联在氧传感器的输出端，正常情况下，电压应在 0~1V 范围内变化，中值在 500mV 左右，如果输出电压长时间保持某一数值而无变化，则表明氧传感器已经损坏。

3）也可用检测氧传感器电压信号波形的方法，判断氧传感器的好坏，如图 5-16 所示。出现图 5-16a、图 5-16b、图 5-16c 所示电压信号波形，说明氧传感器是好的。出现图 5-16d 所示电压信号波形，说明氧传感器是坏的。

图 5-16　检测氧传感器电压信号波形

实际上，氧传感器是一个相当耐用的部件，只要燃油质量过关，它可以使用三年或更长的时间。氧传感器的非正常损坏大多是由燃油中含铅量超标造成的。这一点，驾驶装有三元催化装置汽车的驾驶人必须加以重视。

职场健康与安全：

　　检修氧传感器时，要注意不要让氧传感器跌落碰撞其他物体，不要用水冷却。更换氧传感器时，一定要用专用的防粘胶液刷涂螺纹，以免下次拆卸困难。

四、进气温度传感器

1. 进气温度传感器的作用及工作原理

　　通常，在D型燃油喷射系统中，进气温度传感器一般安装在空气滤清器内或进气总管内，如图5-17所示；在L型燃油喷射系统中，进气温度传感器一般安装在空气流量传感器内。进气温度传感器的作用是检测发动机的进气温度，将进气温度转变为电压信号输入给ECU，作为喷油和点火的修正信号。进气温度传感器与空气流量传感器配合使用，检测空气温度的变化，以确定空气的密度，最终获得较为准确的空气流量。

　　进气温度传感器是一个负温度系数的热敏电阻，当温度升高时，电阻阻值减小；当温度降低时，电阻阻值增大，随着电路中电阻的变化，导致电压的变化，从而产生不同的电压信号，完成控制系统的自动操作。

2. 进气温度传感器的检测

　　如果进气温度传感器本身或其电路有故障，将导致发动机起动困难、怠速不稳、废气污染物排放量增加。进气温度传感器的检测方法有以下两种：

　　1）检测进气温度传感器的输出电压，如图5-18所示。进气温度20℃时，输出电压为2.0V左右；进气温度40℃时，输出电压为1.3V左右。若不是，需要更换进气温度传感器或检修电路。

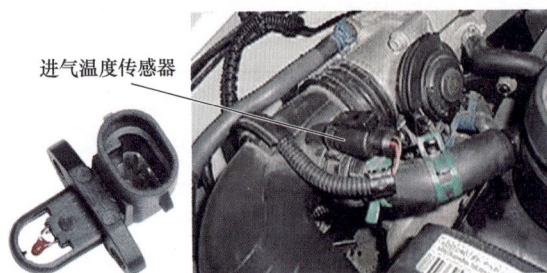

图5-17　进气温度传感器

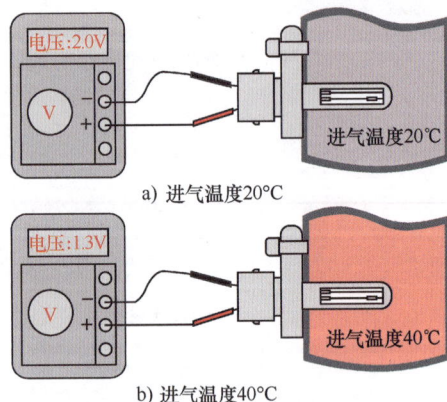

a) 进气温度20℃

b) 进气温度40℃

图5-18　用电压法检测进气温度传感器的好坏

　　2）检测进气温度传感器的电阻，如图5-19所示。进气温度20℃时，电阻值应为2.2~2.7kΩ；进气温度40℃时，电阻值应为1.1~1.4kΩ。若不是，需要更换进气温度传感器。

五、冷却液温度传感器

1. 冷却液温度传感器的作用

　　冷却液温度传感器又称为水温传感器，安装在气缸体（或气缸盖）水套上或冷却液管路中，与冷却液接触，如图5-20所示。其作用是检测发动机冷却液的温度，把冷却液温度信号传递给ECU，作为喷油和点火的修正信号。它的内部装有负温度系数的热敏电阻，工作原理与进气温度传感器相同。

a) 进气温度20℃

b) 进气温度40℃

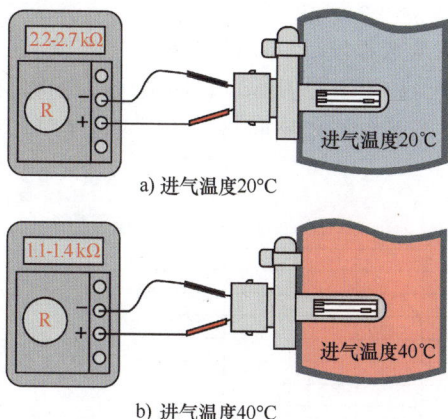

图 5-19　用电阻法检测进气温度传感器的好坏

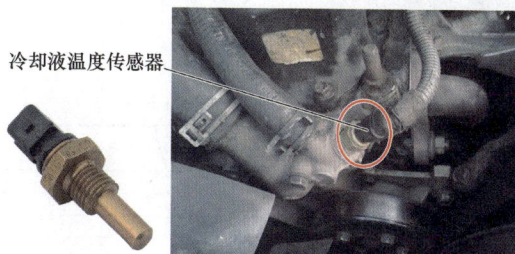

图 5-20　冷却液温度传感器

2. 冷却液温度传感器的检测

1）检测冷却液温度传感器的电阻。拔下冷却液温度传感器线束插头，然后从发动机上拆下冷却液温度传感器。将冷却液温度传感器置于烧杯的水中，加热杯中的水，同时用万用表欧姆档测量在不同水温条件下冷却液温度传感器两接线端子间的电阻值，将测得的值与标准值相比较，见表 5-2。如果不符合标准，则应更换冷却液温度传感器。

表 5-2　不同温度下冷却液温度传感器的电阻值

温度/℃	电阻值/kΩ	温度/℃	电阻值/kΩ
0	2.1～2.7	40	0.9～1.3
20	2.1～2.7	80	0.26～0.36

2）检测冷却液温度传感器的输出信号电压值。将冷却液温度传感器装复到发动机上，将其导线插接器插好。用万用表测量冷却液温度传感器的输出信号电压值，将测得的值与标准值相比较，见表 5-3。如果不符合标准，则应更换冷却液温度传感器。

表 5-3　不同温度下冷却液温度传感器的输出信号电压值

冷却液温度/℃	输出信号电压值/V	冷却液温度/℃	输出信号电压值/V
0	4.45	60	2.25
20	3.78	80	1.99
40	3.09	100	1.56

六、节气门位置传感器

1. 节气门位置传感器的作用及类型

节气门位置传感器又称为节气门开度传感器，安装在节气门体上，如图 5-21 所示。其作用是将节气门（俗称为油门）开度的大小转换为电信号输送给发动机 ECU，ECU 根据此信号判断发动机的工况，并根据发动机的不同工况信息来修正喷油量，或者进行断油控制。节气门位置传感器有线性输出型和开关量输出型两种。

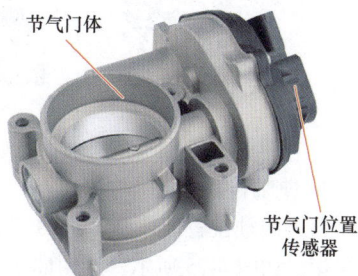

图 5-21　节气门位置传感器

2. 节气门位置传感器的检测

检测节气门位置传感器好坏的方法是用故障诊断仪读取数据流。发动机怠速时，节气门开度为最小值；当加速踏板踩到底时，节气门开度达到最大值，如图5-22所示，说明节气门位置传感器是好的。若数据流是一条直线，说明节气门位置传感器是坏的或电路断路，必须更换节气门位置传感器或检修电路，如图5-23所示。

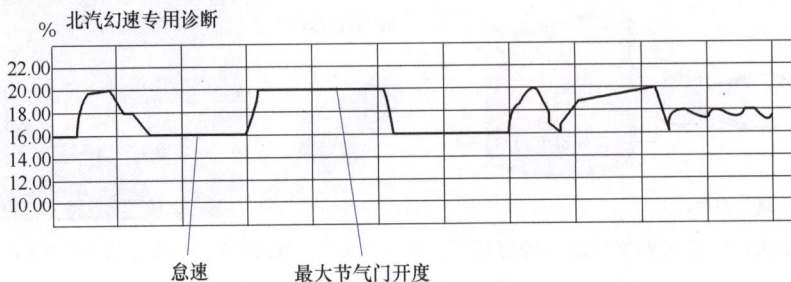

图5-22　节气门位置传感器数据流

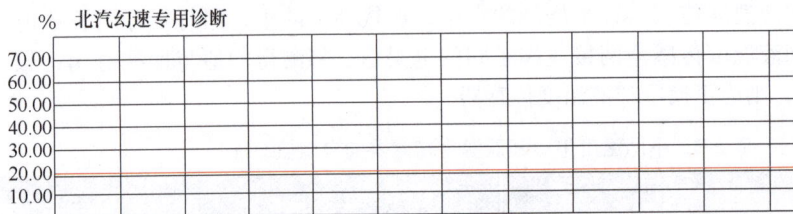

图5-23　节气门位置传感器已坏或电路断路

七、曲轴位置传感器

1. 曲轴位置传感器的作用及类型

曲轴位置传感器又称为转速传感器，一般安装在曲轴前端或飞轮壳上，如图5-24所示。其作用是检测曲轴转角、发动机转速和活塞上止点，它通常要配合凸轮轴位置传感器，一起来确定基本点火时刻。常用的曲轴位置传感器有磁感应式、霍尔式和光电式三种。目前，大多采用磁感应式和霍尔式曲轴位置传感器，光电式曲轴位置传感器应用较少。

图5-24　曲轴位置传感器

2. 曲轴位置传感器的检测

检测曲轴位置传感器好坏的方法是用故障诊断仪读取数据流。在节气门变化的过程中，转速不断地变化，如图5-25所示，说明曲轴位置传感器是好的。若节气门变化过程中数据流是一条直线，说明曲轴位置传感器是坏的或电路断路，必须更换曲轴位置传感器或检修电路，如图5-26所示。

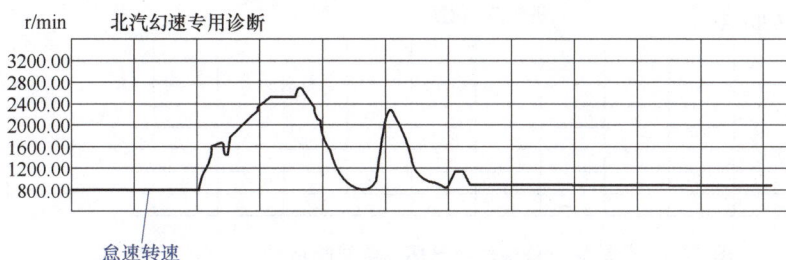

图 5-25　曲轴位置传感器数据流

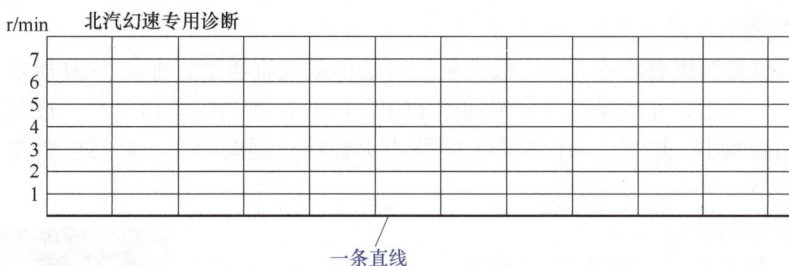

图 5-26　曲轴位置传感器已坏或电路断路

八、凸轮轴位置传感器

1. 凸轮轴位置传感器的作用及类型

凸轮轴位置传感器又称为气缸识别传感器，安装在凸轮轴前端，对着第一缸进气凸轮的位置，如图 5-27 所示。其作用是采集配气凸轮轴的位置信号，并输入 ECU，以便 ECU 识别第一缸的压缩上止点，从而进行顺序喷油控制、点火时刻控制和爆燃控制。此外，凸轮轴位置信号还用于发动机起动时识别出第一次点火时刻。凸轮轴位置传感器有光电式和磁感应式两种。

图 5-27　凸轮轴位置传感器

2. 凸轮轴位置传感器的检测

检测凸轮轴位置传感器好坏的方法是用故障诊断仪读取数据流。在节气门变化的过程中，数据流不断地变化，如图 5-28 所示，说明凸轮轴位置传感器是好的。若节气门变化过程中数据流是一条直线，说明凸轮轴位置传感器是坏的或电路断路，必须更换凸轮轴位置传感器或检修电路，如图 5-29 所示。

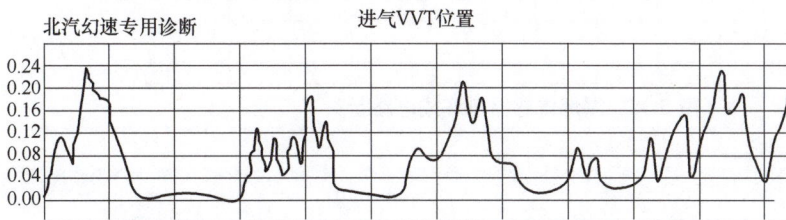

图 5-28　凸轮轴位置传感器（可变正时，进气凸轮）数据流

北汽幻速专用诊断　　　　　　　　进气VVT位置

图 5-29　凸轮轴位置传感器已坏或电路断路

九、爆燃传感器

1. 爆燃传感器的作用及类型

爆燃传感器又称为爆震传感器，一般安装在气缸体或气缸盖上，如图 5-30 所示。其作用是检测发动机是否产生爆燃，并将爆燃信号传递给 ECU，ECU 接收到爆燃信号后，按预定的控制程序将点火提前角稍微减小。爆燃信号消失后，再将点火提前角逐渐增大。爆燃传感器有磁致伸缩式和压电式两种类型。

2. 爆燃传感器的检测

磁致伸缩式爆燃传感器用万用表检测线圈电阻时，其电阻值应符合规定值（具体电阻值见具体车型维修手册），否则须更换爆燃传感器。压电式爆燃传感器用万用表检测两端子之间的电阻时，应为无穷大。爆燃传感器也可用故障诊断仪读取数据流的

图 5-30　爆燃传感器

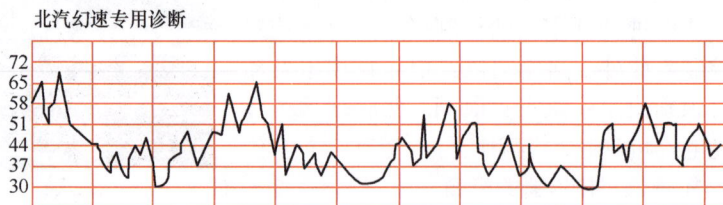

方法进行检测。若在节气门变化过程中，数据流是一条不断变化的曲线，如图 5-31 所示，说明爆燃传感器是好的。若节气门变化过程中数据流是一条直线，说明爆燃传感器是坏的或电路断路，必须更换爆燃传感器或检修电路，如图 5-32 所示。

北汽幻速专用诊断

图 5-31　爆燃传感器数据流

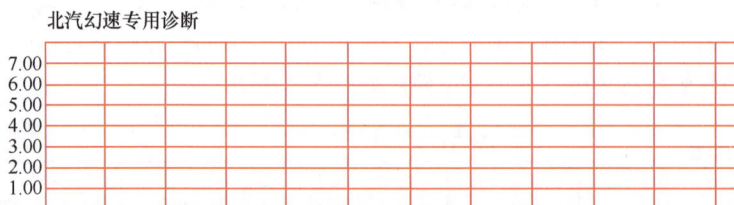

北汽幻速专用诊断

图 5-32　爆燃传感器已坏或电路断路

职场健康与安全：

压电式爆燃传感器安装时，不允许使用任何类型的垫圈。

第3课　汽油发动机燃油系统主要零部件的拆装与维修

一、汽油箱

汽油箱的作用是储存汽油，其所能容纳的油量通常可供汽车行驶 300～600km。普通汽车只有一个汽油箱，越野汽车则常有主、副两个汽油箱。在载货汽车上，汽油箱通常装在车架外侧、驾驶人座位下或货台下面，如图 5-33 所示。轿车的汽油箱通常安装在车架的后部。

汽油箱箱体是用薄钢板冲压件焊接而成的，其上部设有加油管，汽油箱上表面装有燃油表传感器和出油管，如图 5-34 所示。加油管上部由油箱盖盖住，加

图 5-33　货车汽油箱

油管管内带有可拉出的延伸管，延伸管底部有滤网，加油时可滤去杂质。出油管上端与汽油滤清器相通，下端伸入油箱底部但距离箱底有一段距离，以防止吸出沉淀的杂质和水分。汽油箱内装有隔板，可减轻汽车行驶时汽油的振荡。汽油箱表面油管连接情况，如图 5-35 所示。

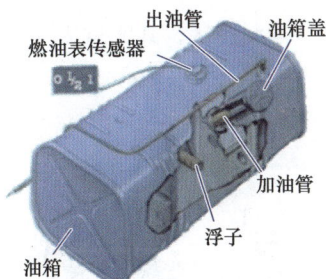

图 5-34　汽油箱的结构

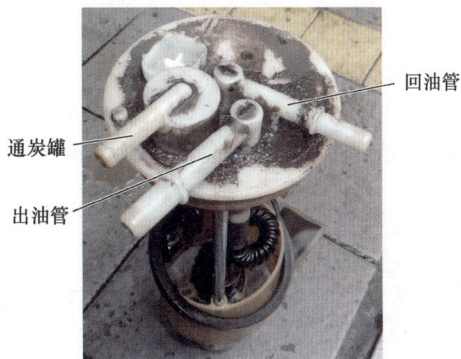

图 5-35　汽油箱表面油管连接情况

> **职场健康与安全：**
> 　　电控汽油发动机即使熄火后，燃油供给系统内也有较高的残余压力，为防止发生意外事故，在检查燃油系统时，要先把燃油系统内的压力放掉。

二、电动汽油泵

电动汽油泵的安装位置主要有两种，即安装在供油管路中或安装在汽油箱内，电动汽油泵通常用固定在油箱上的油泵支架垂直地悬挂在油箱内，其作用是将汽油增压，并源源不断地泵入供油管道。图 5-36 所示为一个安装在汽油箱内的电动汽油泵，其主要由叶轮、电枢、出油阀（单向阀）、磁铁、安全阀（减压阀）、进油口、出油口、电机插头、壳体与上下端盖组成。电动汽油泵是由小型直流电动机驱动的，电动机轴的一端固定一个叶轮。这种叶轮是一个圆盘，通常用塑料制成，其外圆上有一组叶片及槽。当电枢和叶轮旋转时，来自汽油箱的汽油被吸到进油口，叶轮的各个槽带着汽油，强制汽油在泵盖和泵体中形成的环形流道内流动，最后流出

至出油口。汽油通过电动机内部，经出油阀到出油口，通过汽油管路流到汽油滤清器和发动机舱盖下的各供油部件。如果在输油管路中发生汽油堵塞，可能使泵的压力变高，那么出油阀附近的安全阀就会自动打开，汽油就会从此阀门返回汽油泵的进油口，这使供油系统中的各部件免受过高的汽油压力；当发动机停止运转时，出油阀可防止发动机舱盖下供油系统各部件中的汽油倒流进汽油箱。汽油滤网装在汽油泵的入口处，它是用来防止污物进入汽油泵内。有的汽油泵是作为独立的部件固定在汽油箱内，而有的汽油泵与油面传感器组合在一起，如图 5-36a 所示。

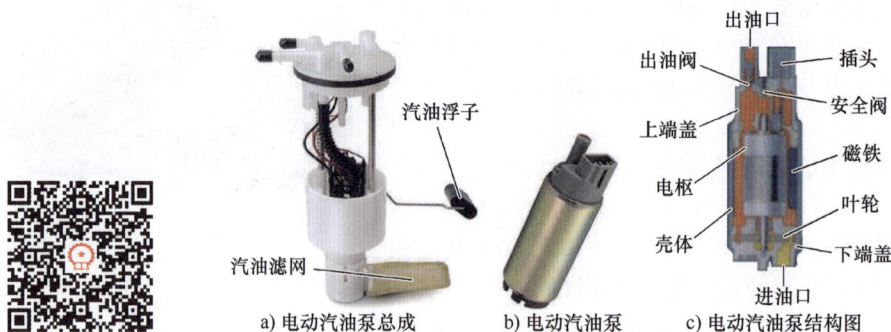

a) 电动汽油泵总成 b) 电动汽油泵 c) 电动汽油泵结构图

图 5-36　电动汽油泵

用万用表检测电动汽油泵的电阻值，若其值为 $0.2 \sim 3\Omega$，说明电动汽油泵是完好的，如图 5-37 所示；如果其值是零或 ∞，说明电动汽油泵已损坏，需要更换。

电动汽油泵另外一种检测方法是将电动汽油泵放入水中，并与 12V 电源相接，其流量为 $80 \sim 120L$，或测量其喷水高度，其喷水高度应超过 200mm，如图 5-38 所示。

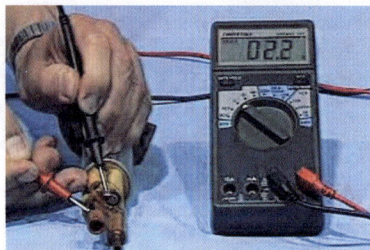

图 5-37　用万用表检测电动汽油泵的电阻值

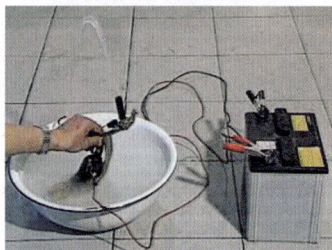

图 5-38　电动汽油泵泵水试验

职场健康与安全：

　　不可在缺油的状况下，强行运转发动机。否则可能引起电动汽油泵长时间缺油运转，而使其本身温度过高而烧坏。

三、汽油滤清器

汽油滤清器的作用是除去汽油中的杂质和水分，以减少燃油压力调节器等零部件的故障。汽油滤清器按采用的滤清方式不同可分为沉淀式和过滤式两种。

（1）沉淀式汽油滤清器　沉淀式汽油滤清器的结构如图 5-39 所示。在发动机工作时，汽油在汽油泵的作用下，经进油管接头流入沉淀杯中，由于水的相对密度大于汽油，所以水分及较重的杂质颗粒均沉淀于杯的底部，较轻的杂质则随汽油流向滤芯，被黏附在滤芯上，而清洁的汽油通过纸滤芯渗入滤芯的内腔，然后从出油管接头流出。

（2）过滤式汽油滤清器　过滤式汽油滤清器的构造与工作过程如图5-40所示。

图5-39　沉淀式汽油滤清器的结构

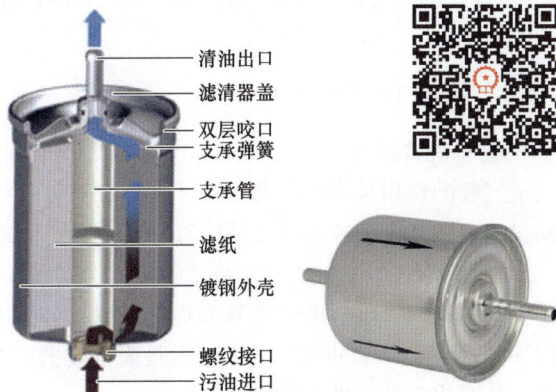

图5-40　过滤式汽油滤清器的构造与工作过程

多数发动机上装的都是一次性不可拆洗式的纸质滤芯汽油滤清器，更换周期一般为10000km。纸质滤芯的特点是滤清效果好、成本低、制造和使用方便，所以采用最多。

> **职场健康与安全:**
> 　　汽油滤清器安装时应注意方向，不能装反。电喷汽油发动机对汽油的清洁度要求很高，运用中应定期更换汽油滤清器滤芯或汽油滤清器，并使用无铅汽油。

四、空气滤清器

空气滤清器的作用是把空气中的尘土和砂粒分离出来，保证供给发动机足够量的清洁空气，以减少气缸、活塞和活塞环等零件的磨损。

空气滤清器由滤芯和壳体两部分组成，如图5-41所示。汽车发动机使用纸质滤芯的空气滤清器越来越普遍，对于普通车辆来说，每年或每20000km更换一次空气滤清器滤芯是比较合适的。空气滤清器按其滤清方式可以分为惯性式和过滤式，按是否用机油可以分为干式和湿式。惯性式空气滤清器的优点是进气阻力小，维护简单；缺点是滤清能力不强，即滤清效果差。过滤式空气滤清器的优点是滤清能力强，滤清效果好；缺点是进气阻力大，滤芯易堵塞。

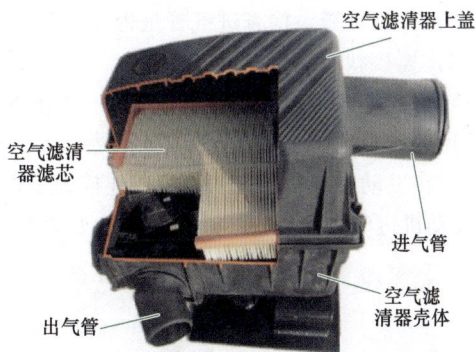

图5-41　空气滤清器的结构

更换空气滤清器滤芯的步骤如下：

1）打开发动机舱盖，轻轻掰起空气滤清器上盖的两个卡子，将空气滤清器上盖掀起来，取出空气滤清器滤芯。

2）检查取出的滤芯是否有较多的尘土，可以轻轻拍打滤芯端面，或利用压缩空气由里向外清洁滤芯上的尘土。如果滤芯堵塞严重，应更换新的滤芯。

3）清理空气滤清器壳体内底部的尘土。

4）安装空气滤清器滤芯，盖上空气滤清器上盖并卡住。

职场健康与安全：
　　空气滤清器滤芯更换的时间或里程只能作为参考，具体更换时已堵塞是否严重为准。

五、进排气装置

1. 进排气管的作用

　　进气管的作用是将可燃混合气（进气管喷射）或纯空气（直喷）分送到各个气缸，对于多缸发动机还要注意保证各缸进气量均匀一致；排气管的作用是将燃烧后的废气排入大气。

2. 进排气管的构造

　　发动机进气管包括进气主管和进气歧管，如图 5-42 所示。进气歧管一般采用的材料是塑料，如图 5-43 所示。塑料进气歧管的优点是成本较低，重量较轻，管内壁比较光滑，可减少空气流动阻力，从而改善发动机的性能。

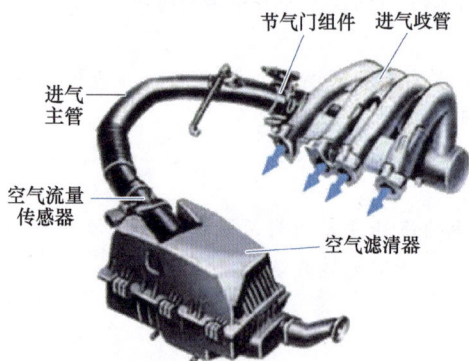

图 5-42　发动机进气管

图 5-43　塑料进气歧管

进气管的检查如下：

（1）外观检查　检查进气管是否存在破损和变形，若有应更换新的。

（2）连接状况检查

1）检查进气管连接卡箍是否松动，如图 5-44 所示。

2）晃动进气管，检查连接是否可靠。

3）在发动机运转状态下，检查连接处是否存在漏气的现象。

发动机进气管路应定期进行清洗，如图 5-45 所示。若有必要，还须更换空气滤清器滤芯。

图 5-44　检查进气管连接卡箍是否松动

图 5-45　定期清洗进气管路

排气系统主要包括排气歧管、排气管和排气消声器，如图 5-46 所示。排气管材料主要使用的是不锈钢，或分段式地采用不锈钢和渗铝管。

为了避免排气干扰，排气歧管基本都采用等长设计，如图 5-47 所示。

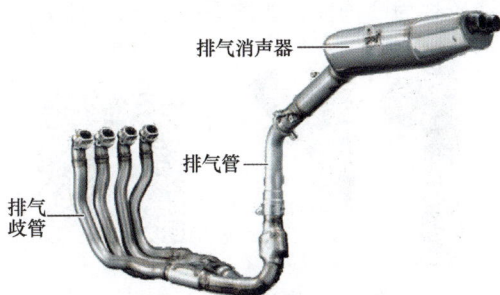

图 5-46　排气系统组成

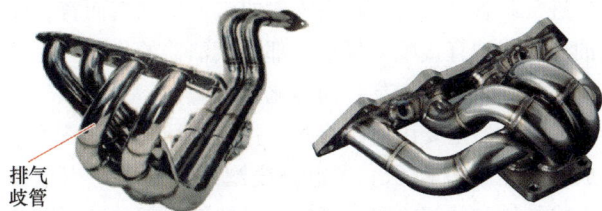

图 5-47　排气歧管

排气管的检查如下：

（1）损坏和安装状况

1）检查排气管是否损坏。

2）检查排气消声器是否损坏。

3）检查排气管支架上的 O 形圈是否损坏或者脱离。

4）检查垫片是否损坏。

（2）排气管渗漏　观察接头周围是否存在任何炭黑，从而判断排气管连接部分是否渗漏废气。

（3）松动检查　在发动机运转状态下，检查排气管是否有松动现象。

六、排气消声器

发动机的排气压力为 0.3~0.5MPa，温度为 500~700℃，这表明排气有一定的能量。同时，由于排气的间歇性，在排气管内引起排气压力的脉动。如果将发动机排气直接排放到大气中，势必产生强烈的噪声。排气消声器的作用就是通过逐渐降低排气压力和衰减排气压力的脉动，来消减排气噪声。

排气消声器用镀铝钢板或不锈钢板制造。排气消声器一般由外壳、多孔管和隔板组成，如图 5-48 所示。隔板在外壳内隔成几个尺寸不同的滤声室。

根据干涉原理，排气消声器有吸收和反射两种基本的消声方式。吸收式消声器，通过废气在玻璃纤维、钢纤维和石棉等吸音材料上的摩擦而减小其能量；反射式消声器则有多个串联的谐调腔与不同长

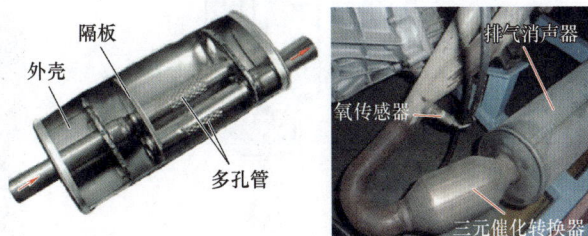

图 5-48　排气消声器

度的多孔反射管相互连接在一起，废气在其中经过多次反射、碰撞、膨胀、冷却而降低其压力，减轻振动及能量。

排气消声器作为排气管道的一部分，应保证其排气畅通、阻力小及足够强度。排气消声器要经受 500~700℃ 的高温，保证在汽车规定的行驶里程内，不损坏、不失去消声效果。排气消声器维护时主要检查是否有锈蚀和漏气，然后视情况维修。

七、电控汽油发动机的喷油器

电控汽油发动机都有喷油器（除了摩托车），喷油器俗称为喷油嘴，如图5-49所示。对于缸外喷射的汽油发动机而言，喷油器将汽油喷到发动机的进气歧管中。对于缸内喷射的汽油发动机而言，喷油器将汽油直接喷入气缸内部。喷油器的作用就是定时喷油和断油，提高汽油雾化质量。

喷油器主要由电磁线圈、弹簧、针阀和衔铁等组成，如图5-50所示。当电磁线圈通电时，产生电磁力将衔铁与针阀吸起，燃油通过轴针头部的环形间隙喷出。ECU通过电脉冲的宽度控制喷油器每次开启的时间，从而控制喷油量。一般喷油器每次开启的时间为2~10ms，针阀升程为0.5mm左右。

图5-49　电控汽油发动机的喷油器

根据喷油器电磁线圈的阻值，可分为低阻喷油器（2~3Ω）和高阻喷油器（11~17Ω）两种，多数车型采用高阻值的喷油器。喷油器还有单孔和多孔之分。

检测喷油器时，应拔下喷油器的插头，将数字万用表两表棒接到喷油器的两个接线端，测量喷油器线圈的电阻值，如图5-51所示。要求电阻值应符合要求，各缸喷油器的阻值应相等。否则，应更换喷油器。

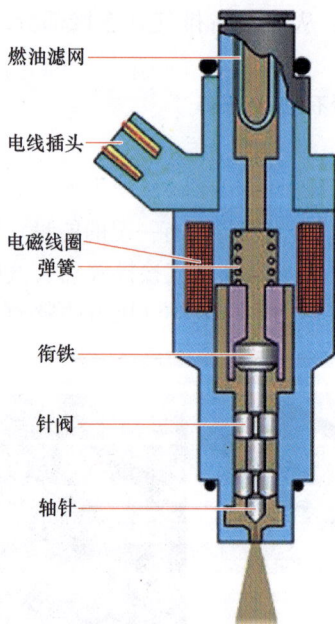

燃油滤网
电线插头
电磁线圈
弹簧
衔铁
针阀
轴针

图5-50　喷油器的组成

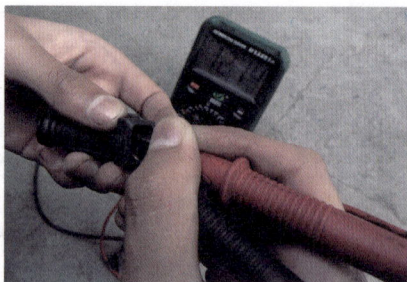

图5-51　测量喷油器线圈的电阻值

检测喷油器还有一种简易且实用的方法，如图5-52所示。由一人间歇地接通12V电源，另外一人把专用清洗剂对准喷油器进油口，观察喷油器清洗剂的喷出情况。若无清洗剂喷出，则可能是喷油器内部堵塞严重或喷油器线圈损坏，应查明原因。若清洗剂正常喷出，说明喷油器没有问题。

有的电控汽油发动机还装有冷起动喷油器，冷起动喷油器安装在进气总管上，如图5-53所示。冷起动喷油器的作用是汽车冷起动时，额外加大喷油量，使混合气瞬时变浓。一般喷油持续时间不超过10s。

图 5-52　喷油器通电检查

图 5-53　冷起动喷油器

> **职场健康与安全：**
> 　　喷油器上的"O"形密封圈不能重复运用，拆检喷油器后应更换新的，以确保其良好的密封性。

八、燃油压力调节器

　　燃油压力调节器就是用来让喷油器喷孔内燃油压力保持一定的装置，其安装位置有以下两种：

　　一种是安装在汽油滤清器上，如图 5-54 所示。汽油压力被由弹簧拉紧的膜片阀调节到恒定值，多余汽油回流到汽油箱。

　　另一种是安装在燃油分配管的一端，它通过调节供油系统的燃油压力，使系统油压与进气歧管压力之差保持恒定，如图 5-55 所示。

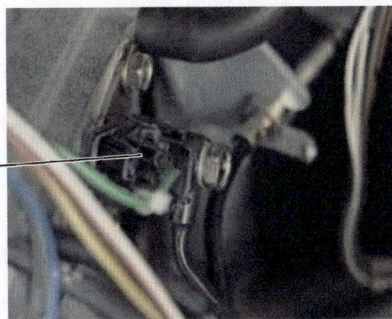

图 5-54　燃油压力调节器位置一

图 5-55　燃油压力调节器位置二

　　这种燃油压力调节器的内部结构，如图 5-56 所示。膜片将燃油压力调节器内腔分隔成上、下两个互不相通的小室，上面的小室叫作弹簧室，下面的小室叫作燃油室。弹簧室中装有一个带预紧力的螺旋弹簧，弹簧的一端作用在膜片上，管接头处用一真空软管与进气歧管连通。燃油室的管接头直通燃油分配管，其下端的回油管一端通汽油箱，另一端伸至燃油室的上部，管口被球阀密封。

　　燃油压力调节器的工作过程如下：

　　1）当进气歧管内的气体压力下降时（真空度增大），膜片上移，球阀开度增加，回油量增加，燃油分配管内油压下降，保持与变化了的进气歧管压力差值的恒定。

　　2）当进气歧管内的气体压力升高时（真空度减小），膜片下移，球阀开度减小，回油量减少，燃油分配管内油压升高，保持与变化了的进气歧管压力差值的恒定。

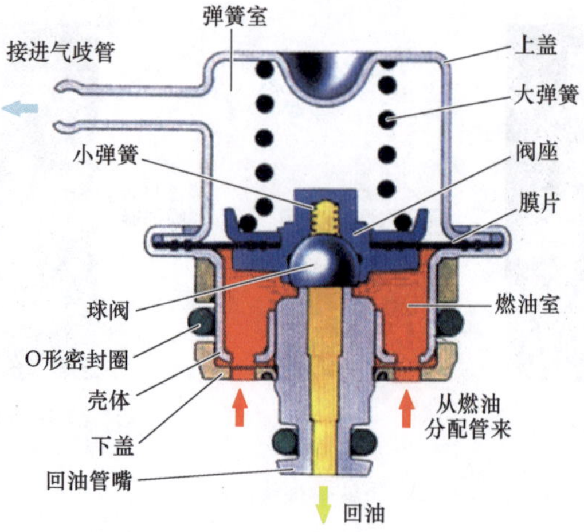

图 5-56 燃油压力调节器的内部结构

第4课 汽油发动机燃油油路的清洗

一、清洗汽油发动机燃油油路的重要意义

汽油发动机长时间使用，不可避免会形成积炭、积胶，使燃油系统变脏、堵塞，导致发动机起动困难、怠速不稳、油耗升高。清洗汽油发动机燃油油路，可有效清除喷油嘴、进气门、燃烧室中的积炭和杂质，改善燃油雾化状况，恢复动力，提高燃油效率，延长发动机使用寿命，降低尾气污染，改善空气质量。

二、清洗汽油发动机燃油油路

清洗汽油发动机燃油油路的步骤如下：

1）将汽油发动机燃油系统清洗剂倒入相应清洗设备内，如图 5-57 所示。

2）拔下电动汽油泵的保险装置，如图 5-58 所示。

图 5-57 将清洗剂倒入清洗设备内

图 5-58 拔下电动汽油泵的保险装置

3）拆下发动机汽油进油管接头，如图 5-59 所示。

4）选用一个合适接头把燃油清洗机"燃油清洗"处与发动机汽油进油管连接起来，如图 5-60 所示。

5）拆下发动机进气软管，如图 5-61 所示。

6）清洗进气管入口处，如图 5-62 所示。

图 5-59　拆下发动机汽油进油管接头

图 5-60　把"燃油清洗"处与汽油进油管连接起来

图 5-61　拆下发动机进气软管

图 5-62　清洗进气管入口处

7）接通燃油清洗机压缩空气管路，如图 5-63 所示。

8）把燃油清洗机"进气清洗"处的管子插入发动机进气口，如图 5-64 所示。

图 5-63　接通燃油清洗机压缩空气管路

图 5-64　"进气清洗"处的管子插入进气口

9）起动发动机，开始进行清洗至清洗剂燃烧完毕。

10）清洗完毕后关掉清洗设备清洗开关。

11）拆下所有接头和连接管。

12）重新接好发动机油路、油泵。

13）起动发动机，检查是否有漏油现象。

任务实施

任务一　检测电控汽油发动机的传感器

1. 任务目的

1）知道电控汽油发动机传感器的作用。

2）能指出电控汽油发动机传感器在汽车上的位置。

3）学会电控汽油发动机传感器性能好坏的判别方法。

4）能积极主动参与任务，能与小组成员团结协作，能执行实训室"6S"规定。

2. 任务准备

1）知识准备：完成项目五第2课电控汽油发动机传感器的检修的学习。

2）设备准备：电控汽油车、汽车拆装工量具、演示课件（或操作视频）。

3. 任务步骤

1）老师演示或播放视频：检测电控汽油发动机的传感器。

2）学生练习检修电控汽油发动机的传感器（或老师演示时同步练习），并完成《汽车发动机构造与维修工作页》相应部分内容的填写。

检测电控汽油发动机的传感器，检测内容包括空气流量传感器（或进气歧管压力传感器）、氧传感器、进气温度传感器、冷却液温度传感器、节气门位置传感器、曲轴位置传感器、凸轮轴位置传感器和爆燃传感器。

4. 任务评价

任务评价内容及标准见表5-4。

表5-4　任务评价内容及标准

序号	项目	操作内容	分值	评分标准	得分
1	准备	清点工量具、清理工位	5	酌情扣分	
2	拆卸	空气流量传感器（或进气歧管压力传感器）	4	操作不当扣1~4分	
		氧传感器	4	操作不当扣1~4分	
		进气温度传感器	4	操作不当扣1~4分	
		冷却液温度传感器	4	操作不当扣1~4分	
		节气门位置传感器	4	操作不当扣1~4分	
		曲轴位置传感器	4	操作不当扣1~4分	
		凸轮轴位置传感器	4	操作不当扣1~4分	
		爆燃传感器	4	操作不当扣1~4分	
3	检测	空气流量传感器（或进气歧管压力传感器）	4	操作不当扣1~4分	
		氧传感器	4	操作不当扣1~4分	
		进气温度传感器	4	操作不当扣1~4分	
		冷却液温度传感器	4	操作不当扣1~4分	
		节气门位置传感器	4	操作不当扣1~4分	
		曲轴位置传感器	4	操作不当扣1~4分	
		凸轮轴位置传感器	4	操作不当扣1~4分	
		爆燃传感器	4	操作不当扣1~4分	
4	安装	按照与拆卸相反的顺序进行	6	操作不当扣1~6分	
5	完成时间	240min	10	超时1~5min扣1~5分　超时5min以上扣10分	
6	安全文明	无安全隐患，无不文明操作	5	未达标扣1~5分	
7	结束	工量具清洁归位	5	漏一项扣1分，未做扣5分	
		工作场地清洁	5	清洁不彻底扣1~5分，未做扣5分	
		总分	100		

任务二 检测电动汽油泵

1. 任务目的

1）知道电动汽油泵的组成。

2）能正确拆装电动汽油泵。

3）学会电动汽油泵的检测方法。

4）能积极主动参与任务，能与小组成员团结协作，能执行实训室"6S"规定。

2. 任务准备

1）知识准备：完成项目五第3课汽油发动机燃油系统主要零部件的拆装与维修的学习。

2）设备准备：电动汽油泵、汽车拆装工量具、演示课件（或操作视频）。

3. 任务步骤

1）老师演示或播放视频：检测电动汽油泵。

2）学生练习检测电动汽油泵（或老师演示时同步练习），并完成《汽车发动机构造与维修工作页》相应部分内容的填写。

检测电动汽油泵，检测内容包括检测电阻。

4. 任务评价

任务评价内容及标准见表5-5。

表 5-5 任务评价内容及标准

序号	项目	操作内容	分值	评分标准	得分
1	准备	清点工量具、清理工位	5	酌情扣分	
2	拆卸	从汽油箱上拆下电动汽油泵	20	操作不当扣1~20分	
3	检测	电阻值	30	操作不当扣1~30分	
4	安装	把电动汽油泵装回汽油箱	20	操作不当扣1~20分	
5	完成时间	80min	10	超时1~5min 扣1~5分 超时5min 以上扣10分	
6	安全文明	无安全隐患，无不文明操作	5	未达标扣1~5分	
7	结束	工量具清洁归位 工作场地清洁	5 5	漏一项扣1分，未做扣5分 清洁不彻底扣1~5分，未做扣5分	
		总分	100		

任务三 更换空气滤清器和汽油滤清器

1. 任务目的

1）知道空气滤清器和汽油滤清器的组成。

2）能正确更换空气滤清器和汽油滤清器。

3）能积极主动参与任务，能与小组成员团结协作，能执行实训室"6S"规定。

2. 任务准备

1）知识准备：完成项目五第3课汽油发动机燃油系统主要零部件的拆装与维修的学习。

2）设备准备：汽油车、汽车拆装工量具、演示课件（或操作视频）。

3. 任务步骤

1）老师演示或播放视频：更换空气滤清器和汽油滤清器。

2）学生练习更换空气滤清器和汽油滤清器（或老师演示时同步练习），并完成《汽车发动机构造与维修工作页》相应部分内容的填写。

更换空气滤清器和汽油滤清器，更换内容包括拆下旧的空气滤清器和汽油滤清器，换上新的空气滤清器和汽油滤清器。

4. 任务评价

任务评价内容及标准见表 5-6。

表 5-6　任务评价内容及标准

序号	项目	操作内容	分值	评分标准	得分
1	准备	清点工量具、清理工位	5	酌情扣分	
2	拆卸	空气滤清器	20	操作不当扣 1~20 分	
		汽油滤清器	15	操作不当扣 1~15 分	
3	安装	空气滤清器	20	操作不当扣 1~20 分	
		汽油滤清器	15	操作不当扣 1~15 分	
4	完成时间	40min	10	超时 1~5min 扣 1~5 分 超时 5min 以上扣 10 分	
5	安全文明	无安全隐患，无不文明操作	5	未达标扣 1~5 分	
6	结束	工量具清洁归位	5	漏一项扣 1 分，未做扣 5 分	
		工作场地清洁	5	清洁不彻底扣 1~5 分，未做扣 5 分	
		总分	100		

任务四　检测电控汽油发动机的喷油器

1. 任务目的

1）知道电控汽油发动机喷油器的作用。

2）能指出电控汽油发动机喷油器在汽车上的位置。

3）学会电控汽油发动机喷油器性能好坏的判别方法。

4）能积极主动参与任务，能与小组成员团结协作，能执行实训室"6S"规定。

2. 任务准备

1）知识准备：完成项目五第 3 课汽油发动机燃油系统主要零部件的拆装与维修的学习。

2）设备准备：电控汽油发动机、汽车拆装工量具、演示课件（或操作视频）。

3. 任务步骤

1）老师演示或播放视频：检测电控汽油发动机的喷油器。

2）学生练习检测电控汽油发动机的喷油器（或老师演示时同步练习），并完成《汽车发动机构造与维修工作页》相应部分内容的填写。

检测电控汽油发动机的喷油器，检测内容包括检测电磁线圈电阻值和外观检查。

4. 任务评价

任务评价内容及标准见表 5-7。

表 5-7 任务评价内容及标准

序号	项目	操作内容	分值	评分标准	得分
1	准备	清点工量具、清理工位	5	酌情扣分	
2	拆卸	喷油器	20	操作不当扣 1~20 分	
3	检测	电磁线圈电阻值	20	操作不当扣 1~20 分	
4	安装	按照与拆卸相反的顺序进行	30	操作不当扣 1~30 分	
5	完成时间	40min	10	超时 1~5min 扣 1~5 分 超时 5min 以上扣 10 分	
6	安全文明	无安全隐患，无不文明操作	5	未达标扣 1~5 分	
7	结束	工量具清洁归位	5	漏一项扣 1 分，未做扣 5 分	
		工作场地清洁	5	清洁不彻底扣 1~5 分，未做扣 5 分	
		总分	100		

任务五 清洗汽油发动机燃油油路

1. 任务目的

1）知道汽油发动机燃油油路的组成。

2）学会汽油发动机燃油油路的清洗方法。

3）能积极主动参与任务，能与小组成员团结协作，能执行实训室"6S"规定。

2. 任务准备

1）知识准备：完成项目五第 4 课汽油发动机燃油油路的清洗的学习。

2）设备准备：汽油车、燃油油路清洗设备、汽车拆装工具、演示课件（或操作视频）。

3. 任务步骤

1）老师演示或播放视频：清洗汽油机燃油油路。

2）学生练习清洗汽油发动机燃油油路（或老师演示时同步练习），并完成《汽车发动机构造与维修工作页》相应部分内容的填写。

清洗汽油发动机燃油油路，清洗内容包括喷油器、进排气门和燃烧室。

4. 任务评价

任务评价内容及标准见表 5-8。

表 5-8 任务评价内容及标准

序号	项目	操作内容	分值	评分标准	得分
1	准备	清点工具、清理工位	5	酌情扣分	
2	清洗	将汽油发动机燃油系统清洗剂倒入相应清洗设备内	5	操作不当扣 1~5 分	
		将清洗设备燃油管用相应接头与汽车进油管相接	15	操作不当扣 1~15 分	
		打开清洗设备清洗开关	5	操作不当扣 1~5 分	
		起动发动机并保持怠速	5	操作不当扣 1~5 分	
		调整压力表压力，开始进行清洗至清洗剂燃烧完毕	5	操作不当扣 1~5 分	
		清洗完毕后关掉清洗设备清洗开关	5	操作不当扣 1~5 分	

（续）

序号	项目	操作内容	分值	评分标准	得分
3	恢复	拆下所有接头和连接管	10	操作不当扣 1~10 分	
		重新接好汽车油路和油泵	15	操作不当扣 1~15 分	
		起动汽车，检查是否有漏油现象	5	操作不当扣 1~5 分	
4	完成时间	80min	10	超时 1~5min 扣 1~5 分 超时 5min 以上扣 10 分	
5	安全文明	无安全隐患，无不文明操作	5	未达标扣 1~5 分	
6	结束	工量具清洁归位	5	漏一项扣 1 分，未做扣 5 分	
		工作场地清洁	5	清洁不彻底扣 1~5 分，未做扣 5 分	
		总分	100		

巩固与提高

一、填空题

1. 汽油发动机燃油系统分为_____燃油系统和_____燃油系统两种。

2. 电子控制式燃油系统由_____系统、_____系统和_____系统组成。

3. 电子控制系统由 ECU、_____及_____组成。

4. 按喷油器的安装部位电控汽油机可分为_____喷射和_____喷射两种。

5. 电控汽油发动机按空气量测量方式可分为_____方式和_____方式两种。

6. 稀薄燃烧指的是空燃比远远大于_____的稀薄混合气仍能顺利点燃。

7. 汽油箱的作用是_____，其所能容纳的油量通常可供汽车行驶 300~600km。

8. 电动汽油泵的安装位置主要有两种，即安装在_____和安装在_____。

9. 排气管的作用是将燃烧后的废气排入_____。

10. 喷油器的作用是_____和_____，提高汽油雾化质量。

11. 冷起动喷油器的作用是汽车冷起动时，额外加大_____，使可燃混合气瞬时变浓。

二、单项选择题

1. 汽油发动机可燃混合气为稀混合气时，其过量空气系数（α）表示为（　　）。

A. $\alpha = 0$ 　　　　 B. $\alpha > 1$ 　　　　 C. $\alpha = 1$ 　　　　 D. $\alpha < 1$

2. 发动机在大负荷工况下需要（　　）。

A. 稀可燃混合气 　　　　　　　　　　 B. 浓可燃混合气

C. 理论可燃混合气 　　　　　　　　　 D. 经济可燃混合气

3. 以下不属于电控汽油喷射系统组成部分的是（　　）。

A. 进气系统 　　　 B. 电子控制系统 　　　 C. 启动系统 　　　 D. 燃油系统

4. 现在大多数汽油发动机燃油喷射系统都采用的喷射方式是（　　）。

A. 同时喷射 　　　 B. 分组喷射 　　　 C. 顺序喷射 　　　 D. 单点喷射

5. 以下属于汽油发动机电子控制燃油喷射系统的传感器是（　　）。

A. 空气流量传感器 　　　　　　　　　 B. 汽油泵

C. 起动机 　　　　　　　　　　　　　 D. 喷油器

6. 以下属于电控汽油发动机燃油电子控制系统执行器的元件是（　　）。

A. 喷油器 　　　　　　　　　　　　　 B. 曲轴位置传感器

C. 机油压力开关   D. 冷却液温度传感器

7. 对喷油量起决定性作用的是（   ）。

A. 氧传感器   B. 空气流量传感器

C. 进气温度传感器   D. 冷却液温度传感器

8. 用于检测三元催化转换器净化效率的传感器是（   ）。

A. 前氧传感器   B. 后氧传感器

C. 其中任何一个   D. 两个都是

9. 可以用于检测活塞上止点位置的传感器是（   ）。

A. 氧传感器   B. 进气歧管压力传感器

C. 节气门位置传感器   D. 曲轴位置传感器

10. 下列不属于汽车尾气中的主要污染物质是（   ）。

A. 一氧化碳   B. 二氧化碳   C. 氮氧化合物   D. 碳氢化合物

11. 用于判定发动机热状态的传感器是（   ）。

A. 节气门位置传感器   B. 氧传感器

C. 曲轴位置传感器   D. 冷却液温度传感器

12. 汽油发动机产生燃油压力的部件是（   ）。

A. 喷油器   B. 汽油滤清器   C. 电动汽油泵   D. 汽油箱

13. 电动汽油泵停止工作时密封油路的部件是（   ）。

A. 安全阀   B. 出油阀   C. 滤清器   D. 永磁电动机

14. 将进气均匀地分配到各个气缸的装置是（   ）。

A. 进气总管   B. 进气歧管   C. 涡轮   D. 节气门

15. 能够清除空气中的灰尘等颗粒物的部件是（   ）。

A. 进气歧管   B. 进气主管   C. 进气增压装置   D. 空气滤清器

16. 以下不属于电喷汽油发动机排气系统装置的是（   ）。

A. 消声器   B. 三元催化转换器   C. 节气门体   D. 排气管

三、判断题

1. 电喷汽油机提高了动力性，但增大了排气污染和降低了经济性。   （   ）

2. 汽油机可燃混合气为理论混合气时，其过量空气系数 $\alpha=1$。   （   ）

3. 空气流量传感器的作用是将吸入的空气量转换成电信号反馈给 ECU。   （   ）

4. 节气门位置传感器的作用是检测活塞上止点位置。   （   ）

5. 发动机排气歧管的长度可以不相等。   （   ）

四、简答题

1. 汽油发动机有哪五种工况？

2. 汽油发动机电控燃油喷射系统有什么优点？

3. 简述清洗电控汽油发动机燃油油路的步骤。

项目六

学习目标

1. 知道柴油发动机燃油系统的作用和组成。
2. 熟悉柴油发动机燃油系统各零部件的结构和工作原理。
3. 能对柴油发动机燃油系统各零部件进行正确的维修。
4. 培养学生民族自信心和绿色低碳的生活方式。

典型工作任务

任务一　检测电控柴油发动机的传感器。
任务二　拆装并调整传统柴油喷射系统的喷油器。
任务三　检测电控柴油发动机的喷油器。

知识准备

第1课　柴油发动机燃油系统概述

一、柴油发动机燃油系统的种类和作用

柴油发动机燃油系统可分为传统机械式柴油喷射系统和电控柴油喷射系统两种。

传统机械式柴油喷射系统的作用是不断供给发动机清洁柴油和空气，根据柴油发动机不同工况的要求，定时、定量、定压地将柴油以一定喷油质量喷入燃烧室，使其与空气迅速混合并燃烧，做功后再将燃烧废气排出气缸。

电控柴油喷射系统的作用是形成恒定的高压柴油，分送到每个喷油器，并借助于集成在每个喷油器上的高速电磁开关阀的开启与闭合，定时、定量地控制喷油器喷射到燃烧室的油量，从而保证柴油发动机达到最佳的雾化、燃烧和最少的污染排放。

二、柴油发动机燃油系统的组成

1. 传统机械式柴油喷射系统的组成

传统机械式柴油喷射系统的组成，如图6-1所示。

（1）柴油供给装置　柴油供给装置根据柴油压力的不同，可分为低压油路和高压油路两部分。低压油路主要包括柴油箱、输油泵、柴油滤清器和低压油管等；高压油路主要包括喷油泵、喷油器和高压油管等。柴油供给装置的主要作用是完成柴油的储存、滤清和输送工作，并将柴油以一

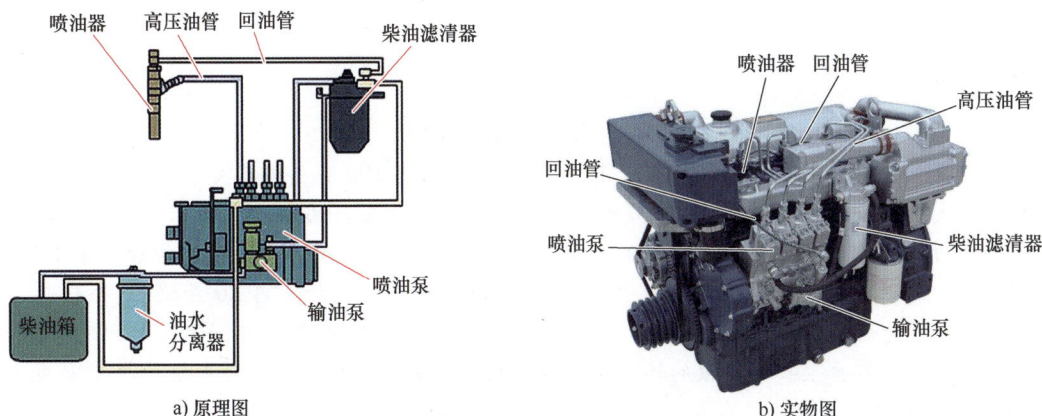

喷油器　高压油管　回油管　　柴油滤清器

喷油器　回油管　　高压油管

回油管　　喷油泵　　柴油滤清器

喷油泵　　输油泵

柴油箱　　油水分离器

输油泵

a) 原理图　　　　　　　　b) 实物图

图 6-1　传统机械式柴油喷射系统的组成

定压力和喷油质量，定时、定量地喷入燃烧室。

（2）**空气供给装置**　空气供给装置包括空气滤清器和进气管等，其主要作用是供给发动机清洁的空气。为增加进气量，提高经济性，许多柴油发动机装有进气增压装置。

（3）**可燃混合气形成装置**　柴油发动机的可燃混合气形成装置就是燃烧室，其主要作用是使柴油与空气混合形成可燃混合气。

（4）**废气排出装置**　废气排出装置包括排气管和排气消声器等，其主要作用是将燃烧废气排出气缸。

柴油发动机的空气供给装置和废气排出装置与汽油发动机基本相同。

2. 电控柴油喷射系统的组成

电控柴油喷射系统由传感器、ECU 和执行器三部分组成，如图 6-2 所示。传感器包括曲轴转速传感器、加速踏板传感器和凸轮轴位置传感器等。ECU 根据各种传感器实时检测到的信号参数，与 ECU 中预先储存的参数值或参数图谱相比较，经过计算和分析后，再把指令输送到执行器。执行器根据 ECU 指令，控制喷油量（齿条位置或电磁阀关闭持续时间）和喷油定时（定时控制阀开闭或电磁阀关阀始点）。

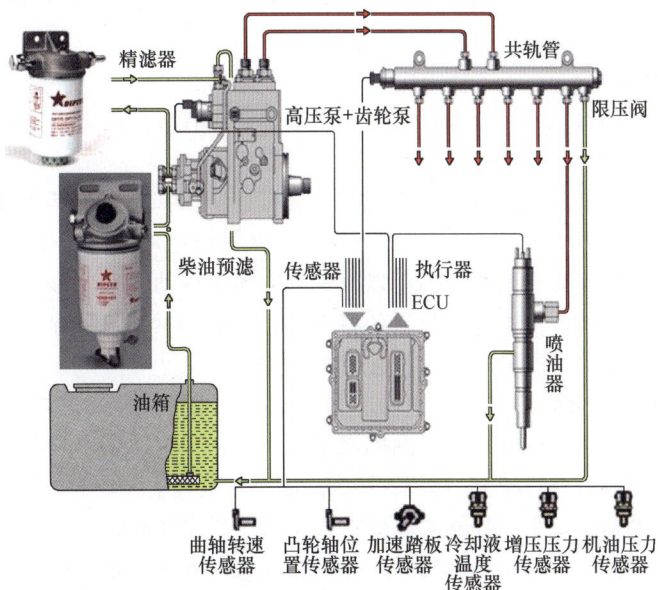

精滤器　　　　　　　共轨管

高压泵+齿轮泵　　限压阀

柴油预滤　传感器　执行器　ECU　喷油器

油箱

曲轴转速传感器　凸轮轴位置传感器　加速踏板传感器　冷却液温度传感器　增压压力传感器　机油压力传感器

图 6-2　电控柴油喷射系统的组成

知识窗

中国柴油发动机简史

世界上第一台柴油发动机诞生于 1897 年，距今已有 100 多年的历史。中国在柴油发动机领域起步较晚，直到 1932 年，中国第一台完全自主生产的柴油发动机才得以面世。柴油发动机最核心的部件是电控系统，成熟的电控系统几乎被国外企业所垄断。意识到这一短板后，我国开始了在电控系统及柴油发动机领域的追赶。自 20 世纪 80 年代起，我国就逐步开始加紧对柴油发动机电控系统的研究工作。2006 年 2 月，玉柴集团发布了我国第一台拥有自主知识产权的轿车柴油发动机 YC4W，填补了我国轿车发动机的空白。2008 年，潍柴集团启动了自主 ECU 的研发工程，建成了世界一流的电控研发平台。经过几年的努力，通过整合国内相关资源，潍柴集团攻克了柴油发动机电控系统的技术难关。最近几年，中国在柴油发动机技术方面取得了更多的突破。2020 年 9 月，潍柴集团发布了其首款热效率突破 50% 的商业化柴油发动机，这标志着中国重型柴油发动机技术迈向世界一流。

三、柴油发动机可燃混合气的形成与燃烧室

1. 柴油发动机可燃混合气的形成

目前，柴油发动机可燃混合气的形成方法基本上有空间雾化混合和油膜蒸发混合两种。

（1）空间雾化混合　空间雾化混合是指将柴油以雾状喷向燃烧室空间，并在空间蒸发形成混合气。为使混合均匀，要求柴油从喷油器中喷出时与燃烧室形状相适应，并利用燃烧室中的空气运动促进混合。

（2）油膜蒸发混合　油膜蒸发混合是指将柴油大部分喷到燃烧室壁面上形成油膜，油膜受热并在强烈的旋转气流作用下逐渐蒸发，与空气形成比较均匀的可燃混合气。

在中小型高速柴油发动机中，常使用空间雾化和油膜蒸发兼用的混合方法，只是多少、主次各有不同。目前，多数柴油发动机仍以空间雾化混合为主，仅球形燃烧室以油膜蒸发混合为主。

2. 柴油发动机燃烧室

柴油发动机燃烧室的形状对可燃混合气的形成和燃烧有着直接的影响，燃烧室按结构形式的不同分为统一式燃烧室和分隔式燃烧室两大类。

（1）统一式燃烧室　统一式燃烧室是由气缸盖底平面和活塞顶内的凹坑及气缸壁组成的。凹坑的形状多采用 ω 形和球形，如图 6-3 所示。采用统一式燃烧室时，喷油器直接向燃烧室内喷射柴油，借助油束形状与燃烧室形状的合理匹配以及空气的涡流运动，迅速形成可燃混合气，这种燃烧室又称为直接喷射式燃烧室。这类燃烧室的特点是结构简单紧凑、散热面积小、热效率高、易于加工，但对喷油压力和喷雾质量要求高，易造成工作粗暴。

（2）分隔式燃烧室　分隔式燃烧室由两部分组成，即主燃烧室和副燃烧室，如图 6-4 所示。主燃烧室位于活塞顶与气缸盖底面之间，副燃烧室位于气缸盖内。采用分隔式燃烧室，是先将燃油喷入副燃烧室（涡流室或预燃室），燃烧次序为先副燃烧室后主燃烧室，这样发动机工作比较柔和，零部件承受的机械负荷较小。分隔式燃烧室的发动机高速性能较好，但低速性能和起动性能较差，燃料经济性也较差，所以一般采用的压缩比比较大，且在副燃烧室内装有预热装置。分隔式燃烧室多用于工程机械等低速柴油发动机。

a) ω形燃烧室　　　b) 球形燃烧室

图 6-3　统一式燃烧室

图 6-4　分隔式燃烧室

第 2 课　电控柴油发动机传感器的检修

一、加速踏板位置传感器

加速踏板位置传感器又称为负荷传感器，如图 6-5 所示，是用来检测加速踏板被驾驶人踩下的位置及位置变化情况的。加速踏板位置传感器的类型有电位计式、差动电感式和霍尔式。

使用故障诊断仪读取数据流来检测加速踏板位置传感器的好坏。连续不断地踩下和松开加速踏板，数据流不断地变化，如图 6-6 所示，说明加速踏板位置传感器是好的。若数据流是一条直线，如图 6-7 所示，说明加速踏板位置传感器是坏的或电路断路，此时必须更换加速踏板位置传感器或检修电路。

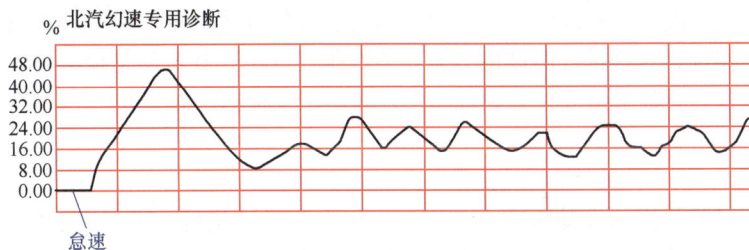

图 6-5　加速踏板位置传感器

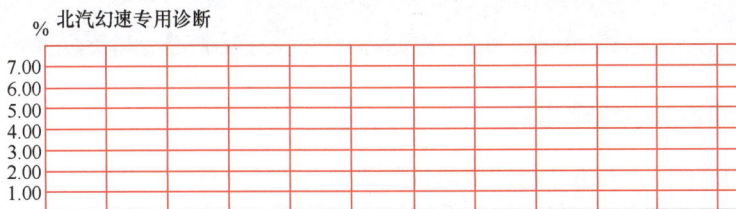

图 6-6　加速踏板位置传感器数据流

图 6-7　加速踏板位置传感器已坏或电路断路

二、凸轮轴/曲轴位置传感器

柴油发动机凸轮轴/曲轴位置传感器与汽油发动机的完全相同。凸轮轴位置传感器用来检测曲轴转角基准（G 信号），曲轴位置传感器用来检测曲轴转角（Ne 信号），产生的信号用于供（喷）油正时控制。

凸轮轴/曲轴位置传感器安装在曲轴、凸轮轴或飞轮处，其类型有电磁感应式和霍尔式两种。

三、供（喷）油量传感器

供（喷）油量传感器用来检测柴油发动机的实际供（喷）油量，产生的信号用来实现供（喷）油量的闭环控制。供（喷）油量传感器的类型有直列柱塞泵供油齿条（或拉杆）位置传感器、分配泵油量控制滑套位置传感器和无压力室喷油器针阀升程传感器。供油齿条（或拉杆）和滑套位置传感器通常采用差动电感式（分差动自感式和差动变压器式）。

四、供（喷）油正时传感器

供（喷）油正时传感器用来检测柴油机的实际供（喷）油正时，产生的信号用来实现供（喷）油正时的闭环控制。供（喷）油正时传感器的类型有直列柱塞泵位置控制方式中的正时传感器、分配泵位置控制方式中的正时活塞位置传感器、分配泵时间控制方式和共轨系统中的喷油器针阀开启始点传感器、高速电磁阀关闭始点传感器、燃烧室着火始点传感器。

五、压力传感器

柴油发动机电控系统中的压力传感器包括进气管绝对压力传感器、增压压力传感器、大气压力传感器、排气压力传感器、压差传感器和燃油压力传感器。压力传感器常用的类型有压敏电阻式、压电式和电容式三种。

六、温度传感器

温度传感器用来检测进气温度、冷却液温度、排气温度和燃油温度。温度传感器的类型有进气温度传感器、冷却液温度传感器、排气温度传感器和燃油温度传感器。进气温度传感器安装在进气管中，其功用是检测进气温度。冷却液温度传感器一般安装在气缸体水道上或冷却液出口处，其功用是检测发动机冷却液温度信号。排气温度传感器安装在排气管中，其功用是检测排气温度，主要用于排放控制。燃油温度传感器通常安装在燃油箱中，其功用是检测燃油温度。

七、空气流量传感器

柴油发动机空气流量传感器与汽油发动机完全相同，它用来测量进气量，用于进气控制和废气再循环控制。空气流量传感器的类型有叶片式、热式和卡门旋涡式三种。

第3课　柴油发动机燃油系统主要零部件的拆装与维修

一、传统柴油喷射系统输油泵

输油泵的作用是保证有足够数量的柴油自柴油箱输送到喷油泵，并维持一定的供油压力，以克服管路及柴油滤清器的阻力，使柴油在低压管路中循环。输油泵的输油量一般为柴油发动机全负荷时柴油需要量的3~4倍。

输油泵有膜片式、滑片式、活塞式及齿轮式等形式。膜片式和滑片式输油泵分别作为分配式喷油泵的一级和二级输油泵，而活塞式输油泵与柱塞式喷油泵配套使用。

活塞式输油泵由泵体、活塞、进油止回阀、出油止回阀及手油泵等组成，如图6-8所示。活塞式输油泵装在喷油泵体上，由喷油泵凸轮轴上的偏心轮驱动。

活塞式输油泵的工作情况如下：

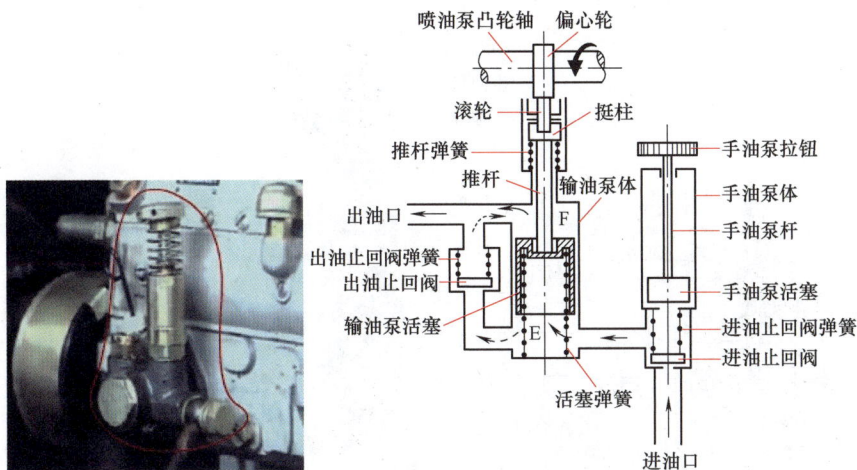

图 6-8　活塞式输油泵的工作原理图

（1）**准备压油过程**　如图 6-8 所示，喷油泵凸轮轴旋转，偏心轮推动滚轮、推杆和活塞向下运动，泵腔 E 因容积减小而油压升高，关闭进油止回阀，压开出油止回阀，柴油便由泵腔 E 通过出油阀流向泵腔 F。

（2）**吸油和压油行程**　当偏心轮凸起部分转离滚轮时，活塞在活塞弹簧的作用下上行，泵室 F 的油压增大，出油止回阀被关闭，柴油经油道流向柴油滤清器。此时，泵腔 E 容积变大，压力下降，进油止回阀被吸开，柴油便经进油口和进油止回阀流入泵腔 E。

（3）**输油量的自动调节**　活塞的行程等于偏心轮的偏心距时，输油量最大。当喷油泵需要的油量减少时，泵腔 F 的油压将随之升高，推杆与活塞之间产生了空行程，即活塞的有效行程被减小，输出的油量即减少。

（4）**手油泵泵油**　用手油泵泵油时，利用活塞在泵体内抽动，形成一定真空，进油止回阀被吸开，柴油被吸入泵体，然后再压入泵室 E，并推开出油止回阀而输出。

> **职场健康与安全：**
> 停止使用手油泵后，应将手柄拧紧在手油泵体上，以防空气渗入油路，影响输油泵工作。

二、传统柴油喷射系统喷油泵

（1）**喷油泵的作用与分类**　喷油泵的作用是按照柴油发动机的运行工况和气缸工作顺序，以一定的规律，定时定量地向喷油器输送高压燃油。多缸车用柴油发动机的喷油泵应满足以下要求：各缸供油量相等；各缸供油提前角和供油持续角应一致；能迅速停止供油，以防止喷油器发生滴漏现象。

喷油泵种类很多，在汽车柴油发动机上得到广泛应用的有直列柱塞式喷油泵和转子分配式喷油泵。此外，还有喷油泵—喷油器等。

（2）**喷油泵的结构与工作原理**　A 型柱塞式喷油泵由泵油机构、供油量调节机构、驱动机构和喷油泵体等组成，如图 6-9 所示。

1）泵油机构。泵油机构包括柱塞套、柱塞、柱塞弹簧、上下柱塞弹簧座、出油阀、出油阀座和出油阀弹簧等零部件。

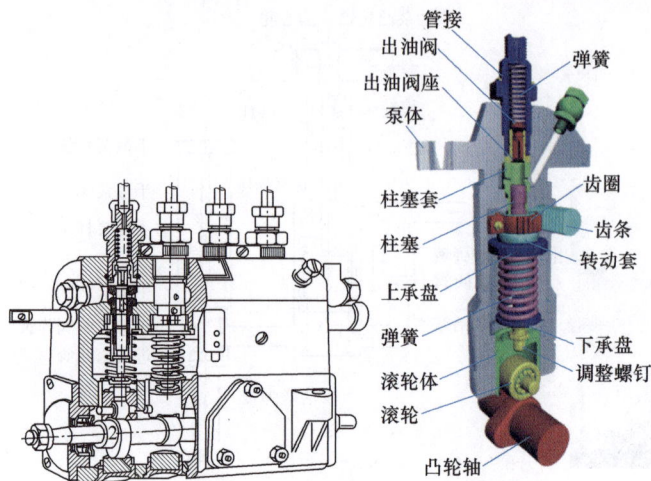

图 6-9　A 型柱塞式喷油泵的结构

柱塞和柱塞套构成喷油泵中最精密的偶件，称作柱塞偶件，如图 6-10a 所示。正是由于柱塞偶件的精密配合以及柱塞的高速运动，才得以实现对燃油的增压。每台喷油泵的柱塞偶件数和与其配套的柴油发动机气缸数相同。一般柱塞偶件用优质合金钢制造，经过精细加工和配对研磨，使其配合间隙在 0.0015～0.0025mm 范围内。间隙过大，容易漏油，导致油压下降；间隙过小，对偶件润滑不利，且容易卡死。柱塞的结构形式，如图 6-10c 所示。

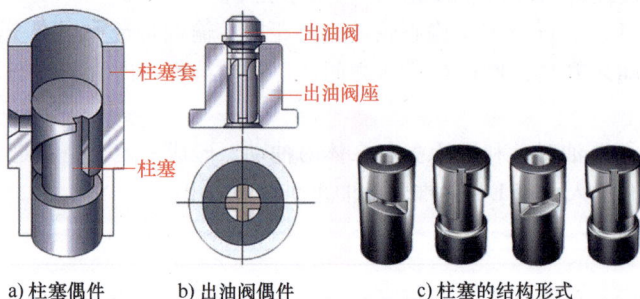

a) 柱塞偶件　　　b) 出油阀偶件　　　c) 柱塞的结构形式

图 6-10　喷油泵偶件及柱塞结构

出油阀与出油阀座是喷油泵中另一对精密偶件，称为出油阀偶件，如图 6-10b 所示。出油阀偶件位于柱塞偶件的上方，出油阀座的下端面与柱塞套的上端面接触，通过拧紧出油阀座使两者的接触面保持密合。同时，出油阀弹簧将出油阀压紧在出油阀座上。出油阀的密封锥面与出油阀座的接触表面经过精细研磨，出油阀减压环带与出油阀座孔的配合间隙很小。减压环带以下的出油阀表面是其在出油阀座孔内往复运动的导向面，导向部分的横截面为十字形。

喷油泵的工作过程可分为进油、压油和回油过程，如图 6-11 所示。

① 进油过程。柱塞从下止点至进油孔以下时，燃油在真空吸力及输油泵的压力下充满泵油室。

② 压油过程。当柱塞从下止点向上移动到将进油孔关闭时，泵油室内的燃油压力将骤然升高，推开出油阀，将高压油压入高压油管，再经过高压油管流向喷油器。当燃油压力超过喷油器的喷油压力时，喷油器开始向气缸内喷油。

③ 回油过程。当柱塞上移到螺旋槽线或斜槽上线高出进油孔的下沿时，高压油通过柱塞上的直槽或中心孔高速流回低压油室。由于泵油室内的油压急剧下降，出油阀在弹簧和残余压力的作

用下迅速回位,油泵停止供油。柱塞继续上升,直到上止点为止,都是回油过程。

2)供油量调节机构。喷油泵供油量调节机构的作用是根据柴油发动机负荷的变化,通过转动柱塞来改变循环供油量。供油量调节机构可由驾驶人直接操纵,也可由调速器自动控制。供油量调节机构有齿杆式油量调节机构和拨叉拉杆式油量调节机构两种,如图6-12所示。

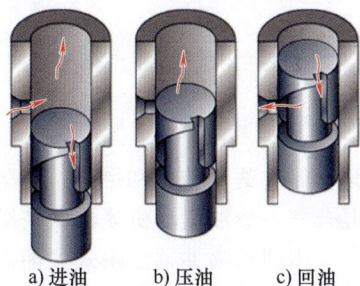

a)进油　　b)压油　　c)回油

图6-11　柱塞式喷油泵泵油原理图

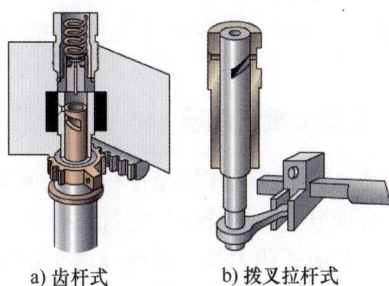

a)齿杆式　　b)拨叉拉杆式

图6-12　供油量调节机构的类型

当供油量调节机构的调节齿杆拉动柱塞转动时,柱塞上的螺旋槽与柱塞套油孔之间的相对位置发生变化,从而改变了柱塞的有效行程。当柱塞上的直槽对正柱塞套油孔时,柱塞有效行程为零,这时喷油泵不供油。利用供油量调节原理,可将多缸喷油泵的各缸供油量调匀,其操作步骤为:保持调节齿杆不动,拧松调节齿圈紧固螺钉,适当地转动控制套筒,使其带动柱塞在柱塞套内转动,改变柱塞的有效行程,便可使供油量或增或减,然后拧紧调节齿圈紧固螺钉。根据需要再拧松另一个调节齿圈的紧固螺钉,重复上述步骤,直到各缸供油量均匀一致为止,如图6-13所示。这项工作需在专门的喷油泵试验台上进行。

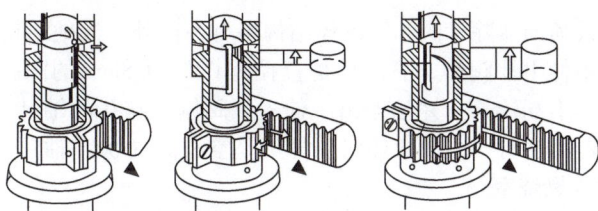

图6-13　循环供油量的调节

3)驱动机构。喷油泵的驱动机构包括凸轮轴和滚轮体传动件,滚轮体传动件如图6-14所示。凸轮轴的前、后端通过滚动轴承支承在喷油泵体上。凸轮轴上凸轮的数目与喷油泵的柱塞偶件数相同,各凸轮间的夹角与配套柴油发动机的气缸数有关,并与气缸工作顺序相适应。凸轮轴一般由曲轴定时齿轮驱动,四冲程柴油发动机喷油泵凸轮轴的转速是曲轴转速的一半,以实现在凸轮轴一转之内向各气缸供油一次。挺柱体部件安装在喷油泵体上的挺柱孔内。

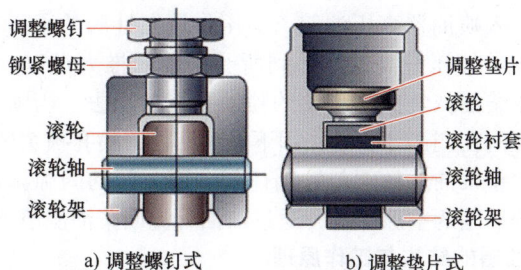

调整螺钉　　锁紧螺母　　滚轮　　滚轮轴　　滚轮架

调整垫片　　滚轮　　滚轮衬套　　滚轮轴　　滚轮架

a)调整螺钉式　　b)调整垫片式

图6-14　滚轮体传动件

4）喷油泵体。喷油泵体是喷油泵的基础零件，泵油机构、供油量调节机构和驱动机构等都安装在喷油泵体上。它在工作中承受较大的作用力，因此，喷油泵体应有足够的强度、刚度和良好的密封性。此外，喷油泵体还应该便于拆装、调整和维修。

> **职场健康与安全：**
>
> 柱塞偶件和出油阀偶件在使用中不能各自互换零件。

三、柴油发动机喷油器

柴油发动机喷油器的作用是使一定数量柴油良好雾化，促进柴油着火和燃烧；使柴油喷射按燃烧室类型合理分布，使柴油与空气迅速形成均匀可燃混合气。柴油发动机喷油器按结构形式不同可分为开式和闭式两大类，目前，汽车用柴油发动机均采用闭式喷油器。闭式喷油器在不喷油时，其针阀封闭喷孔，使喷油器的油腔与燃烧室隔开。闭式喷油器常见的形式有孔式喷油器和轴针式喷油器两种。孔式喷油器主要用于直接喷射式燃烧室中，针阀体下部喷孔的大小、方向和数目与燃烧室的形状、大小以及空气涡流情况相适应，如图 6-15a 所示。轴针式喷油器用于分隔式燃烧室，如图 6-15b 所示。

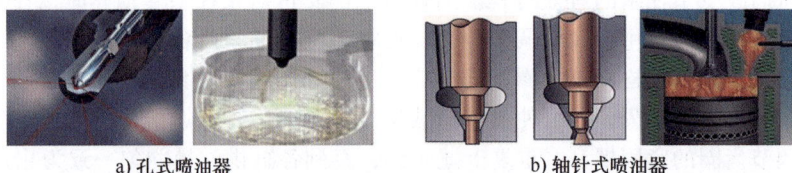

a) 孔式喷油器　　　　　　　　　　b) 轴针式喷油器

图 6-15　闭式喷油器的类型

孔式喷油器与轴针式喷油器除针阀和针阀体结构略有不同外，其他结构及工作原理完全相同。孔式喷油器的针阀下端不伸出针阀体，喷油孔是直径为 0.2~0.8mm 的圆孔，喷油孔有 1~8 个不等。轴针式喷油器的针阀下端较长，并延伸出一伸入针阀体下端孔的轴针，轴针与针阀体下端的孔形成环状狭缝，喷油器喷油时，柴油从环状狭缝中呈空心圆柱状（轴针为圆柱形）或空心圆锥状（轴针为倒锥形）喷入燃烧室。

1. 传统柴油喷射系统喷油器的结构与工作原理

传统机械孔式喷油器的结构与工作原理，如图 6-16 所示，其主要由针阀、针阀体、顶杆、调压弹簧、调压螺钉及喷油器锥体等零部件组成。喷油器不喷油时，调压弹簧通过顶杆使针阀紧压在针阀体的密封锥面上。通过调压螺钉，可调整调压弹簧的预紧力。喷油器进油管接头内装有缝隙式滤芯，以防止细小杂物堵塞喷孔。

针阀和针阀体是不能互换的高压精密偶件，配合间隙为 0.001~0.003mm。配合间隙过大，会因漏油而导致油压下降，直接影响喷雾质量；配合间隙过小，会影响针阀的往复运动。

针阀中部位于高压油腔内的锥面为承压锥面。喷油泵供油时，高压柴油由进油管接头经过喷油器体和针阀体内的油道进入喷油器高压油腔，油压作用在针阀的承压锥面上，给针阀一个向上的轴向推力。随高压油腔内的油压升高，当针阀所受的轴向推力足以克服调压弹簧的预紧力时，针阀便上移打开喷孔，高压柴油从针阀体下端的喷油孔喷射出去。当喷油泵停止供油时，由于高压油路内压力迅速下降，针阀在调压弹簧的作用下及时回位，喷孔被关闭，喷油器停止喷油。

喷油器工作时，会有少量柴油从针阀与针阀体配合面之间的间隙漏出，这部分柴油对针阀可起到润滑的作用，并沿顶杆周围的空隙上升，通过回油管流回柴油滤清器或油箱。

2. 柴油发动机电控喷油器的结构与工作原理

电控喷油器是共轨式燃油系统中最关键和最复杂的部件，它的作用是根据 ECU 发出的控制信号，通过控制电磁阀将柴油以最佳的喷油定时、喷油量和喷油率喷入柴油发动机的燃烧室。

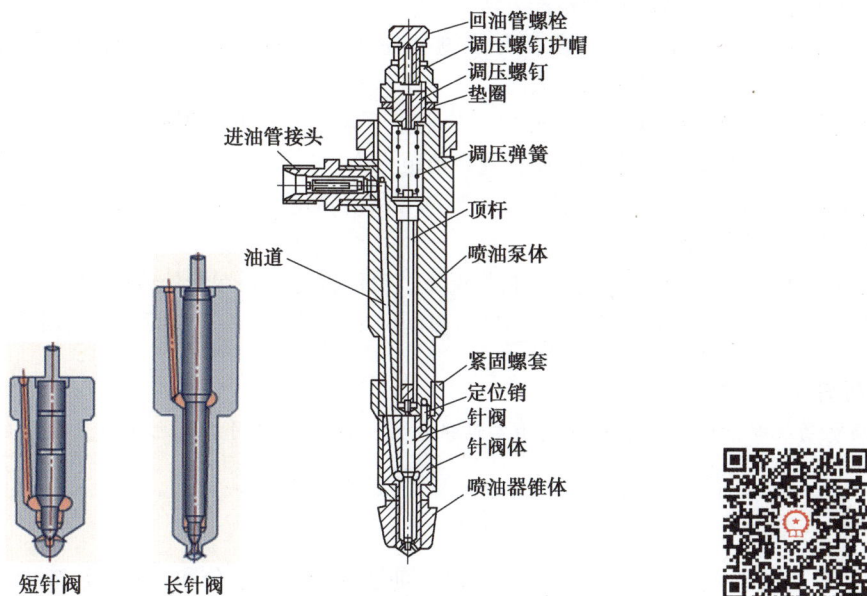

图 6-16　传统机械孔式喷油器的结构与工作原理图

如图 6-17 所示的电控喷油器，当电磁阀断电时，球阀关闭，此时控制腔压力和针阀弹簧压力之和大于针阀腔压力，针阀关闭，不喷射；当电磁阀通电时，球阀开启，泄油孔泄油，此时控制腔压力和针阀弹簧压力之和小于针阀腔压力，针阀抬起，喷射。

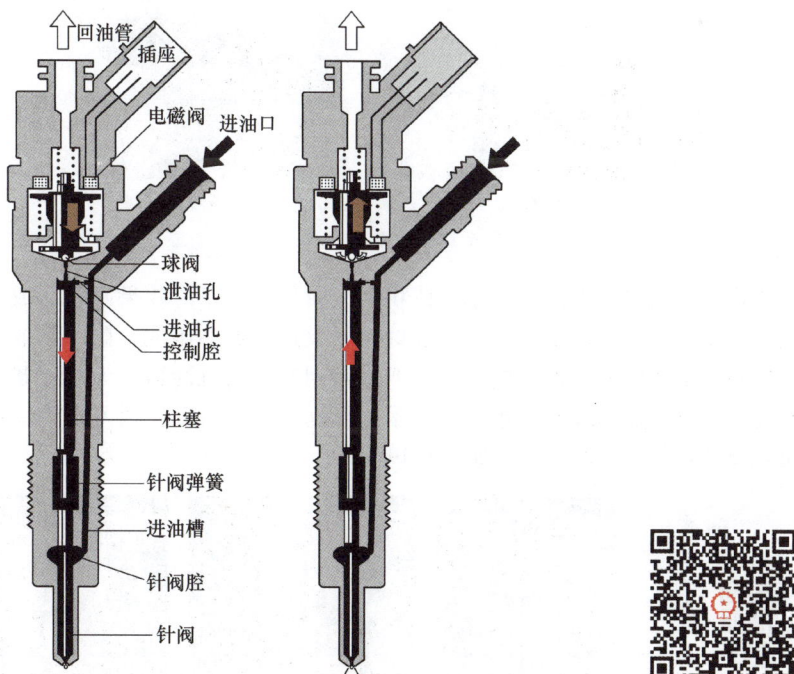

图 6-17　柴油发动机电控喷油器的结构与工作原理图

针阀抬起速度取决于泄油孔与进油孔的流量差，针阀关闭速度取决于进油孔流量，喷射响应时间等于电磁阀响应时间加液力系统响应时间，一般应为0.1~0.3ms（喷油速率控制的要求）。

柴油发动机电控喷油器电磁阀的检修方法如下：

（1）外电路检查　用万用表的电阻档分别测量各喷油器电磁阀与ECU对应端子之间的电阻值，来判断外电路是否存在短路及断路故障。

（2）电磁阀电阻值测量　关闭点火开关，分别拔下各喷油器电磁阀插头，测量各电磁阀的电阻，正常情况下，两端子之间的电阻值应在规定值范围内。

（3）电磁阀工作电流检查　柴油机工作时喷油器的峰值电流为18A左右，保持电流为18A左右，需要用钳式电流表检查。

（4）电磁阀工作电压检查　起动柴油机情况下，喷油器电磁阀端子处应有5V电压输入；或用试灯（须串联300Ω左右的电阻）连接喷油器电磁阀两个端子，起动时试灯应时亮时灭。

> **职场健康与安全：**
> 柴油发动机电控喷油器不能像汽油发动机电控喷油器那样用蓄电池连接直接检查。

四、柴油滤清器

柴油滤清器如图6-18所示，它的作用是滤除柴油中的杂质、水分和石蜡，以减少各精密偶件的磨损。柴油滤清器有粗细之分，柴油粗滤器用来清除柴油中颗粒较大的杂质，滤芯采用纸质；柴油细滤器用来清除柴油中微小杂质，滤芯采用毛毡滤芯或纸质滤芯。柴油滤清器按安装形式可分为可拆式和旋装式。目前，很多柴油发动机设有双级滤清器，也有的只设单级滤清器。

柴油滤清器的结构大致与机油滤清器相同，但其承受的工作压力和耐油温要求较机油滤清器低得多，而其过滤效率的要求比机油滤清器高得多。

a）柴油滤清器总成　　　b）滤芯

图6-18　柴油滤清器

目前，国产柴油发动机多使用结构简单、体积小、质量小、滤清效果好以及成本低的纸质柴油滤清器。纸质柴油滤清器主要由钢板冲压而成的外壳及纸质滤芯组成。柴油滤清系统的除水方式主要是沉淀，可在滤清器的下部设一沉淀腔，或是采用专门的沉淀器。无论是柴油滤清器下部的沉淀腔，还是专门的沉淀器都设有放水阀，当水积聚到一定量时开阀放水，所以也称为油水分离器滤清器。柴油滤清器的工作原理图，如图6-19所示。

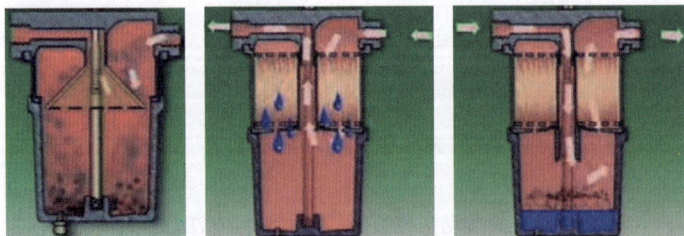

图6-19　柴油滤清器的工作原理图

知识窗

柴油发动机尾气的危害

　　柴油发动机排出的废气污染物最主要的是一氧化碳、碳氢化合物、氮氧化合物和固体颗粒物（PM）。与汽油发动机相比，柴油发动机排放的一氧化碳和碳氢化合物更少，主要污染物是氮氧化合物和PM。氮氧化合物是二氧化氮和一氧化氮的总称，两者都是燃烧时过量空气和高温产生的氮燃烧产物。PM是废气中可见的污染物，它是由柴油燃烧时裂解的碳（干煤烟）、未燃烧的碳氢化合物、机油和柴油燃烧时产生的硫酸盐等组成的颗粒，也就是常见的排气管排出的黑烟。

　　二氧化氮刺激人眼黏膜，会引起结膜炎和角膜炎，吸入肺部也会引起肺炎和肺水肿。

　　PM被吸入人体后可引起哮喘、支气管炎、肺气肿等慢性疾病；吸附在煤烟颗粒上的PAH（多环芳烃）等有机物是极其有害的致癌物质。

第 4 课　废气涡轮增压技术

一、废气涡轮增压的作用

　　废气涡轮增压是一种利用内燃机燃烧所产生的废气驱动空气压缩机的技术。废气涡轮增压技术先在车用柴油发动机上使用，现在部分车用汽油发动机也采用该技术。废气涡轮增压的主要作用就是提高发动机进气量，从而提高发动机的功率和转矩，也提高发动机的燃油经济性和降低尾气排放。一台发动机装上涡轮增压器后，其最大功率与未装增压器的时候相比可以增加40%，甚至更高。如果在轿车尾部看到 Turbo（涡轮增压）或者 T，即表明该辆车采用的发动机是涡轮增压发动机。图 6-20 所示为一辆装有涡轮增压的汽车。

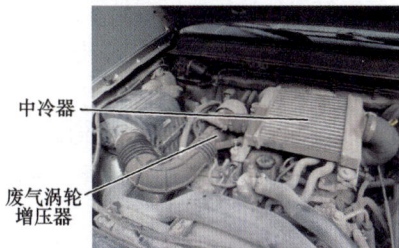

二、废气涡轮增压器的组成

　　废气涡轮增压器在汽车上的位置，如图 6-21 所示。

图 6-20　装有涡轮增压的汽车

图 6-21　废气涡轮增压器

　　废气涡轮增压器主要由压气叶轮、排气叶轮、进油口、出油口、压气壳体、排气壳体、压气壳背板、滚珠轴承和中央支座等组成，如图 6-22 所示。

a) 外形结构　　　　b) 叶轮结构　　　　c) 内部结构

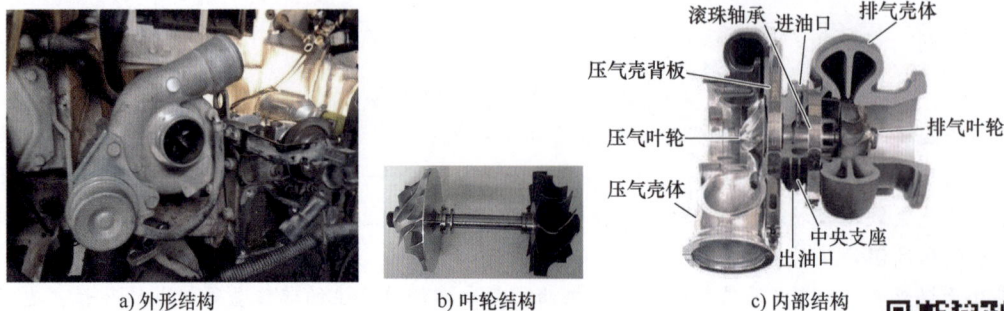

图 6-22　废气涡轮增压器的结构

三、废气涡轮增压器的工作原理

废气涡轮增压器与发动机无任何机械联系，实际上是一种空气压缩机，通过压缩空气来增加进气量，其工作原理如图 6-23 所示。

1）发动机排出的废气，推动涡轮排气端的涡轮叶轮，并使之旋转。由此便能带动与之相连的另一侧的压气机叶轮也同时转动。

2）压气机叶轮把空气从进风口强制吸进，并经叶片的旋转压缩后，再进入管径越来越小的压缩通道进行二次压缩，这些经压缩的空气被注入气缸内燃烧。

3）有的发动机设有中冷器，以此降低被压缩空气的温度、提高密度，防止发动机产生爆燃。

图 6-23　废气涡轮增压器的工作原理图

4）被压缩（并被冷却后）的空气经进气管进入气缸，参与燃烧做功。

5）燃烧后的废气从排气管排出，进入涡轮，再重复以上的动作。

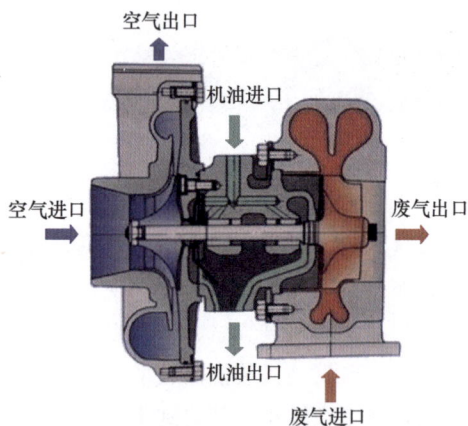

四、装有废气涡轮增压器的汽车使用注意事项

由于废气涡轮增压器经常处于高速、高温下工作，增压器废气涡轮端的温度在 600℃ 左右，增压器转子以 832～1040r/min 的高速旋转，因此为了保证增压器的正常工作，使用中应注意以下几点：

1）不能着车就走。发动机发动后，特别是在冬季，应让其怠速运转一段时间，以便在增压器转子高速运转之前让机油充分润滑轴承。所以，在车辆刚起动后，千万不能猛踩加速踏板，以防损坏增压器油封。

2）不能立即熄火。发动机长时间高速运转后，不能立即熄火。发动机工作时，有一部分机油是供给废气涡轮增压器转子轴承用于润滑和冷却的。正在运行的发动机突然停机后，机油压力迅速下降为零，增压器涡轮部分的高温传到中间，轴承支承壳内的热量不能迅速带走，而同时增压器转子仍在惯性作用下高速旋转，因此，发动机热机状态下如果突然停机，会引起废气涡轮增压器内滞留的机油过热而损坏轴承和轴。所以，发动机大负荷、长时间运行后，在熄火前应怠速运转 3~5min，让增压器转子的转速降下来以后再熄火。特别要防止猛踩几下加速踏板后突然熄火。

3）保持清洁。拆卸增压器时，要保持清洁，各管接头一定要用清洁的布堵塞好，防止杂物掉进增压器内而损坏转子。维修时应注意不要碰撞损坏叶轮，如果需要更换叶轮，应对其做动平衡试验。重新装复完毕后，要取出堵塞物。

4）由于增压器经常处于高温下运转，它的机油管路因受高温作用，内部机油容易有部分的结焦，这样会造成增压器的轴承因润滑不足而损坏。因此，机油管路在运行一段时间后要进行清洗。

5）经常注意检查增压器的运转情况。在出车前、收车后，应检查气道各管的连接情况，防止松动、脱落而造成增压器失效和空气短路进入气缸。

任务实施

任务一　检测电控柴油发动机的传感器

1. 任务目的

1）知道电控柴油发动机传感器的作用。

2）能指出电控柴油发动机传感器在汽车上的位置。

3）学会电控柴油发动机传感器性能好坏的判别方法。

4）能积极主动参与任务，能与小组成员团结协作，能执行实训室"6S"规定。

2. 任务准备

1）知识准备：完成项目六第 2 课电控柴油发动机传感器的检修的学习。

2）设备准备：电控柴油车、汽车拆装工量具、演示课件（或操作视频）。

3. 任务步骤

1）老师演示或播放视频：检测电控柴油发动机的传感器。

2）学生练习检修电控柴油发动机的传感器（或老师演示时同步练习），并完成《汽车发动机构造与维修工作页》相应部分内容的填写。

检测电控柴油发动机的传感器，检测内容包括曲轴转速传感器、凸轮轴位置传感器、共轨压力传感器、冷却液传感器、进气压力传感器、燃油温度传感器、机油温度传感器。

4. 任务评价

任务评价内容及标准见表 6-1。

表 6-1　任务评价内容及标准

序号	项目	操作内容	分值	评分标准	得分
1	准备	清点工量具、清理工位	5	酌情扣分	
2	拆卸	曲轴转速传感器	4	操作不当扣 1~4 分	
		凸轮轴位置传感器	4	操作不当扣 1~4 分	
		共轨压力传感器	4	操作不当扣 1~4 分	
		冷却液温度传感器	4	操作不当扣 1~4 分	
		进气压力传感器	4	操作不当扣 1~4 分	
		燃油温度传感器	4	操作不当扣 1~4 分	
		机油温度传感器	4	操作不当扣 1~4 分	

（续）

序号	项目	操作内容	分值	评分标准	得分
3	检测	曲轴转速传感器	4	操作不当扣 1~4 分	
		凸轮轴位置传感器	4	操作不当扣 1~4 分	
		共轨压力传感器	4	操作不当扣 1~4 分	
		冷却液温度传感器	4	操作不当扣 1~4 分	
		进气压力传感器	4	操作不当扣 1~4 分	
		燃油温度传感器	4	操作不当扣 1~4 分	
		机油温度传感器	4	操作不当扣 1~4 分	
4	安装	按照与拆卸相反的顺序进行	14	操作不当扣 1~14 分	
5	完成时间	240min	10	超时 1~5min 扣 1~5 分 超时 5min 以上扣 10 分	
6	安全文明	无安全隐患，无不文明操作	5	未达标扣 1~5 分	
7	结束	工量具清洁归位 工作场地清洁	5 5	漏一项扣 1 分，未做扣 5 分 清洁不彻底扣 1~5 分，未做扣 5 分	
	总分		100		

任务二　拆装并调整传统柴油喷射系统的喷油器

1. 任务目的

1）知道传统柴油喷射系统喷油器的组成。

2）能正确拆装传统柴油喷射系统喷油器。

3）学会传统柴油喷射系统喷油器的检查方法。

4）能积极主动参与任务，能与小组成员团结协作，能执行实训室"6S"规定。

2. 任务准备

1）知识准备：完成项目六第 3 课柴油发动机燃油系统主要零部件的拆装与维修的学习。

2）设备准备：传统柴油喷射系统喷油器、汽车拆装工量具、演示课件（或操作视频）。

3. 任务步骤

1）老师演示或播放视频：拆装并调整传统柴油喷射系统的喷油器。

2）学生练习拆装并调整传统柴油喷射系统的喷油器（或老师演示时同步练习），并完成《汽车发动机构造与维修工作页》相应部分内容的填写。

拆装并调整传统柴油喷射系统的喷油器的主要内容包括检测喷油器的密封性、对喷油压力进行调试，检测喷油器的雾化质量以及就车检验。

4. 任务评价

任务评价内容及标准见表 6-2。

表 6-2　任务评价内容及标准

序号	项目	操作内容	分值	评分标准	得分
1	准备	清点工量具、清理工位	5	酌情扣分	
2	拆卸	喷油器	20	操作不当扣 1~20 分	
3	清洗	喷油器各零部件	15	操作不当扣 1~15 分	
4	安装	按照与拆卸相反的顺序进行	15	操作不当扣 1~15 分	
5	检查	密封性试验	5	操作不当扣 1~5 分	
		喷油压力调试	5	操作不当扣 1~5 分	
		雾化质量试验	5	操作不当扣 1~5 分	
		就车检验	5	操作不当扣 1~5 分	
6	完成时间	80min	10	超时 1~5min 扣 1~5 分 超时 5min 以上扣 10 分	
7	安全文明	无安全隐患，无不文明操作	5	未达标扣 1~5 分	
8	结束	工量具清洁归位 工作场地清洁	5 5	漏一项扣 1 分，未做扣 5 分 清洁不彻底扣 1~5 分，未做扣 5 分	
		总分	100		

任务三　检测电控柴油发动机的喷油器

1. 任务目的

1）知道电控柴油发动机喷油器的作用。

2）能指出电控柴油发动机喷油器在汽车上的位置。

3）学会电控柴油发动机喷油器性能好坏的判别方法。

4）能积极主动参与任务，能与小组成员团结协作，能执行实训室"6S"规定。

2. 任务准备

1）知识准备：完成项目六第 3 课柴油发动机燃油系统主要零部件的拆装与维修的学习。

2）设备准备：电控柴油发动机、汽车拆装工量具、演示课件（或操作视频）。

3. 任务步骤

1）老师演示或播放视频：检测电控柴油发动机的喷油器。

2）学生练习检测电控柴油发动机的喷油器（或老师演示时同步练习），并完成《汽车发动机构造与维修工作页》相应部分内容的填写。

检测电控柴油发动机的喷油器，检测内容包括检测电磁线圈电阻值和外观检查。

4. 任务评价

任务评价内容及标准见表 6-3。

表 6-3　任务评价内容及标准

序号	项目	操作内容	分值	评分标准	得分
1	准备	清点工量具、清理工位	5	酌情扣分	
2	拆卸	喷油器插头	20	操作不当扣 1~20 分	

（续）

序号	项目	操作内容	分值	评分标准	得分
3	检测	电磁线圈电阻值	20	操作不当扣 1~20 分	
4	安装	按照与拆卸相反的顺序进行	30	操作不当扣 1~30 分	
5	完成时间	40min	10	超时 1~5min 扣 1~5 分 超时 5min 以上扣 10 分	
6	安全文明	无安全隐患，无不文明操作	5	未达标扣 1~5 分	
7	结束	工量具清洁归位 工作场地清洁	5 5	漏一项扣 1 分，未做扣 5 分 清洁不彻底扣 1~5 分，未做扣 5 分	
		总分	100		

巩固与提高

一、填空题

1. 柴油发动机燃油系统可分为_____柴油喷射系统和_____柴油喷射系统两种。

2. 电控柴油喷射系统由_____、_____和_____三部分组成。

3. 柴油发动机可燃混合气的形成方法基本上有_____混合和_____混合两种。

4. 柴油发动机燃烧室按结构形式的不同分为_____燃烧室和_____燃烧室两大类。

5. 加速踏板位置传感器用来检测_____被驾驶人踩下的位置及位置变化情况的。

6. 柱塞偶件由_____和_____组成，出油阀偶件由_____和_____组成。

7. 废气涡轮增压是一种利用内燃机燃烧所产生的_____驱动_____的技术。

二、单项选择题

1. 串联在传统柴油发动机输油泵和喷油泵之间的部件是（　　　）。

A. 喷油器　　　　　B. 喷油提前器　　　　C. 柴油滤清器　　　　D. 调速器

2. 柴油发动机可燃混合气的形成是在（　　　）。

A. 进气管　　　　　B. 燃烧室　　　　　　C. 喷油泵　　　　　　D. 喷油器

3. 用来关闭空气进入柴油机气缸通道的部件是（　　　）。

A. 凸轮　　　　　　B. 凸轮轴　　　　　　C. 排气门　　　　　　D. 进气门

4. 下列零部件不构成一对精密偶件的是（　　　）。

A. 柱塞和柱塞套　　　　　　　　　　　　B. 出油阀与出油阀座

C. 针阀和针阀体　　　　　　　　　　　　D. 顶杆与喷油泵体

5. 柴油发动机燃油系统中产生高压燃油的部件是（　　　）。

A. 输油泵　　　　　B. 调速器　　　　　　C. 喷油泵　　　　　　D. 滤清器

6. 柴油发动机中将柴油雾化成细小颗粒，并分布到燃烧室中的部件是（　　　）。

A. 喷油器　　　　　B. 喷油泵　　　　　　C. 输油泵　　　　　　D. 高压油管

三、判断题

1. 柴油发动机具有燃烧充分、热效率高、燃油消耗低的特点。　　　　　　　　（　　　）

2. 柴油发动机可燃混合气的品质比汽油发动机差，排气易冒黑烟。　　　　　　（　　　）

3. 柴油发动机喷油器的作用是定时、定量输送高压燃油。　　　　　　　　　　（　　　）

4. 电控柴油发动机喷油器可用 12V 蓄电池检测好坏。　　　　　　　　　　　（　　　）

四、简答题

1. 简述传统机械式柴油喷射系统的组成。
2. 简述柴油发动机电控燃油喷射系统的优点。
3. 简述柴油发动机电控喷油器的工作原理。
4. 简述废气涡轮增压器的工作原理。

项目七

发动机冷却系统的拆装与维修

学习目标

1. 学会发动机冷却系统典型故障的诊断与排除方法。
2. 培养学生热爱劳动的习惯。

典型工作任务

任务一　拆装并检修发动机水泵。
任务二　拆装并检查发动机节温器。
任务三　更换发动机的冷却液。
任务四　清除发动机的水垢。
任务五　冷却系统的故障诊断与排除。

知识准备

第1课　发动机冷却系统概述

一、冷却系统的作用

冷却系统的作用是将受热零件吸收的部分热量及时散发出去，以保证发动机在最适宜的温度状态下工作。冷却系统既要防止发动机过热，又要防止冬季发动机过冷，汽车发动机的冷却液正常工作温度为80~90℃。

二、冷却系统的类型

冷却系统按照冷却介质不同可以分为风冷和水冷两种，如图7-1所示。把发动机中高温零件的

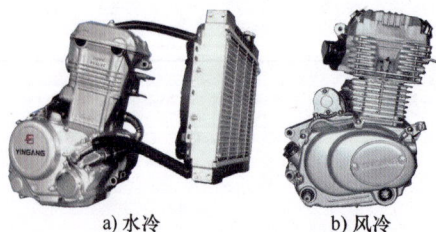

a) 水冷　　　　b) 风冷

图7-1　冷却系统的类型

热量直接散入大气而进行冷却的装置称为风冷系统；把这些热量先传给冷却液（或水），然后再散入大气而进行冷却的装置称为水冷系统。目前，汽车发动机广泛采用的是水冷系统。

三、水冷系统的组成及水路

水冷系统是以冷却液作为冷却介质，把发动机受热零件吸收的热量散发到大气中。目前，汽车发动机上采用的大都是强制循环式水冷系统，即利用水泵强制加压使冷却液在冷却系统中进行循环流动。水冷系统由散热器、冷却风扇、膨胀水箱、冷却液温度传感器和冷却液进水管等组成，如图 7-2 所示。

通常，冷却液在冷却系统内的循环流动路线有两条，如图 7-3 所示。一条为大循环，另一条为小循环。大循环是冷却液温度高时，冷却液经过散热器而进行的循环流动；小循环就是冷却液温度低时，冷却液不经过散热器而进行的循环流动，从而使冷却液温度升高。

图 7-2　水冷系统的组成

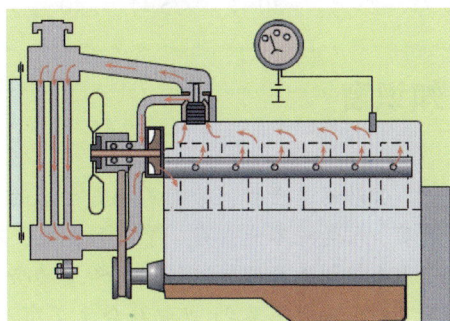

图 7-3　冷却水路

四、发动机冷却液

1. 发动机冷却液的作用

发动机冷却液又称为发动机防冻液，冷却液在发动机冷却系统内循环，除了起冷却作用外，还有防冻、防沸、防锈、防腐和防垢等功能。大多数的发动机冷却液颜色为蓝色、绿色或红色，以便观察液位及是否泄漏，或与发动机其他液体相区别，避免混淆。如图 7-4a 所示，发动机冷却液的冰点为−40℃，沸点为108℃，颜色为蓝色。如图 7-4b 所示，发动机冷却液的冰点为−26℃，沸点为126℃，颜色为绿色。

a)　　　　　　　　　　　b)

图 7-4　发动机冷却液

2. 发动机冷却液的种类（GB 29743.1—2022《机动车发动机冷却液》）

发动机冷却液由水、防冻剂和添加剂三部分组成。冷却液用水最好是软水，可防止发动机水套产生水垢，造成传热受阻，发动机过热。软水是指不含或含较少可溶性钙、可溶镁化合物的水，硬水是指有较多可溶性钙、可溶镁化合物的水。自然水中，雨水和雪水属软水。蒸馏水为人工加工而成的软水。泉水、溪水、江河水属暂时硬水，部分地下水属硬水。

发动机冷却液按防冻剂成分的不同可分为酒精型、甘油型和乙二醇型等。酒精型冷却液现已逐渐被淘汰；甘油型冷却液降低冰点效果不佳、成本高、价格昂贵，只有少数北欧国家仍在使用；乙二醇型冷却液是用乙二醇作为防冻剂，并添加少量抗泡沫、防腐蚀等综合添加剂配制而成。由于乙二醇易溶于水，可以任意配成各种冰点的冷却液，其最低冰点可达−68℃，这种冷却液具有沸点高、泡沫倾向低、黏温性能好、防腐和防垢等特点，是一种较为理想的冷却液，我国发动机所使用的冷却液几乎都是乙二醇型。GB 29743.1—2022将乙二醇型发动机冷却液按冰点分为−15号、−20号、−25号、−30号、−35号、−40号、−45号、−50号八个牌号。

知识窗

劳动最光荣

劳动创造世界，劳动是人类生活的本能，劳动教育是对学生进行人生教育的根本。不劳动，人类就不能生存、繁衍和发展；不劳动，社会就不能进步、繁荣和昌盛。"培养同现代化要求相适应的数以亿计高素质的劳动者和数以千万计的专门人才，发挥我国巨大人力资源的优势，关系21世纪社会主义事业的全局。"培养学生热爱劳动、学会劳动，促进学生德、智、体、美、劳全面发展，具有十分重要的意义。

汽车自从被发明以来就有了汽车维修，可以说汽车维修离不开汽车的发展。现如今，汽车越来越普及，汽车维修也被人们所重视。汽车属于现代化的高科技产品，因此对维修技术的要求也很高，维修工人要具备较强的业务素质，全面掌握所修车型构造和原理，还要具备诊断和排除故障的能力，以满足不同用户的需求。汽车维修是一个典型的多工种行业，在《机动车维修从业人员资格条件》中，把维修从业人员分为"机动车维修企业负责人""机电维修人员""喷漆人员""钣金人员"等数十个工种。

第2课　发动机冷却系统主要零部件的拆装与维修

一、散热器的拆装与维修

1. 散热器的结构

散热器俗称水箱，其主要作用是对进入的高温冷却液进行冷却。散热器主要由上储水室、下储水室、散热器芯、散热器盖和放水阀等组成，如图7-5所示。上储水室的进水管和下储水室的出水管分别用软管与发动机气缸盖上的出水口及水泵的进水口连接。有的散热器下储水室的出水管上还有放水开关，必要时可将散热器内的冷却液放掉。

散热器芯由散热管和散热片（或散热带）组成。对于散热器芯应该有尽可能大的散热面积，采用散热片是为了增加散热器芯的散热面积。散热器芯常用的有管片式和管带式两种，如图7-6所示。

管片式散热器芯冷却管的断面大多为扁圆形，它连通上、下储水室，是冷却液的通道。和圆形断面的冷却管相比，扁圆形断面的冷却管不但散热面积大，而且万一管内的冷却液结冰膨胀，扁管可以借其横断面变形而避免破裂。采用散热片不但可以增大散热面积，还可增大散热器的刚度和强度。这种散热器芯强度和刚度都好，且耐高压，但制造工艺较复杂，成本高。

管带式散热器芯采用冷却管和散热带沿纵向间隔排列的方式，散热带上的小孔是为了破坏空气流，并在散热带上形成附面层，使散热能力提高。这种散热器芯散热能力强，制造工艺简单、成本低，但结构刚度不如管片式大，一般多为轿车发动机采用，近年来在一些中型车辆上也开始采用。

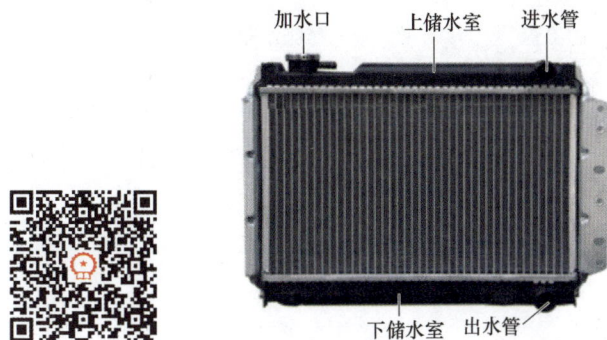

图 7-5　散热器

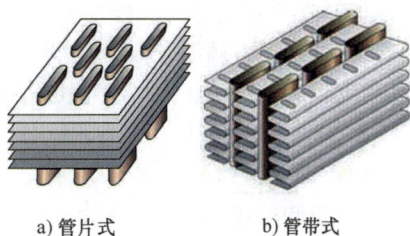

a) 管片式　　b) 管带式

图 7-6　散热器芯

目前，汽车发动机多采用闭式水冷系统，这种冷却系统可保证发动机长时间不加冷却液，在使用中必须保证密封才能收到效果。闭式冷却系统的散热器盖具有空气—蒸汽阀，如图 7-7 所示。当发动机温度升高，散热器中压力达到 126～137kPa 时（此压力下，冷却液的沸点可达 108℃），蒸汽阀开启，水蒸气从蒸汽阀经通气口排入大气或膨胀水箱，使散热器内的压力下降到规定值，以避免散热器破裂；当冷却液温度下降，散热器内压力低于 10kPa 时，空气阀被大气压力推开，空气从通气口进入冷却系统，以防止散热器芯被大气压坏。

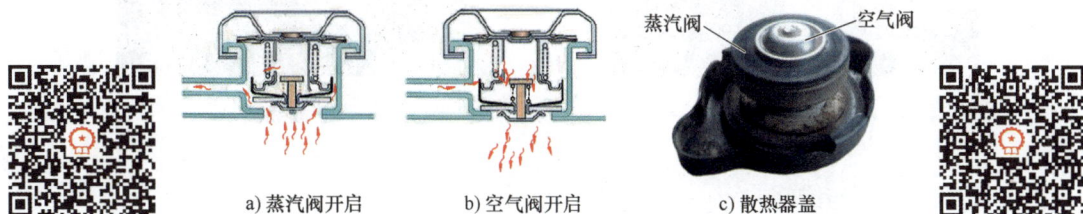

a) 蒸汽阀开启　　b) 空气阀开启　　c) 散热器盖

图 7-7　散热器盖的结构及原理图

散热器盖空气—蒸汽阀好坏的检查，如图 7-8 所示。

加注防锈冷却液的汽车发动机，为了减少冷却液的损失、保证冷却系统的正常工作，都装有膨胀水箱，膨胀水箱也叫作副水箱。膨胀水箱的上方用一根软管通大气，另一根软管与散热器的溢流管相连。当散热器内蒸汽压力升高到某一值时，其盖上的蒸汽阀打开，冷却液通过蒸汽阀和溢流管进入膨胀水箱；当温度下降时，冷却液又从膨胀水箱通过真空阀流回到散热器内部。这样可以防止冷却液损失，同时防止空气不断地进入系统。膨胀水箱外部印有两条液面高度标记线，膨胀水箱内的液面高度应位于这两条刻线之间，如图 7-9 所示。

2. 散热器密封性的检查

（1）车上密封性的检查　用检漏仪就车检查散热器密封性，方法如下：

1）封闭散热器进出水口，将散热器加水至加水口下方 10～20mm 处。

2）用气泵向散热器内加压至 200kPa，压力表在 5min 内压力应不下降。

3）检查散热器有无渗漏现象，如有渗漏，应进行修复或更换，如图 7-10 所示。

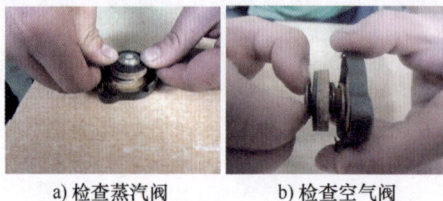

a) 检查蒸汽阀　　b) 检查空气阀

图 7-8　散热器盖空气—蒸汽阀的检查　　　图 7-9　膨胀水箱

（2）车下密封性的检查　散热器从车上拆下后，检查密封性的方法是：先封闭散热器的进出水口，然后把散热器放到比散热器大的水池中，观察是否有气泡冒出。若无气泡冒出，说明密封良好；反之，冒气泡的地方即为漏气点，需要维修。

3. 散热器的拆卸

1）拔下散热器上的传感器插头。

2）拆卸散热器的上下水管。

3）拆除散热器与车身之间的连接螺栓。

4. 散热器的检修

散热器常见的故障是变形、渗漏和芯管堵塞等。散热器变形可用焊丝拉平修复，散热器渗漏可用锡焊或黏结方法修复，散热器芯管堵塞可用清洗或换管的方法修复。图 7-11 所示为散热器换芯。

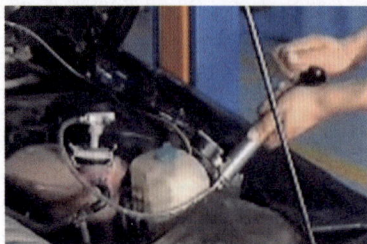

图 7-10　散热器的渗漏检查　　　　　图 7-11　散热器换芯

二、风扇的结构与维修

1. 风扇的结构

风扇的作用是提高通过散热器芯的空气流速和流量，加速冷却液的冷却。风扇按驱动的动力不同可分为机械风扇和电动风扇两种，如图 7-12 所示。风扇通常安装在散热器后面，并与水泵同

a) 机械风扇　　　　　　b) 电动风扇

图 7-12　风扇按驱动的动力不同分

轴，此为机械式风扇。安装在散热器上的风扇为电动风扇。当风扇旋转时，对空气产生吸力，使之沿轴向流动。空气流由前向后通过散热器芯，使流经散热器芯的冷却液加速冷却。

风扇按制造材料的不同可分为金属叶片风扇和工业塑料风扇，如图7-13所示。传统发动机风扇叶片一般用钢板冲压制成；现代发动机风扇通常采用塑料风扇，塑料风扇一般用合成树脂材料制成，以减小噪声。

a) 金属叶片风扇　　　　　　　　b) 工业塑料风扇

图 7-13　风扇按制造材料分

2. 风扇的控制装置

风扇控制装置用以控制风扇的运转与转速，改变流经散热器芯部的空气流量，从而调节冷却强度，保证发动机在最有利的温度范围内工作，以延长发动机的使用寿命。同时，还可以减少风扇的功率消耗，减小发动机的噪声。

(1) 机械风扇的控制装置　机械风扇的控制装置主要有硅油风扇离合器和电磁风扇离合器两种。

1) 硅油风扇离合器。硅油风扇离合器安装在风扇与水泵之间，如图7-14所示。硅油风扇离合器是用硅油作为介质，利用硅油剪切黏力传递转矩。发动机冷却液温度较低时，离合器处于分离状态。风扇随离合器一起在主轴上空转，转速很低。当发动机负荷增大，冷却液温度升高时，离合器接合，风扇转速提高，以满足发动机冷却的需求。

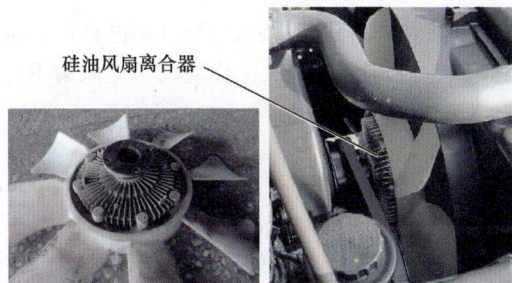

硅油风扇离合器

图 7-14　硅油风扇离合器

故障应急措施：行驶途中，若硅油风扇离合器因故障（如漏油等）时，可松开内六角螺钉，把锁止板的销插入主动板孔中，再拧紧螺钉，使壳体与主动轴连成一体。但此时只靠销传动，不能长期使用。

2) 电磁风扇离合器。电磁风扇离合器是一种根据冷却液温度，通过冷却液温度感应开关和电路控制风扇运转的装置，如图7-15所示。当冷却液温度低于92℃，冷却液温度感应开关的电路不通，线圈不通电，离合器处于分离状态；当冷却液温度超过92℃，冷却液温度感应开关的电路自动接通，线圈通电，电磁壳体吸引衔铁环将摩擦片压紧，离合器处于接合状态，风扇毂随电磁壳体一起转动。

（2）电动风扇的控制装置　电动风扇以蓄电池为动力，其转速与发动机转速无关。电动机的开关由位于散热器的温控开关控制，由于冷却液温度高，即使发动机已熄火，风扇仍可能转动，如图7-16所示。驱动风扇的电动机有高速和低速两个档位，当冷却液温度升至92～97℃时，低速触点闭合，风扇以1600r/min低速运转；当冷却液温度上升到99～105℃时，高速触点闭合，风扇以2400r/min高速运转；当冷却液温度下降到91～98℃时，电动机恢复低速运转；当冷却液温度下降到84～91℃时，电动机停止工作。

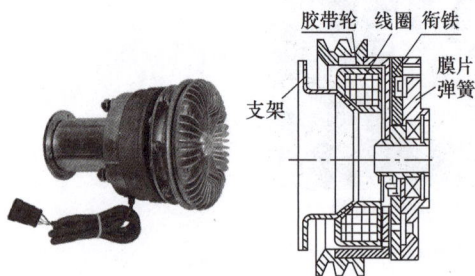

图7-15　电磁风扇离合器

图7-16　电动风扇温控开关

3. 风扇的维修

（1）机械风扇的维修　传动带的松紧度应按规定调整，检查传动带松紧度的方法是：用手指以30～50N的力压在传动带中间，传动带下挠10～20mm为宜。如果风扇传动带是两根，必须同时更换，以免其松紧不一，用力不均，引起故障。

1）硅油风扇离合器控制的风扇。发动机起动前用手指拨动风扇叶片有阻力，发动机起动后熄火再拨动风扇叶片，阻力应明显减小，说明硅油风扇离合器工作正常，否则应予以更换。

2）电磁风扇离合器控制的风扇。当冷却液温度达到规定值时，风扇不运转，应检查冷却液温度传感器开关或空气温度传感器开关及其电路。

（2）电动风扇的维修

1）发动机一起动，风扇就运转，说明电动风扇温控开关已损坏，应予以更换。

2）发动机起动后，已达到电动风扇温控开关工作温度，但风扇不运转，应检查电动风扇温控开关、电动风扇及电动风扇电路。

三、水泵的结构与维修

1. 水泵的结构

水泵的作用是对冷却液加压，使之在冷却系统中加速循环流动。车用发动机多采用离心式水泵，离心式水泵主要由泵体、叶轮和水泵轴组成。叶轮一般是径向或向后弯曲的，其数目一般为6～9片，如图7-17所示。

当叶轮旋转时，水泵中的冷却液被叶轮带动一起旋转，在离心力的作用下，冷却液被甩向叶轮边缘，然后经外壳上与叶轮呈切线方向的出水管压送到发动机水套内。与此同时，叶轮中心处的压力降低，散热器中的冷却液便经进水管被吸进叶轮中心部分。如此连续的作用，使冷却液在水路中不断地循环，如图7-18所示。

2. 水泵的检修

（1）水泵叶轮的检修　水泵叶轮与水泵轴的配合为静配合或过渡配合，其配合间隙为

-0.048~0.013mm。若叶轮孔与泵轴配合间隙超过0.04mm，应搪孔并进行镶套，衬套材料可用灰铸铁或20钢。水泵叶轮裂纹较小的，可锡焊或胶补；水泵叶轮裂纹较大或碎裂的，应予以更换。

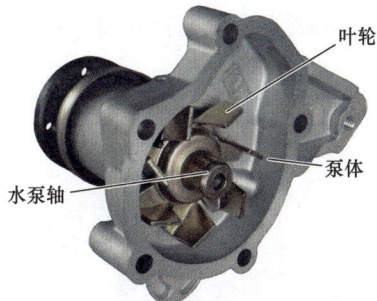

图7-17　离心式水泵的结构

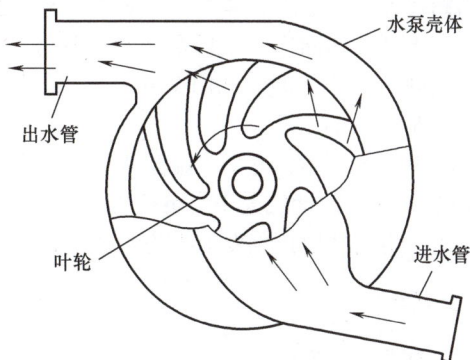

图7-18　离心式水泵的工作原理图

（2）水泵壳的检修　水泵壳裂纹，可用环氧树脂胶补，也可开V形槽进行焊补。受进水口负压吸力的作用，有时水泵叶轮会前移，叶轮接盘与泵壳相摩擦，磨损后冷却液会产生回漏。此时，可用环氧树脂胶黏结多层胶布粘贴磨损处，以消除回漏。

（3）水泵轴的检修　水泵轴是用低碳钢、中碳钢或合金钢制作的，轴颈磨损后可进行堆焊，也可用镀铁或镀铬法修复，并修磨至标准尺寸。

1）衬套和水封的更换。水泵轴前衬套受叶轮振动较小，润滑条件较好，磨损量较小；而后衬套（靠水泵叶轮一端）受叶轮影响较大，磨损较大。当衬套磨损与水泵轴的配合间隙超过0.30mm时，应更换衬套。前后衬套应同时更换，以保证前后衬套的同轴度。水封密封端面磨损不平、有麻点或沟槽时，可进行研磨磨平或用铰刀修整；拧紧水封螺母后仍出现漏水，可更换水封填料；水封损坏失效时应更换水封总成。

2）水泵的装后试验。水泵装复后，用手转动泵轴应无卡滞现象。将水泵叶轮推至前端，叶轮端面不得与泵壳相碰擦。堵住泵壳进水口，将水加入叶轮工作室，转动泵轴，这时应无漏水现象，否则应查明原因并予以排除。

四、节温器的结构与维修

1. 蜡式节温器

节温器一般安装在气缸盖的出水口，其作用是根据发动机冷却液温度的高低，自动调节冷却液循环路线及流量，使发动机始终在最适宜的温度下工作。汽车上多采用蜡式节温器，其主要由上支架、下支架、主阀门、中心杆、胶管和石蜡等组成，如图7-19所示。

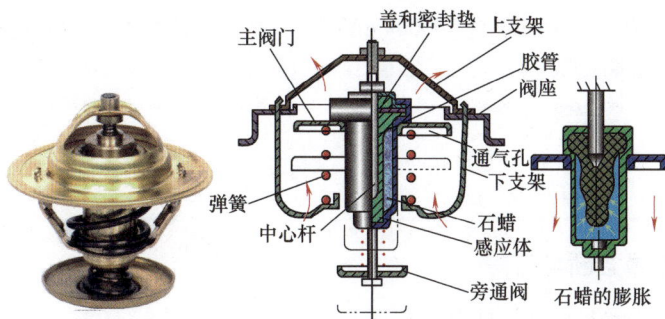

图7-19　蜡式节温器的结构

常温时，石蜡呈固态，阀门压在阀座上。此时，阀门关闭了通往散热器的水路，来自发动机缸盖出水口的冷却液，经水泵又流回气缸体水套中，进行小循环，如图7-20a所示。当发动机冷却液温度升高时，石蜡逐渐变成液态，体积随之增大，迫使橡胶管收缩，从而对反推杆上端头产生向上的推力。由于反推杆上端固定，故反推杆对橡胶管、感应体产生向下反推力，阀门开启，当发动机冷却液温度达到80℃以上时，阀门全开，来自气缸盖出水口的冷却液流向散热器，而进行大循环，如图7-20b所示。

有的发动机装有电子节温器，电子节温器就是在蜡式节温器的基础上加装了一套由ECU控制的电热元件，当ECU检测到发动机处于大负荷或高冷却液温度时，便会控制向电热元件通电，使节温器提前打开，可以更精准地控制发动机的温度，如图7-21所示。

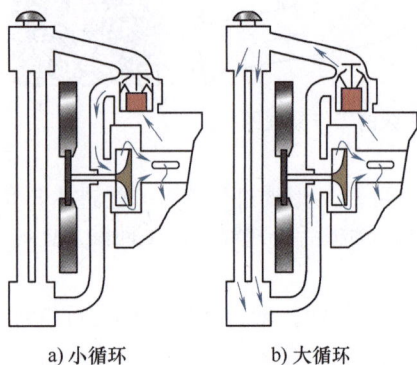

a) 小循环　　b) 大循环

图7-20　蜡式节温器的工作原理图

图7-21　电子节温器

2. 蜡式节温器的检查

（1）就车检查　发动机起动后，待冷却液温度表指针读数为80℃时，用手触摸散热器的上储水室，若冷却液温度迅速上升，表示节温器和水泵工作正常，否则说明节温器或水泵有故障。然后打开散热器盖，加大节气门，如观察到散热器上储水室中冷却液有沸腾现象，表明节温器和水泵工作正常。

（2）将节温器拆下检查　检查时将节温器放在水中逐渐加热，如图7-22所示。当冷却液温度高于（76±2）℃，主阀门应开始打开，副阀门应逐渐关闭；当冷却液温度超过86℃时，主阀门应全开，全开升程应不小于8mm（新节温器为9mm）。如不符合上述要求，则说明节温器工作不正常，必须予以更换。

节温器是冷却系统中用来调节冷却温度的重要机件，它的工作是否正常，对发动机工作温度影响很大，间接地影响了发动机的动力性能和耗油量。蜡式节温器的安全寿命一般为50000km汽车行驶里程，因此要求按照其安全寿命定期更换。

图7-22　节温器的检查

职场健康与安全：

　　节温器不可随便拆除。

五、发动机冷却系统的故障诊断与排除

冷却系统的常见故障现象、诊断与排除，见表7-1。

表 7-1　冷却系统的常见故障现象、诊断与排除

故障	故障现象	分析与诊断	故障排除
发动机过热	1）冷却液温度表指针指示 100℃ 2）散热器冷却液沸腾	1）风扇传动带打滑或断裂 2）接头、软管漏水 3）散热器水垢过厚、堵塞 4）冷却液液道堵塞或水垢过厚 5）节温器失效 6）水泵工作不良 7）风扇方面的故障 8）点火过迟 9）可燃混合气过浓、过稀 10）发动机积炭过多 11）长时间大负荷工作	1）检查冷却系统 2）检查风扇传动带 3）检查冷却温度差 4）检查温控开关 5）检查风扇电动机 6）检查点火系统 7）检查供油系统
发动机工作温度过低	冷却液温度表长时间指示在发动机正常工作温度以下	1）环境温度较低 2）风扇控制装置失效 3）节温器损坏	1）环境温度低时，采取保温措施 2）检查风扇控制装置 3）检查节温器 4）检查冷却液温度表和冷却液传感器
冷却液消耗异常	冷却液消耗过快	1）散热器及冷却系统各胶管连接处渗漏 2）节温器盖松动或密封圈损坏 3）气缸体或气缸盖破裂 4）气缸垫损坏或缸盖螺栓松动	1）直观检查机体、水泵、散热器及各胶管连接处有无冷却液渗出，必要时可以进行冷却系统加压检查 2）发动机行驶无力，排气冒白烟，表面气缸垫损坏或缸盖螺栓松动，应修理

第3课　发动机冷却系统的维护

一、发动机冷却系统维护的重要性

发动机在使用过程中，冷却液会有一定损失，需要及时向冷却系统补充冷却液。冷却液减少和水垢的产生均要降低发动机的散热能力，从而加速发动机零件的磨损，如图 7-23 所示。因此，发动机必须添加冷却液和清除水垢。

二、冷却液的检查

散热器一般安装在发动机的前部，膨胀水箱一般安装在发动机舱内一侧，如图 7-24 所示。

发动机冷却液液位检查一般在汽车行驶之前和汽车收车后，在行驶中一般只注意冷却液温度即可。冷却液的检查方法有两种：一种是旋下散热器盖检查冷却液的多少，另一种是通过观察膨胀水箱内的液位，或者通过液位指示灯提示。

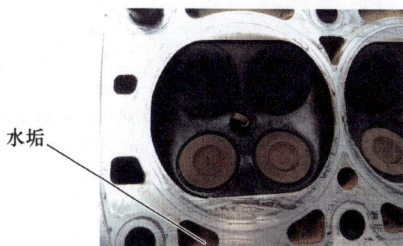

图 7-23　发动机水垢

图 7-24　散热器和膨胀水箱的位置

三、冷却液的添加

　　发动机处于冷态时，冷却液液面应在膨胀水箱上"最高"和"最低"两个标记之间，如图 7-25 所示。发动机处于热态时，冷却液液面略高于"最高"标记。如果发现冷却液液面低于膨胀水箱上所标的最低刻线或打开散热器盖后液面较低，应及时添加冷却液。

　　添加的冷却液应与发动机使用要求加注的冷却液一致，环境温度高于 0℃ 的地区，也可加注清洁的水。

　　冷却液加注过程中，要随时挤压上水管，以便排出冷却系统中的空气，如图 7-26 所示。然后起动发动机，视情况再加注冷却液，从而完成冷却液的添加。

　　有的发动机设计有加注冷却液排空气阀，如图 7-27 所示，加注冷却液之前，旋下此空气阀，冷却液加注要快些。

图 7-25　冷却液液位　　图 7-26　挤压上水管排出空气　　图 7-27　加注冷却液排空气阀

四、冷却液的更换

　　正确使用冷却液，不仅可以保护发动机的冷却系统，改善散热效果，另外，也能够提高发动机效率，延长其使用寿命。不同的车厂对冷却液的更换周期会有所差异，但其中绝大部分厂商建议每 2 年或每 40000km 更换一次冷却液。冷却液的更换步骤如下：

1）拧下散热器盖，打开散热器放水阀，放出冷却液。

2）将一根连接于自来水管的橡胶管插入散热器加水口，打开自来水龙头，使自来水连续不断地流经发动机冷却系统。在冲洗操作时，要使发动机怠速运转，保持上述操作，直至散热器放出清水为止。

3）关上自来水龙头，待冷却系统的水放尽后，再关上散热器放水阀。

4）从散热器（或膨胀水箱）加水口加入冷却液，使冷却液充满散热器，或达到"Max"刻度线，注意不要超过"Max"刻度线。

5）盖上散热器盖或膨胀水箱盖，并拧紧。

6）起动发动机，怠速运转 2~3min，拧开散热器盖或膨胀水箱盖。这时冷却系统由于排除了部分空气，冷却液面将降低，这时应再补充冷却液，使冷却液达到"Max"刻度线为止。

7）盖上散热器盖或膨胀水箱盖，并拧紧。

五、发动机水垢的清除

发动机水垢高效清洗剂具有高效清洗的效果，除垢快速彻底，不腐蚀冷却系统内各种金属零部件，对橡胶和塑料件无影响，安全无毒，操作简便。

1. 使用发动机水垢高效清洗剂清除水垢方法一

1）拆下散热器盖。

2）放出发动机中的冷却液，然后拧紧放水螺栓。

3）将一袋（400g/袋）除垢剂加入 5kg 水中，搅拌溶解后加满散热器。

4）起动发动机，让发动机怠速运转，使水温升至 60℃，熄火浸泡 3~4h。

5）排净发动机中的废液，用清水冲洗 2~3 遍，至排出水澄清即可。

2. 使用发动机水垢高效清洗剂清除水垢方法二

1）拆下散热器盖。

2）放出发动机中的冷却液，然后拧紧放水螺栓。

3）将一袋（400g/袋）除垢剂加入 5kg 水中，搅拌溶解后加满散热器。

4）正常出车运行。

5）4~5h 后排去废液，用清水冲洗 2~3 遍，至排出水澄清即可。

任务一　拆装并检修发动机水泵

1. 任务目的

1）知道发动机水泵的结构。

2）能正确拆装发动机水泵。

3）学会检测发动机水泵各零部件。

4）能积极主动参与任务，能与小组成员团结协作，能执行实训室"6S"规定。

2. 任务准备

1）知识准备：完成项目七第 2 课发动机冷却系统主要零部件的拆装与维修的学习。

2）设备准备：发动机水泵、汽车发动机拆装工量具、演示课件（或操作视频）。

3. 任务步骤

1）老师演示或播放视频：发动机水泵的拆装与检修。

2）学生练习发动机水泵的拆装与检修（或老师演示时同步练习），并完成《汽车发动机构造与维修工作页》相应部分内容的填写。

发动机水泵的拆装与检修，内容包括拆卸、清洗、检测和安装。

4. 任务评价

任务评价内容及标准见表 7-2。

表 7-2 任务评价内容及标准

序号	项目	操作内容	分值	评分标准	得分
1	准备	清点工量具、清理工位	5	酌情扣分	
2	拆卸	发动机水泵	15	操作不当扣 1~15 分	
3	清洗	清洗发动机水泵零件，并放置整齐	15	操作不当扣 1~15 分	
4	检测	发动机水泵各零件	25	操作不当扣 1~25 分	
5	安装	按照与拆卸相反的顺序进行	15	操作不当扣 1~15 分	
6	完成时间	80min	10	超时 1~5min 扣 1~5 分 超时 5min 以上扣 10 分	
7	安全文明	无安全隐患，无不文明操作	5	未达标扣 1~5 分	
8	结束	工量具清洁归位 工作场地清洁	5 5	漏一项扣 1 分，未做扣 5 分 清洁不彻底扣 1~5 分，未做扣 5 分	
	总分		100		

任务二 拆装并检查发动机节温器

1. 任务目的

1）知道发动机节温器的结构。

2）能正确拆装发动机节温器。

3）学会检查发动机节温器的方法。

4）能积极主动参与任务，能与小组成员团结协作，能执行实训室"6S"规定。

2. 任务准备

1）知识准备：完成项目七第 2 课发动机冷却系统主要零部件的拆装与维修的学习。

2）设备准备：发动机、汽车发动机拆装工量具、演示课件（或操作视频）。

3. 任务步骤

1）老师演示或播放视频：发动机节温器的拆装与检查。

2）学生练习发动机节温器的拆装与检查（或老师演示时同步练习），并完成《汽车发动机构造与维修工作页》相应部分内容的填写。

发动机节温器的拆装与检查，内容包括拆卸、清洗、检查和安装。

4. 任务评价

任务评价内容及标准见表 7-3。

表 7-3　任务评价内容及标准

序号	项目	操作内容	分值	评分标准	得分
1	准备	清点工量具、清理工位	5	酌情扣分	
2	拆卸	从发动机上拆下节温器	15	操作不当扣 1~15 分	
3	清洗	节温器盖及座	15	操作不当扣 1~15 分	
4	检查	节温器是否有故障	25	操作不当扣 1~25 分	
5	安装	把节温器安装到发动机上	15	操作不当扣 1~15 分	
6	完成时间	80min	10	超时 1~5min 扣 1~5 分 超时 5min 以上扣 10 分	
7	安全文明	无安全隐患，无不文明操作	5	未达标扣 1~5 分	
8	结束	工量具清洁归位 工作场地清洁	5 5	漏一项扣 1 分，未做扣 5 分 清洁不彻底扣 1~5 分，未做扣 5 分	
		总分	100		

任务三　更换发动机的冷却液

1. 任务目的

1）学会更换发动机冷却液的方法。

2）能积极主动参与任务，能与小组成员团结协作，能执行实训室"6S"规定。

2. 任务准备

1）知识准备：完成项目七第 3 课发动机冷却系统的维护的学习。

2）设备准备：汽车、演示课件（或操作视频）。

3. 任务步骤

1）老师演示或播放视频：更换发动机的冷却液。

2）学生练习更换发动机的冷却液（或老师演示时同步练习），并完成《汽车发动机构造与维修工作页》相应部分内容的填写。

更换发动机冷却液，操作内容包括放出旧的冷却液、清洗冷却系统和加注新的冷却液。

4. 任务评价

任务评价内容及标准见表 7-4。

表 7-4　任务评价内容及标准

序号	项目	操作内容	分值	评分标准	得分
1	准备	清点工量具、清理工位	5	酌情扣分	
2	放出	旧的冷却液	20	操作不当扣 1~20 分	
3	清洗	冷却系统	20	操作不当扣 1~20 分	
4	加注	新的冷却液	30	操作不当扣 1~30 分	
5	完成时间	40min	10	超时 1~5min 扣 1~5 分 超时 5min 以上扣 10 分	
6	安全文明	无安全隐患，无不文明操作	5	未达标扣 1~5 分	
7	结束	工量具清洁归位 工作场地清洁	5 5	漏一项扣 1 分，未做扣 5 分 清洁不彻底扣 1~5 分，未做扣 5 分	
		总分	100		

任务四　清除发动机的水垢

1. 任务目的

1）学会发动机水垢的清除方法。

2）能积极主动参与任务，能与小组成员团结协作，能执行实训室"6S"规定。

2. 任务准备

1）知识准备：完成项目七第 3 课发动机冷却系统的维护的学习。

2）设备准备：汽车、汽车发动机拆装工量具、演示课件（或操作视频）。

3. 任务步骤

1）老师演示或播放视频：清除发动机的水垢。

2）学生练习清除发动机的水垢（或老师演示时同步练习），并完成《汽车发动机构造与维修工作页》相应部分内容的填写。

清除发动机的水垢，内容包括清除水垢和添加新的冷却液。

4. 任务评价

任务评价内容及标准见表 7-5。

表 7-5　任务评价内容及标准

序号	项目	操作内容	分值	评分标准	得分
1	准备	清点工量具、清理工位	5	酌情扣分	
2	清除	水垢	30	操作不当扣 1~30 分	
3	添加	新的冷却液	40	操作不当扣 1~40 分	
4	完成时间	80min	10	超时 1~5min 扣 1~5 分 超时 5min 以上扣 10 分	
5	安全文明	无安全隐患，无不文明操作	5	未达标扣 1~5 分	
6	结束	工量具清洁归位 工作场地清洁	5 5	漏一项扣 1 分，未做扣 5 分 清洁不彻底扣 1~5 分，未做扣 5 分	
		总分	100		

任务五　冷却系统的故障诊断与排除

1. 任务目的

1）熟悉冷却系统的结构。

2）再次明确冷却系统各零部件的作用。

3）学会冷却系统的故障诊断与排除的方法。

4）能积极主动参与任务，能与小组成员团结协作，能执行实训室"6S"规定。

2. 任务准备

1）知识准备：完成项目七第 2 课发动机冷却系统主要零部件的拆装与维修的学习。

2）设备准备：汽车、汽车发动机拆装工量具、演示课件（或操作视频）。

3. 任务步骤

1）老师演示或播放视频：冷却系统的故障诊断与排除。

2）学生练习冷却系统的故障诊断与排除（或老师演示时同步练习），并完成《汽车发动机构造与维修工作页》相应部分内容的填写。

冷却系统的故障诊断与排除，内容包括明确故障、查找故障点和排除故障。

4. 任务评价

任务评价内容及标准见表7-6。

表7-6　任务评价内容及标准

序号	项目	操作内容	分值	评分标准	得分
1	准备	清点工量具、清理工位	10	酌情扣分	
2	明确	故障类型	20	操作不当扣1~20分	
3	查找	故障点	20	操作不当扣1~20分	
4	排除	故障	25	操作不当扣1~25分	
5	完成时间	80min	10	超时1~5min扣1~5分 超时5min以上扣10分	
6	安全文明	无安全隐患，无不文明操作	5	未达标扣1~5分	
7	结束	工量具清洁归位 工作场地清洁	5 5	漏一项扣1分，未做扣5分 清洁不彻底扣1~5分，未做扣5分	
		总分	100		

巩固与提高

一、填空题

1. 冷却系统既要防止发动机＿＿＿＿＿＿＿，又要防止冬季发动机＿＿＿＿＿＿＿。
2. 冷却系统按照冷却介质的不同可以分为＿＿＿＿＿＿＿和＿＿＿＿＿＿＿两种。
3. 冷却液在冷却系统内的循环流动路线有两条：一条为＿＿＿＿＿＿＿，另一条为＿＿＿＿＿＿＿。
4. 我国发动机所使用的冷却液几乎都是＿＿＿＿＿＿＿。
5. 散热器的主要作用是对进入的高温冷却液进行＿＿＿＿＿＿＿。
6. 风扇的作用是提高通过散热器芯的空气＿＿＿＿＿＿＿和＿＿＿＿＿＿＿，加速冷却液的冷却。
7. 风扇按驱动的动力不同可分为＿＿＿＿＿＿＿风扇和＿＿＿＿＿＿＿风扇两种。
8. 水泵的作用是对冷却液＿＿＿＿＿＿＿，使之在冷却系统中加速循环流动。
9. 节温器的作用是根据发动机冷却液温度的高低，自动调节冷却液＿＿＿＿＿＿＿及流量。

二、单项选择题

1. 发动机的正常工作温度应在冷却液温度表上指示为（　　　）。
   A. 30~40℃　　　　　　B. 60~70℃　　　　　　C. 80~90℃　　　　　　D. 低于100℃
2. 下列关于冷却液描述错误的是（　　　）。
   A. 冷却液用水应是硬水
   B. 冷却液具有防冻和防沸腾的作用
   C. 冷却液具有防锈蚀和抑制泡沫产生的作用
   D. 冷却液应定期更换
3. 以下不属于散热器的组成部件是（　　　）。
   A. 进水室　　　　　　B. 散热器芯　　　　　　C. 叶轮　　　　　　D. 出水室
4. 防止散热器内的冷却液膨胀溢出的装置是（　　　）。

A. 散热器芯　　　　　B. 散热器盖　　　　　C. 散热器管　　　　　D. 散热器片

5. 消除水冷系统中蒸汽泡的部件是（　　　）。

A. 膨胀水箱　　　　　B. 放水阀　　　　　　C. 水泵　　　　　　　D. 风扇

6. 以下属于水冷系统冷却装置的是（　　　）。

A. 节温器　　　　　　B. 散热器　　　　　　C. 冷却液温度表　　　D. 百叶窗

7. 冷却系统中提高冷却液沸点的装置是（　　　）。

A. 散热器盖　　　　　B. 散热器　　　　　　C. 水套　　　　　　　D. 水泵

8. 以下属于冷却液温度显示装置的部件是（　　　）。

A. 节温器　　　　　　B. 散热器　　　　　　C. 风扇离合器　　　　D. 冷却液温度传感器

9. 以下属于水泵部件的是（　　　）。

A. 水套　　　　　　　B. 叶轮　　　　　　　C. 散热器盖　　　　　D. 风扇

10. 以下不属于发动机冷却液循环路线的是（　　　）。

A. 小循环　　　　　　B. 大循环　　　　　　C. 混合循环　　　　　D. 供暖循环

11. 控制冷却液循环路线的装置是（　　　）。

A. 水泵　　　　　　　B. 散热器　　　　　　C. 风扇离合器　　　　D. 节温器

12. 小循环中流经节温器的冷却液将流向（　　　）。

A. 散热器　　　　　　B. 水泵　　　　　　　C. 气缸体　　　　　　D. 膨胀水箱

13. 发动机冷却系统中有水垢的后果是（　　　）。

A. 发动机升温慢　　　　　　　　　　　B. 发动机过冷

C. 发动机过热　　　　　　　　　　　　D. 发动机怠速不稳

三、判断题

1. 为保证发动机正常工作，应对高温条件下工作的机件加以冷却。　　　　　　（　　　）

2. 发动机冷却液可以不定期更换。　　　　　　　　　　　　　　　　　　　　（　　　）

3. 发动机水泵的作用是对冷却液加压，使之在冷却系统中加速循环流动。　　　（　　　）

4. 水泵水封的作用是防止泵腔中的冷却液进入轴承。　　　　　　　　　　　　（　　　）

5. 当风扇旋转时，大量空气流过散热器芯，把芯内冷却液散发出的热量带走。　（　　　）

6. 发动机长时间超负荷运行，会导致发动机冷却液温度过高。　　　　　　　　（　　　）

四、简答题

1. 简述水冷却系统大小循环路线。

2. 简述蜡式节温器的检查方法。

3. 发动机过热的原因有哪些？如何诊断？

4. 发动机冷却液消耗过多的原因有哪些？如何诊断？

发动机润滑系统的拆装与维修

学习目标

1. 学会发动机润滑系统典型故障的诊断和排除方法。
2. 培养学生绿色环保的理念。

典型工作任务

任务一　发动机机油泵的拆装与检测。
任务二　更换发动机机油滤清器。
任务三　更换发动机机油。
任务四　清洗发动机机油油路。
任务五　润滑系统的故障诊断与排除。

知识准备

第1课　发动机润滑系统概述

一、发动机润滑系统的作用

发动机工作时，各运动零件均以一定的力作用在另一个零件上，并且发生高速的相对运动，所以各零部件表面必然要产生摩擦、加速磨损。因此，为了减轻磨损、减小摩擦阻力、延长使用寿命，发动机上都设有润滑系统。发动机润滑系统的作用是把清洁的机油不断地供给各零件的摩擦表面，减少零件的摩擦和磨损。另外，还可以起到冷却、清洗、密封、防锈和缓冲的作用。

二、发动机润滑系统的润滑方式

发动机润滑系统一般采用压力润滑、飞溅润滑和定期润滑三种润滑方式。

（1）**压力润滑**　利用机油泵，将具有一定压力的机油源源不断地送往摩擦表面。压力润滑主要用于负荷大和相对运动速度高的摩擦面。压力润滑主要润滑的部位有曲轴主轴承、连杆轴承及凸轮轴轴承、配气机构摇臂轴等。

（2）**飞溅润滑**　利用发动机工作时运动零部件飞溅起来的油滴或油雾来润滑摩擦表面的润滑方式称为飞溅润滑。发动机飞溅润滑的主要部位有气缸壁、活塞销、凸轮表面、挺柱和连杆小头等。

（3）**定期润滑**　发动机辅助系统中有些零部件工作表面只需定期加注润滑脂（黄油）进行润

滑。定期润滑主要有水泵、发电机和起动机等部件的工作表面。有的发动机上采用含有耐磨材料的轴承来代替需要加注润滑脂的轴承。

三、润滑剂

发动机的润滑剂有机油和润滑脂。机油也称为润滑油，品种很多。

发动机机油按基础油的不同可分为矿物机油、半合成机油和全合成机油三种。发动机机油按发动机使用燃料的不同可分为汽油机机油和柴油机机油，如图8-1所示。发动机机油的黏度随温度变化而变化，温度高则黏度小，温度低则黏度大，发动机机油最有利的温度范围为70～90℃。

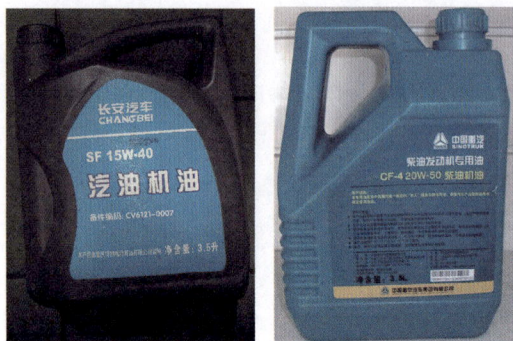

a) 汽油机机油   b) 柴油机机油

图 8-1　发动机机油

目前，市面上的发动机机油一般按质量级别和黏度级别进行分类。

（1）按质量级别分类（GB/T 28772—2012《内燃机油分类》）　我国现行的发动机机油性能级别标准参照了美国API（美国石油学会）分类而制定。"S"开头系列代表汽油机机油，规格有SE、SF、SG、SH、GF-1、SJ、GF-2、SL、GF-3、SM、GF-4、SN、GF-5。从"SE"一直到"GF-5"，每递增一个字母，发动机机油的性能都会优于前一种，发动机机油中会有更多用来保护发动机的添加剂。字母越靠后，质量等级越高。"C"开头系列代表柴油机机油，规格有CC、CD、CF、CF-2、CF-4、CG-4、CH-4、CI-4、CJ-4。当"S"和"C"两个字母同时存在，则表示此发动机机油为汽/柴通用型。

（2）按黏度级别分类　发动机机油的黏度多使用SAE（美国汽车工程师协会）等级别标识。例如：SAE 15W/40、SAE 5W/40，"W"表示Winter（冬季），其前面的数字越小，说明发动机机油的低温流动性越好，代表可供使用的环境温度越低，在冷起动时对发动机的保护能力越好；"W"后面（一横后面）的数字则是发动机机油耐高温性的指标，数值越大，说明发动机机油在高温下的保护性能越好。

四、发动机润滑系统的组成及油路

1. 发动机润滑系统的组成

发动机润滑系统一般由机油集滤器、机油泵、油底壳、机油滤清器、机油压力开关等组成，如图8-2所示。

发动机工作时，机油从油底壳经机油集滤器初步过滤后进入机油泵；由机油泵加压后进入机油滤清器进行过滤，从机油滤清器出来的清洁机油进入主油道，进入主油道的机油通过曲轴箱上的横向油道进入曲轴主轴承，润滑主轴承摩擦表面，然后经曲轴内部的斜向油道流入连杆轴承，

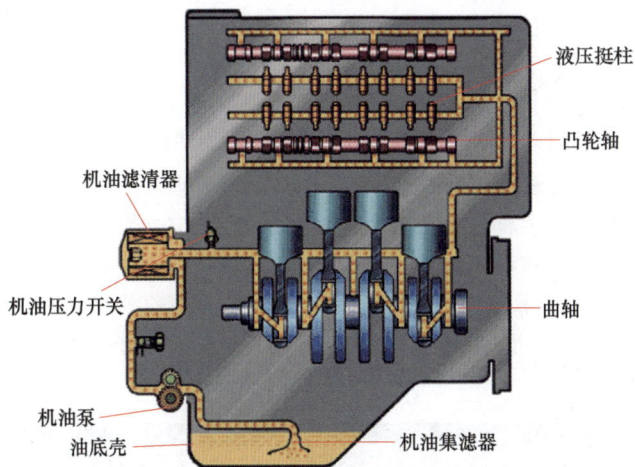

图 8-2　发动机润滑系统

润滑连杆轴承摩擦表面；主油道中的部分机油经曲轴箱上的竖向油道流入气缸盖油道，分别润滑凸轮轴轴承和配气机构摇臂轴等部件的摩擦表面。气缸盖和气缸体上布置有回油孔，使机油最终流回油底壳。

2. 发动机润滑系统机油滤清的结构

发动机润滑系统机油滤清结构一般有全流过滤式、分流过滤式和并联过滤式三种，如图 8-3所示。

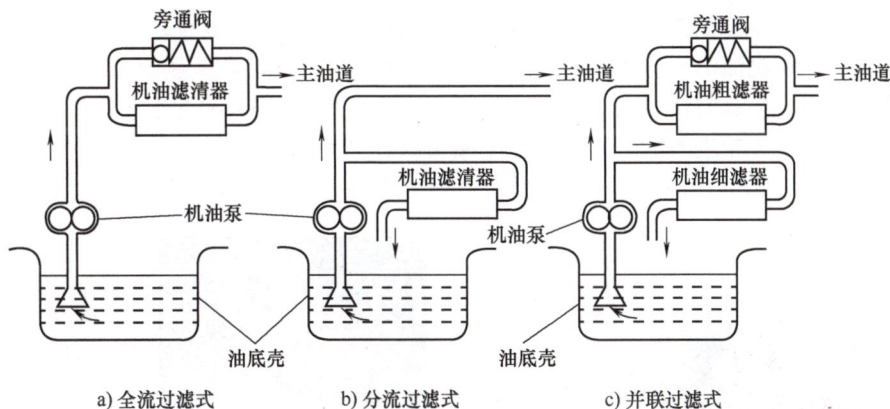

图 8-3　发动机润滑系统机油滤清结构

1）图 8-3a 所示为全流过滤式，即机油滤清器与主油道串联，机油泵泵出的压力油全部经机油滤清器过滤后进入主油道，只有当机油滤清器的滤芯堵塞，旁通阀才打开，部分机油不经过滤直接由旁通阀进入主油道，以保证供给足够的压力油，进行润滑。

2）图 8-3b 所示为分流过滤式，即机油滤清器与主油道并联，机油泵泵出的压力油，大部分直接进入主油道，小部分经机油滤清器过滤后，回到油底壳。

3）图 8-3c 所示为并联过滤式，即粗滤器与细滤器是并联的，机油泵泵出的压力油，大部分经机油粗滤器过滤后进入主油道，小部分经细滤器过滤后，回到油底壳。

知识窗

发动机废机油对环境的污染

废机油对环境的危害主要体现在对水资源、大气和土壤的污染。1L废机油流入水体，能导致10000m² 以上的水体污染，如果大量废机油流入水体，会形成表层油膜，降低水中氧气浓度，造成水体中的动植物大面积死亡。废机油中含有氯、硫、磷等有机化合物，是公认的致癌和致突发病变的化合物。废机油在太阳的照射下冒出的白烟会使附近的人们出现难受、恶心和呕吐等反应，对人体危害极大。废机油含有毒物质，难以自然分解，能污染地下100m 深，渗入土壤后危害达数十年，会危害树木花草，危害地下水源，破坏土地资源等。

第2课 发动机润滑系统主要零部件的拆装与维修

一、机油泵

机油泵的作用是将一定数量的机油建立油压并输送到各摩擦表面，保证机油在润滑油路内连续不断地循环。目前，发动机润滑系统中广泛采用的是外齿轮式机油泵、内齿轮式机油泵和转子式机油泵三种。

1. 外齿轮式机油泵

（1）外齿轮式机油泵的构造 外齿轮式机油泵由主动轴、主动齿轮、从动轴、从动齿轮和壳体等组成，如图8-4所示。主动齿轮与从动齿轮齿数相同相互啮合，装在壳体内，齿轮与壳体的径向和端面间隙很小。主动轴与主动齿轮键连接，从动齿轮空套在从动轴上。

（2）外齿轮式机油泵的工作原理 工作时，主动齿轮带动从动齿轮反向旋转。两齿轮旋转时，充满在齿轮齿槽间的机油沿油泵壳壁由进油腔带到出油腔，在进油腔一侧由于齿轮脱开啮合以及机油被不断带出而产生真空，使油底壳内的机油在大气压力的作用下经机油集滤器进入进油腔；而在出油腔一侧由于齿轮进入啮合和机油被不断带入而产生挤压作用，机油以一定压力被泵出，如图8-5所示。

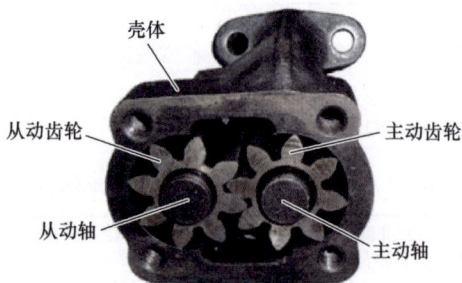

图8-4 外齿轮式机油泵的构造

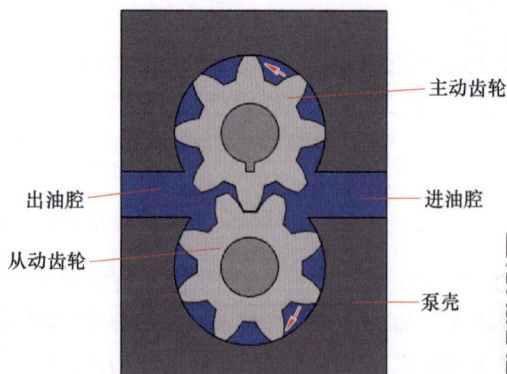

图8-5 外齿轮式机油泵的工作原理图

（3）外齿轮式机油泵的拆装

1）拆卸机油泵盖与壳体间的紧固螺栓，如图8-6所示。

2）取下机油泵盖，如图 8-7 所示。

图 8-6　拆卸机油泵盖与壳体间的紧固螺栓

图 8-7　取下机油泵盖

3）取下限压阀弹簧及阀体，如图 8-8 所示。

4）取出主、从动齿轮，如图 8-9 所示。

5）安装顺序与拆卸顺序相反。

图 8-8　取下限压阀弹簧及阀体

图 8-9　取出主、从动齿轮

（4）外齿轮式机油泵的检修　检修外齿轮式机油泵之前，应对各零部件进行清洗，如图 8-10 所示。

1）目测法检查主、从动齿轮是否有明显的磨损痕迹，如图 8-11 所示。

图 8-10　清洗外齿轮式机油泵各零部件

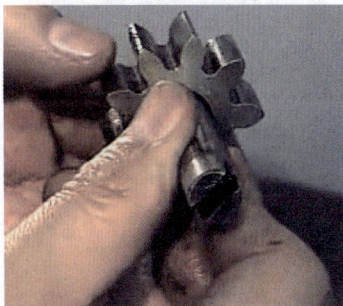

图 8-11　目测法检查主、从动齿轮的磨损痕迹

2）检查泵体是否有裂纹和磨损现象，如图 8-12 所示。

3）检测限压阀弹簧，如图 8-13 所示。

图 8-12 检查泵体是否有裂纹和磨损现象

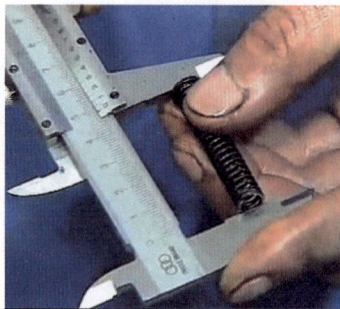

图 8-13 检测限压阀弹簧

4）检测主动齿轮轴的圆度和圆柱度，如图 8-14 所示。

5）检测泵体衬套孔直径，如图 8-15 所示。

图 8-14 检测主动齿轮轴的圆度和圆柱度

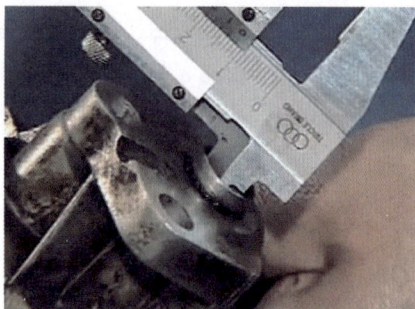

图 8-15 检测泵体衬套孔直径

6）检查机油泵主、从动齿轮之间的啮合间隙，如图 8-16 所示。机油泵主、从动齿轮之间啮合间隙的标准值为 0.05mm，最大磨损不得超过 0.20mm。

7）检查机油泵主、从动齿轮与机油泵盖接合面之间的间隙，如图 8-17 所示。机油泵主、从动齿轮与机油泵盖接合面之间的间隙为 0.025~0.075mm，极限值为 0.15mm。

图 8-16 检查机油泵主、从动齿
轮之间的啮合间隙

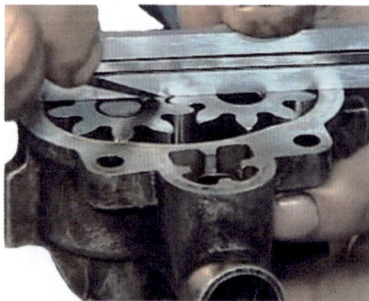

图 8-17 检查机油泵主、从动齿轮
与机油泵盖接合面之间的间隙

8）检查机油泵主、从动齿轮与机油泵壳体之间的配合间隙，如图 8-18 所示。机油泵主、从动齿轮与机油泵壳体之间的间隙一般在 0.05~0.20mm 范围内。

9）检查机油泵盖。机油泵盖如有磨损、翘曲或凹陷超过 0.05mm 时，应进行修复或更换。

10）检查限压阀。检查限压阀弹簧有无损伤，弹力是否减弱，必要时予以更换。

11）外齿轮式机油泵安装后的检查。安装后的机油泵应进行工作状况的检测，方法是将机油泵的集滤器浸在液体中，然后用一只手转动机油泵的主动轴，另一只手堵住机油泵的出油口，并留一个小的缝隙。若有一定压力的液体喷出，说明该机油泵工作状态良好，如图 8-19 所示。

图 8-18　检查机油泵主、从动齿轮与
机油泵壳体之间的配合间隙

图 8-19　外齿轮式机油泵安装后的检查

2. 内齿轮式机油泵

（1）内齿轮式机油泵的结构　内齿轮式机油泵由外齿轮（主动齿轮）、内齿轮（从动齿轮）、限压阀、泵盖和泵壳等组成，如图 8-20 所示。主动齿轮为一较小的外齿轮，一般直接由曲轴驱动；从动齿轮为一较大的内齿轮。

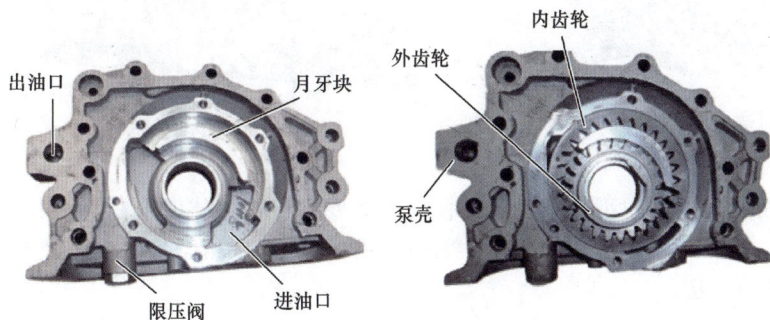

图 8-20　内齿轮式机油泵的构造

（2）内齿轮式机油泵的工作原理　当发动机工作时，主动齿轮（外齿轮）随曲轴一起转动并带动从动齿轮（内齿轮）以相同的方向旋转。内、外齿轮在转到进油口处时，开始逐渐脱离啮合，并沿旋转方向两者形成的空间逐渐增大，产生一定的真空度，将机油从油泵进油口吸入。随着齿轮的继续旋转，月牙块将内、外齿轮隔开，齿轮旋转时把齿间所存的油带往出油口。在靠近出油口处，内、外齿轮间的空间逐渐减小，油压升高，机油从油泵出油口送往发动机油道中，内、外齿轮又重新啮合，如图 8-21 所示。

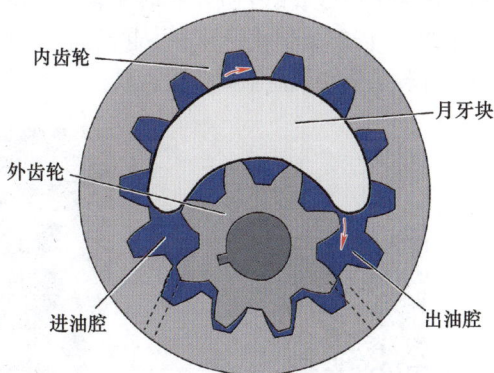

图 8-21　内齿轮式机油泵的工作原理图

（3）内齿轮式机油泵的拆装

1）用十字螺钉旋具拆卸固定螺钉，如图 8-22 所示。

图 8-22　拆卸固定螺钉

2）取下机油泵盖，如图 8-23 所示。

3）取出内、外齿轮，如图 8-24 所示。

4）安装顺序与拆卸顺序相反。

图 8-23　取下机油泵盖

图 8-24　取出内、外齿轮

（4）内齿轮式机油泵的检修　内齿轮式机油泵检测的主要项目有内外齿轮之间的啮合间隙、内外齿轮与月牙块之间的间隙、内外齿轮与机油泵盖之间的间隙，把检测值与维修手册中的参数值进行比较，从而确定维修方法。

3. 转子式机油泵

（1）转子式机油泵的结构　转子式机油泵由壳体、内转子、外转子和泵盖等组成，如图 8-25 所示。内转子用键或销子固定在转子轴上，由曲轴齿轮直接或间接驱动，内转子和外转子中心的偏心距为 e，内转子带动外转子一起沿同一方向转动。内转子有五个凸齿，外转子有六个凹齿，这样内、外转子便会同向不同步地旋转。

外转子

内转子

壳体

图 8-25　转子式机油泵的结构

（2）转子式机油泵的工作原理　转子齿形齿廓设计得使转子转到任何角度时，内、外转子每个齿的齿形廓线上总能互相呈线接触。这样内、外转子间形成四个工作腔，随着转子的转动，这四个工作腔的容积是不断变化的。在进油道的一侧空腔，由于转子脱开啮合，容积逐渐增大，产生真空，机油被吸入，转子继续旋转，机油被带到出油道的一侧。这时，转子正好进入啮合，使这一空腔容积减小，油压升高，机油从齿间挤出并经出油道压送出去。这样，随着转子的不断旋转，机油就不断地被吸入和压出，如图8-26所示。

转子式机油泵结构紧凑，外形尺寸小，重量轻，吸油真空度较大，泵油量大，供油均匀性好，成本低，在中、小型发动机上得到广泛的应用。

（3）转子式机油泵的拆装

1）拆卸机油泵盖。

2）取出机油泵内外转子。

3）安装顺序与拆卸顺序相反。

（4）转子式机油泵的检修

1）测量机油泵盖与转子端面之间的间隙，如图8-27所示。一般标准值为0.05mm，极限值为0.15mm。如果磨损严重，应更换内、外转子或机油泵总成。

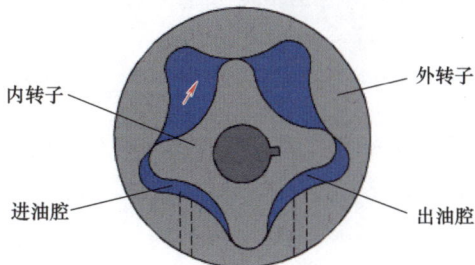

图8-26　转子式机油泵的工作原理图

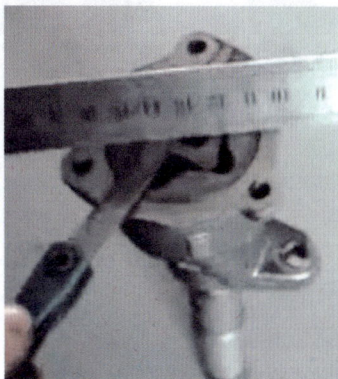

图8-27　测量机油泵盖与转子端面之间的间隙

2）测量外转子与内转子之间的间隙，如图8-28所示。一般标准值为0.05mm，极限值为0.20mm。如果磨损严重，应更换外转子和内转子。

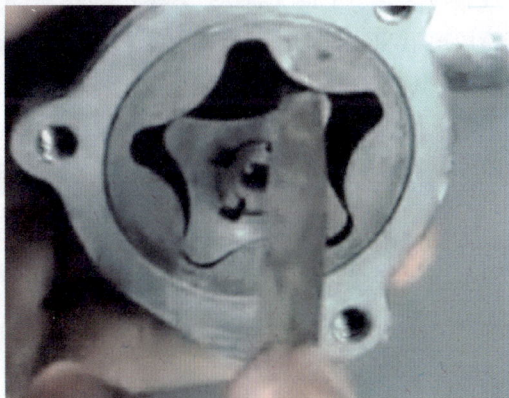

图8-28　测量外转子与内转子之间的间隙

3）测量外转子与泵体之间的间隙，标准值为 0.11~0.16mm，极限值为 0.20mm。如果磨损严重，应更换机油泵总成。

4）测量转子轴与泵体间的间隙，一般标准值为 0.03~0.075mm，极限值为 0.20mm。如果磨损严重，应更换机油泵总成。

二、机油集滤器

机油集滤器的作用是防止较大的机械杂质进入机油泵。机油集滤器是具有金属网的滤清器，安装于机油泵进油管上，如图 8-29 所示。

维修过程中应注意清除机油集滤器中的杂质，如图 8-30 所示。

图 8-29　机油集滤器

图 8-30　清除机油集滤器中的杂质

> **职场健康与安全：**
> 清洗中注意操作者眼和手的保护，清洗后的废液要妥善处理，不能直接倒入下水道，以免污染水源。

三、机油滤清器

机油滤清器的作用是滤除机油中的杂物、胶质和水分，向各润滑部位输送清洁的机油。机油滤清器有多种形式，以纸质滤清器的使用最为广泛。纸质滤清器的滤芯是用微孔滤纸制成的，为了增大过滤面积，微孔滤纸一般都折叠成扇形和波纹形，如图 8-31 所示。微孔滤纸经过酚醛树脂处理，具有较高的强度、抗腐能力和抗水湿性能，并且具有重量轻、体积小、结构简单、滤清效果好、过滤阻力小、成本低和保养方便等优点。

图 8-31　机油滤清器的结构（纸质滤芯）

机油滤清器旁通阀用以保证润滑系统内油路畅通，当机油滤清器堵塞时，机油通过并联在其上的旁通阀直接进入润滑系统的主油道，防止主油道断油，如图 8-32 所示。

四、机油尺

机油尺的作用是测量机油静态液面的高度，从而反映出发动机机油存量是否在合理范围。机油尺是一个金属杆，下端制成扁平，并有刻线。机油油面必须位于上下刻度线之间，如图 8-33 所示。

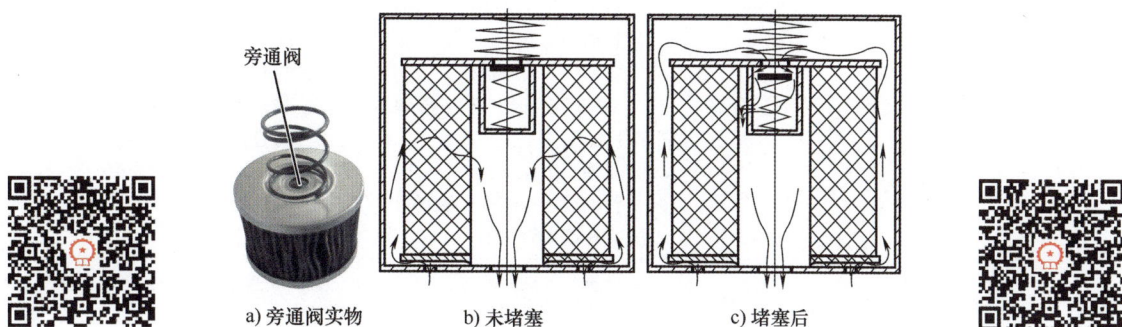

a) 旁通阀实物　　　b) 未堵塞　　　c) 堵塞后

图 8-32　旁通阀

五、油压开关

发动机润滑系统一般有两个油压开关，一个是设在油压输送路线末端的低压油压开关（常闭），另一个是设在机油滤清器前的高压油压开关（常开），如图 8-34 所示。发动机运行过程中若低压油压指示灯不熄，说明发动机润滑系统机油压力过低；若高压油压警告灯亮，说明发动机润滑系统机油压力过高。发动机机油压力过高或过低，都应及时予以检修。

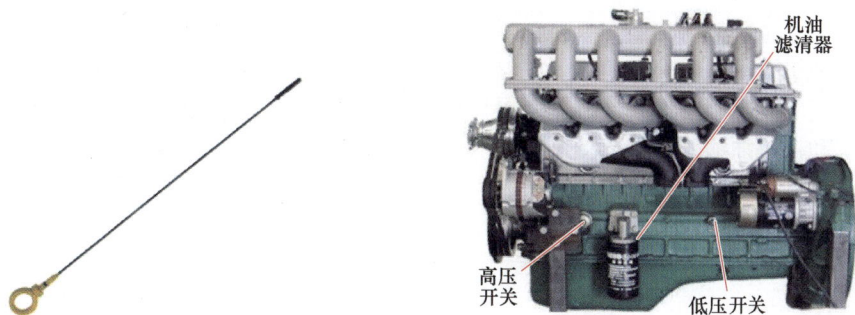

图 8-33　机油尺

图 8-34　油压开关

六、发动机润滑系统的故障诊断与排除

发动机润滑系统的常见故障现象、诊断与排除，见表 8-1。

表 8-1　发动机润滑系统的常见故障现象、诊断与排除

故障	故障现象	分析与诊断	故障排除
机油压力过高	高压油压警告灯亮	1）机油黏度过高 2）机油主油道堵塞 3）缸体内堵塞 4）机油滤清器阻塞 5）机油限压阀调整不当 6）新装发动机轴承过紧	1）抽出机油尺，检查机油黏度 2）检查机油滤清器 3）检查限压阀弹簧

（续）

故障	故障现象	分析与诊断	故障排除
机油压力过低	发动机运行中，低压油压指示灯不熄	1）机油量少 2）机油黏度低 3）机油压力传感器失效 4）曲轴、连杆和凸轮轴等轴承间隙过大 5）机油泵工作不良 6）汽油或冷却液进入油底壳 7）限压阀失效	1）检查机油油平面 2）检查机油压力传感器及电路 3）检查管路有无泄漏 4）检查轴承的配合间隙
机油消耗过大	发动机冒蓝烟，机油消耗量过大	1）活塞与气缸间隙过大 2）活塞环严重损伤，弹力不足 3）油底壳漏油 4）曲轴箱后半部密封不严或老化 5）机油加注过多 6）发动机长时间高速工作 7）机油黏度太低，密封不良	1）检查油封及衬垫有无漏油痕迹 2）检查活塞环及气缸磨损情况 3）检查气门杆及气门导管磨损情况 4）检查机油压力是否过高 5）检查曲轴箱通风管是否堵塞

第3课　发动机润滑系统的维护

一、发动机润滑系统维护的重要性

发动机使用久了，机油在工作中会受到空气中的杂质和金属件磨损物的污染，同时还要受到高温氧化，汽油机机油还会受汽油蒸气的腐蚀。机油太脏、含杂质太多，便会在机油集滤网上堆积，使机油不能顺利进行循环，会造成严重后果，甚至可能使发动机报废。所以，必须定期更换机油和清洗发动机机油油路。机油量不足，供油不好会造成润滑不好，机件磨损加快，严重时会烧损曲轴、连杆轴承和活塞。因此，要经常检查机油量的多少，必要时予以添加。

二、检查发动机机油油量

1. 机油尺位置
发动机机油尺位置，如图8-35所示。

2. 检查方法
将车停放在平整的场地上，待发动机停机5min后，拔出机油尺，先用抹布擦干净，然后重新插入，再拔出查看，如图8-36所示。

机油尺

图8-35　发动机机油尺位置

图8-36　拔出机油尺看机油量

3. 检查结果判断

检查结果若处于上下刻度线之间表示正常，处于上刻度线之上表示偏多，处于下刻度线之下表示偏少，如图 8-37 所示。

三、发动机机油的添加

发动机机油量不足时，应及时添加。注意加入的机油品牌、黏度等级应与车辆使用说明书规定的相一致，如图 8-38 所示。

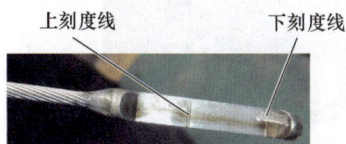

上刻度线　　下刻度线

图 8-37　查看机油尺实际机油量

本车发动机机油牌号:
5W/30 A5B5

图 8-38　发动机机油

添加发动机机油步骤如下:

1) 打开加油口盖，如图 8-39 所示。
2) 加注机油，如图 8-40 所示。
3) 加注完后，再检查机油量。
4) 起动发动机，运转 5min 后，再一次复查机油量。

加油口盖

图 8-39　打开加油口盖

图 8-40　加注机油

职场健康与安全:

注意加入机油的量，不能过多，过多会损坏三元催化转换器。

四、更换发动机机油滤清器

汽车行驶到了规定里程后，应更换发动机机油滤清器，如图 8-41 所示。

更换发动机机油滤清器时，有的更换滤芯，有的整体更换，如图 8-42 所示。

图 8-41　机油滤清器更换的规定里程

a) 更换滤芯　　　　b) 整体更换

图 8-42　机油滤清器更换方式

更换发动机机油滤清器的步骤如下：

1）举升汽车。

2）用专用扳手拆下旧的机油滤清器，如图8-43所示。

3）用清洗剂清洗机油滤清器安装部位。

4）在新的机油滤清器橡胶密封圈上涂一层薄机油，如图8-44所示。

5）用专用扳手安装新机油滤清器。

图8-43　拆下旧的机油滤清器

图8-44　新机油滤清器橡胶密封圈涂抹机油

拧紧机油滤清器有以下三种情况：

① 机油滤清器的外壳印有数字1~8，如图8-45所示。使用专用工具拧紧这种类型的机油滤清器，不需要使用扭力扳手，它的紧固方式是当油封接触到发动机上的座面之后，再继续拧紧7/8圈，就完成了正确的紧固。

② 机油滤清器的外壳印有数字1~4，如图8-46所示。使用专用工具拧紧这种类型的机油滤清器，不需要使用扭力扳手，它的紧固方式是当油封接触到发动机上的座面之后，再继续拧紧3/4圈，就完成了正确的紧固。

③ 机油滤清器的外壳没有印数字，如图8-47所示。按照维修手册中的要求，使用专用工具和扭力扳手紧固这种类型的机油滤清器。

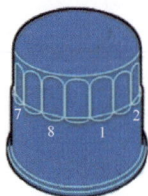

图8-45　机油滤清器的外壳印有数字1~8　　图8-46　机油滤清器的外壳印有数字1~4　　图8-47　机油滤清器的外壳没有印数字

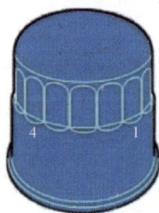

6）降下汽车到地面，添加机油至规定位置。

7）起动发动机，怠速运转3~5min后熄火。

8）再次检查发动机的机油量。

9）举升汽车，检查机油滤清器等处是否漏油。

10）降下汽车到地面。

五、更换发动机机油

机油的种类不同，更换的周期就会不同。矿物机油的更换周期在5000km，半合成机油的更换周期一般在 7500km，全合成机油的更换周期在 10000km 左右。

更换发动机机油的步骤如下：

1）预热发动机，使其怠速运转 3~5min，观察冷却液温度变化。当冷却液温度为 60~70℃ 时，关闭发动机。

2）举升汽车，检查油底壳是否有地方漏油，并排放机油，如图 8-48 所示。

3）安装放油螺栓，并按规定力矩拧紧。

4）更换新的机油滤清器。

5）降下汽车到地面，加注机油，如图 8-49 所示。

6）加注机油 2~3min 后，拔出机油尺，检查机油量应在规定位置。

7）旋紧加油口盖，起动发动机，怠速运转 3~5min 后熄火。

8）再次检查发动机的机油量。

9）举升汽车，检查油底壳是否有地方漏油。

10）降下汽车到地面。

图 8-48　检查油底壳是否漏油，并排放机油

图 8-49　加注机油

六、清洗发动机机油油路

清洗发动机机油油路，一般是在更换机油时进行，步骤如下：

1）直接将发动机机油清洗剂从机油口倒入。

2）怠速运行 10~15min 后熄火。

3）排放旧机油。

4）更换机油滤清器。

5）加注新机油。

任务一　发动机机油泵的拆装与检测

1. 任务目的

1）知道发动机机油泵的结构。

2）能正确拆装机油泵。

3）学会检测机油泵各零部件。

4）能积极主动参与任务，能与小组成员团结协作，能执行实训室 "6S" 规定。

2. 任务准备

1）知识准备：完成项目八第 2 课发动机润滑系统主要零部件的拆装与维修的学习。

2）设备准备：机油泵、汽车发动机拆装工量具、演示课件（或操作视频）。

3. 任务步骤

1）老师演示或播放视频：汽车发动机机油泵的拆装与检测。

2）学生练习汽车发动机机油泵的拆装与检测（或老师演示时同步练习），并完成《汽车发动机构造与维修工作页》相应部分内容的填写。

汽车发动机机油泵的拆装与检测，内容包括拆卸、清洗和检测。

4. 任务评价

任务评价内容及标准见表8-2。

表8-2　任务评价内容及标准

序号	项目	操作内容	分值	评分标准	得分
1	准备	清点工量具、清理工位	5	酌情扣分	
2	拆卸	机油泵	15	操作不当扣1~15分	
3	清洗	清洗发动机机油泵零件，并放置整齐	15	操作不当扣1~15分	
4	检测	发动机机油泵各零件	25	操作不当扣1~25分	
5	安装	按照与拆卸相反的顺序进行	15	操作不当扣1~15分	
6	完成时间	80min	10	超时1~5min扣1~5分 超时5min以上扣10分	
7	安全文明	无安全隐患，无不文明操作	5	未达标扣1~5分	
8	结束	工量具清洁归位 工作场地清洁	5 5	漏一项扣1分，未做扣5分 清洁不彻底扣1~5分，未做扣5分	
	总分		100		

任务二　更换发动机机油滤清器

1. 任务目的

1）学会发动机机油滤清器的更换方法。

2）能积极主动参与任务，能与小组成员团结协作，能执行实训室"6S"规定。

2. 任务准备

1）知识准备：完成项目八第3课发动机润滑系统的维护的学习。

2）设备准备：汽车、汽车发动机拆装工量具、演示课件（或操作视频）。

3. 任务步骤

1）老师演示或播放视频：更换发动机机油滤清器。

2）学生练习更换发动机机油滤清器（或老师演示时同步练习），并完成《汽车发动机构造与维修工作页》相应部分内容的填写。

更换发动机机油滤清器，更换内容包括取下旧的机油滤清器、安装上新的机油滤清器。

4. 任务评价

任务评价内容及标准见表 8-3。

表 8-3　任务评价内容及标准

序号	项目	操作内容	分值	评分标准	得分
1	准备	清点工量具、清理工位	5	酌情扣分	
2	拆卸	旧机油滤清器	20	操作不当扣 1~20 分	
3	安装	新机油滤清器	20	操作不当扣 1~20 分	
4	添加	机油	15	操作不当扣 1~15 分	
5	检查	新机油滤清器等处是否漏油	15	操作不当扣 1~15 分	
6	完成时间	40min	10	超时 1~5min 扣 1~5 分 超时 5min 以上扣 10 分	
7	安全文明	无安全隐患，无不文明操作	5	未达标扣 1~5 分	
8	结束	工量具清洁归位 工作场地清洁	5 5	漏一项扣 1 分，未做扣 5 分 清洁不彻底扣 1~5 分，未做扣 5 分	
		总分	100		

任务三　更换发动机机油

1. 任务目的

1）学会更换发动机机油的方法。

2）能积极主动参与任务，能与小组成员团结协作，能执行实训室"6S"规定。

2. 任务准备

1）知识准备：完成项目八第 3 课发动机润滑系统的维护的学习。

2）设备准备：汽车、汽车发动机拆装工量具、演示课件（或操作视频）。

3. 任务步骤

1）老师演示或播放视频：更换发动机机油。

2）学生练习更换发动机机油（或老师演示时同步练习），并完成《汽车发动机构造与维修工作页》相应部分内容的填写。

更换发动机机油，更换内容包括排放旧机油、更换机油滤清器和加注新机油。

4. 任务评价

任务评价内容及标准见表 8-4。

表 8-4　任务评价内容及标准

序号	项目	操作内容	分值	评分标准	得分
1	准备	清点工量具、清理工位	5	酌情扣分	
2	排放	旧机油	20	操作不当扣 1~20 分	
3	更换	机油滤清器	30	操作不当扣 1~30 分	
4	加注	新机油	20	操作不当扣 1~20 分	

（续）

序号	项目	操作内容	分值	评分标准	得分
5	完成时间	40min	10	超时 1~5min 扣 1~5 分 超时 5min 以上扣 10 分	
6	安全文明	无安全隐患，无不文明操作	5	未达标扣 1~5 分	
7	结束	工量具清洁归位 工作场地清洁	5 5	漏一项扣 1 分，未做扣 5 分 清洁不彻底扣 1~5 分，未做扣 5 分	
		总分	100		

任务四　清洗发动机机油油路

1. 任务目的

1）学会清洗发动机机油油路的方法。

2）能积极主动参与任务，能与小组成员团结协作，能执行实训室"6S"规定。

2. 任务准备

1）知识准备：完成项目八第 3 课发动机润滑系统的维护的学习。

2）设备准备：汽车、汽车发动机拆装工量具、演示课件（或操作视频）。

3. 任务步骤

1）老师演示或播放视频：清洗发动机机油油路。

2）学生练习清洗发动机机油油路（或老师演示时同步练习），并完成《汽车发动机构造与维修工作页》相应部分内容的填写。

清洗发动机机油油路，内容包括清洗油路、排放旧机油、更换机油滤清器和加注新机油。

4. 任务评价

任务评价内容及标准见表 8-5。

表 8-5　任务评价内容及标准

序号	项目	操作内容	分值	评分标准	得分
1	准备	清点工量具、清理工位	5	酌情扣分	
2	清洗	机油油路	15	操作不当扣 1~15 分	
3	排放	旧机油	15	操作不当扣 1~15 分	
4	更换	机油滤清器	20	操作不当扣 1~20 分	
5	加注	新机油	20	操作不当扣 1~20 分	
6	完成时间	80min	10	超时 1~5min 扣 1~5 分 超时 5min 以上扣 10 分	
7	安全文明	无安全隐患，无不文明操作	5	未达标扣 1~5 分	
8	结束	工量具清洁归位 工作场地清洁	5 5	漏一项扣 1 分，未做扣 5 分 清洁不彻底扣 1~5 分，未做扣 5 分	
		总分	100		

任务五　润滑系统的故障诊断与排除

1. 任务目的

1）熟悉润滑系统的结构。

2）再次明确润滑系统各零部件的作用。

3）学会润滑系统的故障诊断与排除的方法。

4）能积极主动参与任务，能与小组成员团结协作，能执行实训室"6S"规定。

2. 任务准备

1）知识准备：完成项目八第2课发动机润滑系统主要零部件的拆装与维修的学习。

2）设备准备：汽车、汽车发动机拆装工量具、演示课件（或操作视频）。

3. 任务步骤

1）老师演示或播放视频：润滑系统的故障诊断与排除。

2）学生练习润滑系统的故障诊断与排除（或老师演示时同步练习），并完成《汽车发动机构造与维修工作页》相应部分内容的填写。

润滑系统的故障诊断与排除，内容包括明确故障、查找故障点和排除故障。

4. 任务评价

任务评价内容及标准见表8-6。

表8-6　任务评价内容及标准

序号	项目	操作内容	分值	评分标准	得分
1	准备	清点工量具、清理工位	10	酌情扣分	
2	明确	故障	20	操作不当扣1~20分	
3	查找	故障点	20	操作不当扣1~20分	
4	排除	故障	25	操作不当扣1~25分	
5	完成时间	80min	10	超时1~5min扣1~5分 超时5min以上扣10分	
6	安全文明	无安全隐患，无不文明操作	5	未达标扣1~5分	
7	结束	工量具清洁归位 工作场地清洁	5 5	漏一项扣1分，未做扣5分 清洁不彻底扣1~5分，未做扣5分	
		总分	100		

巩固与提高

一、填空题

1. 发动机润滑系统一般采用_____、_____和_____三种润滑方式。

2. 发动机润滑油按基础油的不同可分为_____、_____和_____三种。

3. 发动机润滑系统机油滤清结构一般有____过滤式、____过滤式和并联过滤式三种。

4. 机油泵广泛采用的是_____机油泵、_____机油泵和_____机油泵三种。

5. 机油集滤器的作用是防止较大的机械杂质进入_____。

6. 机油尺的作用是测量机油静态液面的_____。

二、单项选择题

1. 不是润滑系统作用的是（　　　）。

A. 清洗　　　　　　B. 密封　　　　　　C. 防锈　　　　　　D. 加热

2. 活塞与气缸壁之间通常采用的润滑方式是（　　　）。

A. 压力润滑　　　　B. 飞溅润滑　　　　C. 定期润滑　　　　D. 不定期润滑

3. 以下不属于润滑系统滤清装置的是（　　　）。

A. 粗滤器　　　　　B. 细滤器　　　　　C. 集滤器　　　　　D. 限压阀

4. 润滑系统中产生机油压力的部件是（　　　）。

A. 机油泵　　　　　B. 机油尺　　　　　C. 机油滤清器　　　D. 油底壳

5. 发动机润滑系统中机油最有利的温度范围是（　　　）。

A. 40~50℃　　　　B. 50~70℃　　　　C. 70~90℃　　　　D. 超过100℃

6. 能防止机油中粒度最大的杂质进入机油泵的部件是（　　　）。

A. 集滤器　　　　　B. 机油压力传感器　C. 机油细滤器　　　D. 机油散热器

7. 发动机润滑系统中需要定期更换的部件是（　　　）。

A. 机油泵　　　　　B. 限压阀　　　　　C. 油压传感器　　　D. 机油滤清器

8. 检查发动机机油液面高度的部件是（　　　）。

A. 机油尺　　　　　B. 机油压力表　　　C. 油底壳　　　　　D. 油压报警器

9. 若曲轴主轴承、连杆轴承或凸轮轴轴承间隙过大会造成（　　　）。

A. 机油压力过低　　　　　　　　　　　B. 机油压力过高

C. 机油压力先高后低　　　　　　　　　D. 机油压力一定先低后高

10. 以下属于发动机烧机油的原因是（　　　）。

A. 曲轴后油封密封不良　　　　　　　　B. 活塞与气缸壁间隙过大

C. 气缸盖罩密封不良　　　　　　　　　D. 油底壳密封不严

三、判断题

1. 机油泵的工作原理是利用泵腔容积的增大将机油吸入，利用泵腔容积的减小将机油压出。

（　　　）

2. 更换发动机机油时，机油滤清器不需要更换。（　　　）

3. 发动机机油需要定期更换。（　　　）

4. 发动机润滑系统油压过低会导致烧瓦和拉缸等故障。（　　　）

5. 应在发动机冷态下更换机油。（　　　）

6. 发动机机油燃烧会造成排气管冒蓝烟。（　　　）

四、简答题

1. 简述发动机润滑系统的作用。

2. 简述外齿轮式机油泵的检修方法。

3. 试述内齿轮式机油泵的工作原理。

4. 拧紧发动机机油滤清器有哪三种情况？

5. 简述更换发动机机油滤清器的步骤。

6. 如何检查和更换发动机机油？

参考文献

[1] 张立新，侯建党，韩希国. 汽车构造 [M]. 北京：机械工业出版社，2021.

[2] 申荣卫. 汽车发动机电控系统检修 [M]. 北京：机械工业出版社，2020.